2017 年度宁波市社会科学学术著作出版重点资助项目
宁波市终身教育研究基地成果

2016 年度宁波广播电视大学委托课题
（NBTVU16-W01）终结性成果

宁波学术文库

CB32.201801

Shenhua Ningbo
Xuexixing Chengshi
Jianshe Yanjiu

深化宁波学习型
城市建设研究

王志强　陈　曙　冯国红　张雪燕　/著

ZHEJIANG UNIVERSITY PRESS
浙江大学出版社

图书在版编目(CIP)数据

深化宁波学习型城市建设研究/王志强等著. —杭
州:浙江大学出版社,2018.8
ISBN 978-7-308-18567-7

Ⅰ.①深… Ⅱ.①王… Ⅲ.①城市建设－研究－宁波
Ⅳ.①F299.275.53

中国版本图书馆 CIP 数据核字(2018)第 197430 号

深化宁波学习型城市建设研究

王志强　陈　曙　冯国红　张雪燕　著

责任编辑	丁沛岚
责任校对	陈　翩　马一萍
封面设计	春天书装
出版发行	浙江大学出版社
	(杭州市天目山路 148 号　邮政编码 310007)
	(网址:http://www.zjupress.com)
排　　版	浙江时代出版服务有限公司
印　　刷	浙江省良渚印刷厂
开　　本	710mm×1000mm　1/16
印　　张	17.75
字　　数	309 千
版 印 次	2018 年 8 月第 1 版　2018 年 8 月第 1 次印刷
书　　号	ISBN 978-7-308-18567-7
定　　价	54.00 元

前　言

　　今天，人们日益深刻地意识到，在这个复杂的、快速变化的世界里，经济增长和就业困难、城市化和人口结构变化、科学技术进步和文化多样性发展等影响城市可持续发展的诸多因素，比以往任何时候都迫切需要我们有更强的学习意识和更多的学习时间，以具备足够的能力来提升我们的生活品质和应对未来的挑战。

　　今天，要求政府提供更多更好的文化生活设施，赋予城市和社区居民更多的终身学习机会的需求比以往任何时候都强烈。

　　目前，全世界约有1000个城市正在积极建设学习型城市，他们将自己定义为学习型城市或学习型地区，热衷于参与国际政策对话、行动研究、能力建设和向同行学习，并运用各种能力和方法促进终身学习。

　　继党的十六大、十七大提出并重申建设全民学习、终身学习的学习型社会后，《国家中长期教育改革和发展规划纲要（2010—2020年）》指出，"到2020年，基本实现教育现代化，基本形成学习型社会，进入人力资源强国行列"；党的十八大提出了"全面建成小康社会"的宏伟目标，并做出了"建设学习型社会"的战略部署。建设世界最大规模的学习型社会，是全面建成小康社会、实现中国梦的重要保证，也是中国政府对世界文明发展做出的重大承诺。

　　城市是现代文明的承载者，是集聚全社会人力、财力、物力的重要场域，学习型城市建设是推进学习型社会的动力引擎，是促成全民学习、终身学习的基础工程。深化学习型城市建设需要政府充分认识到建设学习型社会的战略意义，全面推进教育事业的改革和发展，真正落实全民学习、终身学习的举措；深化学习型城市建设需要广大市民自觉树立终身学习理念，积极支持和参与终身学习活动，践履终身学习义务。

　　宁波创建学习型城市,既是时代的呼唤,也是发展的要求,更是提升人民生活品质的关键举措。为客观地了解宁波建设学习型城市的情况,评估总结自宁波市第十一届人大四次会议《宁波市国民经济和社会发展第十个五年计划纲要》提出"逐步完善终身教育体系""积极推进城乡社区教育""逐步建成'学习型城市'"以来宁波建设学习型城市工作取得的成绩、经验及存在的问题,了解广大居民对宁波建设学习型城市的意见和建议,作者在梳理宁波学习型城市建设历程、调研宁波学习型城市发展现状、分析学习型城市建设典型案例的基础上,提出了深化宁波学习型城市建设的十大目标,规划了"融入式""带动式""联动式"三条建设路径,提出了完善治理体系、构建终身学习服务体系、深化各类学习型组织建设、释放社会活力、营造学习氛围、强化服务保障、激发发展动力等发展策略,以期提高居民的生活品质,激发居民的创新能力,加强社会的凝聚力,使得学习型城市建设更好地服务于人的全面而自由的发展和当地社会经济发展。

目　录

理论篇

实践篇

调研篇

对策篇

理论篇

第一章　学习型城市理论概述

第一节　学习型城市相关理论产生的渊源

一、终身学习理念

终身学习理念是学习型城市理论产生的基础。20世纪60年代以来,科学技术不断革新,社会结构也不断发生变化,知识与信息迅速增长,人们面对全新的职业、家庭和社会变化产生了不间断接受教育与学习以增强自身能力、适应社会变化的终身学习需求。1972年,联合国教科文组织国际教育委员会提出的《学会生存——教育事业的今天和明天》报告书中指出,未来的社会应该是学习的社会,人们终其一生的学习是可能的。在此基础上进一步提出,学习社会是未来社会的一种形态,并提出了建设这样的社会的一些建议。在这种时代背景下,1976年召开的联合国教科文组织第19次全体会议上首次提出了"终身学习"的概念。1994年11月,在意大利罗马举行的首届世界终身学习会议上进一步界定了"终身学习"概念的含义:"终身学习通过一个不断的支持过程来发挥人类的潜能,它激励并使人们有权利去获得他们终身所需的全部知识、价值、技能与理解,并在任何任务、情况和环境中有信心、有创造性和愉快地应用它们。"这个定义强调了学习者个体的学习权利,强调对学习内容、过程、方法的选择,注重自我选择和自我完善。

在终身学习理念下,学习被认为是一种生存方式,是一种持续终生的生命成长历程,是提高自身综合素质和能力以适应社会发展变化的重要手段。终身学习理念的提出,不仅有助于激发人们的学习动力,也有助于激发人们的主体意识、发展意识及自我价值实现意识,促进人们将学习视为实现自我价值和社会可持续发展的重要任务,继而进一步提高人们参与学习型社会建设的积极性、主动性,最终形成社会发展的良好氛围,实现个人素质的提高和社会的可持续发展。

二、学习型组织理论

学习型组织是指个人、团队和全组织立足于工作持续而创造性地学习,强调组织将学习(尤其是组织层面的学习)战略性地运用于工作以提高组织绩效、组织发展能力与核心竞争能力,并最终使组织发展成为一个能积极应对外部环境快速变化的自我变革型组织。"学习型城市""学习型社区"和"学习型家庭"等均为常见的学习型组织。该理论是美国麻省理工学院斯隆管理学院的彼得·圣吉(Peter M. Senge)在综合了其导师佛瑞斯特的系统动力学及前人的研究成果之上提出的管理理论。彼得·圣吉在 1990 年出版了其代表作《第五项修炼——学习型组织的艺术与实务》,书中提出的"学习型组织"概念在管理学界引起了巨大反响,相关的建立共同愿景、团队学习、改善心智模式、自我超越、系统思考的五项修炼方法也得到了广泛认同。此书于 1992 年获得世界企业学会最高荣誉奖——开拓者奖,被企业界人士誉为"朝向 21 世纪的管理圣经"。他认为创建学习型组织是企业生存和发展的根本途径,创建学习型组织的目的就是不断超越,开拓创新,增强组织活力与创造力,是"透过学习,我们重新创造自我。透过学习,我们能够做到从未能做到的事情,重新认知这个世界及我们跟它的关系,以及创造未来的能量"①。学习型组织理论为个人、团队和组织的学习提供了理论支撑,强调了个人、团队和组织在工作场所学习的必要性,激活了学习型城市建设的社会活力,可以说是学习型城市理论构建的重要一环。

三、人类生态学理论

人类生态学是研究人与其生存环境相互关系的科学,其任务是寻找人与自

---

① [美]彼得·圣吉.第五项修炼:学习型组织的艺术与实务[M].上海:上海三联书店,1998:14.

然发展的最优途径,解决当代人类面临的人口、粮食、能源、资源和环境等问题。人类生态学的思想根源来自欧洲。欧洲社会自工业化以后发生了重大变化,原来的乡镇郊区人口被吸引到市区工作,与此同时,市区地域亦不断向乡郊拓展。城市的形成对人类生活的影响受到众多社会思想家的关注,这些社会思想家包括韦伯(Max Weber)、杜尔凯姆(Émile Durkheim)、马克思(Karl Marx)、托尼士(Ferdinurd Tonnies)及斯宾塞(Herbert Spencer)等,他们就城市的起源、发展、分类、社会分工及城市心理等方面展开深入的探究。在美国,人类生态学作为城市社会学的一个门派,它试图运用生态学从动植物世界所归纳出来的规律去分析人类社会。人类生态学思想是以帕克(Robert Park)和沃思(Louis Wirth)为代表的美国芝加哥学派在研究城市生态学(urbun ecology)中的主要研究范式。20 世纪 20 年代至 30 年代中期是人类生态学派的全盛时期,除帕克外,伯吉斯(W. Burgess)及麦肯齐(R. D. McKenzie)等学者都努力将生态学的原理应用到美国的城市社会研究之中。

按照帕克等人的观点,社会环境和自然环境对人类的气质会产生重要的影响,不同的环境会塑造出不同气质类型的人。在学习型城市建设中,市民的精神面貌、气质类型是城市环境的反映,良好的城市环境和氛围对整个学习型城市的形成具有奠基性的作用。而城市环境不光包括物质方面的硬环境,如不同风格的城市建筑、反映城市文化的标志性景观、各种学习场所和资源等;更需要软环境方面的支撑,包括市民的归属感、幸福感、共同愿景、城市文化,等等。人类生态学理论主张用生态学理论来分析人类社会,强调城市发展硬环境和软环境的重要性,努力寻求人与自然、城市和谐发展的最优路径,这为学习型城市理论的构建起到了奠基性的作用。

四、治理理论

治理(governance)一词,原意是控制、引导和操纵,治理理论起源于西方。在当时,西方热衷于探讨"管理上,到底是应该由政府主导,发挥政府的干预作用,规避单纯由市场主导的不稳定性,还是应该全力发挥市场的主导作用,使资源在市场中自由流动"这一问题。随着社会经济的迅速发展,政府所面临的形势日趋复杂,各种重大公共问题或公共事件层出不穷。"事实上政府已经无法成为唯一的治理者,它必须与民众、企业、非营利部门共同管理。"最终发现,单纯地依赖任何一种,政府也好,市场也好,都会出现一些问题。在此背景下,20

世纪 90 年代以后兴起了"社会治理理论",这是融合各种竞争性理论后产生的新型理论,目前已成为指导西方国家公共管理实践的重要理念。全球治理委员会 1995 年发表了一份题为《我们的全球伙伴关系》的研究报告,这份报告最先将"治理"话语引入政治学领域并对其进行了知识边界的勘定。报告指出:"治理是各种公共的或私人的个人和机构管理其共同事务的总和。"

治理理论的主要内容是政府不是治理的唯一主体,社区、企业、社会团体等都是治理的重要主体,它们与政府及市场配合,共同解决治理问题,治理的主体呈现多元化特点。治理理论的出现,解决了市场和政府不可调和的矛盾。在市场和政府之外,引入了"第三只手",即通过社会进行治理活动,突破了传统的自上而下的管理模式,是一个多向度的彼此互动的过程。将治理理论运用到学习型城市的发展规划和建设层面,将治理理论与学习型城市理论紧密结合起来,对学习型城市建设渗透到社会每个角落,以及发挥城市在社会治理中的作用将起到良好的促进作用。

五、人本主义理论

人本主义理论是 20 世纪 50—60 年代产生于美国的一种心理学思潮和革新运动。它反对行为主义环境决定论和精神分析生物还原论思想,主张研究人的本性、潜能、经验、价值、创造力及自我实现等。人本主义理论是美国当代心理学主要流派之一,由美国心理学家马斯洛(Abraham H. Maslow)创立,现在的代表人物有罗杰斯(Carl Ranson Rogers)。马斯洛将人的需求分为七个层次,好像一座金字塔,由下而上依次是生理需要、安全需要、归属与爱的需要、尊重的需要、认识需要、审美需要、自我实现需要。人在满足高一层次的需要之前,必须先满足低一层次的需要。人本主义强调对爱、创造性、自我表现、自主性、责任心等心理品质和人格特征的培育,对现代教育产生了深刻的影响。马斯洛作为人本主义心理学的创始人,充分肯定人的尊严和价值,积极倡导人的潜能的实现。另一位重要代表人物罗杰斯,同样强调人的自我表现、情感与主体性接纳。他认为教育的目标是培养健全的人格,因此必须先培养一个积极的成长环境。人本主义学习理论强调学员自主学习,自主建构知识意义,强调协作学习。与建构主义不同,它更强调"以人的发展为本",即强调"学员的自我发展",强调"发掘人的创造潜能",强调"情感教育"。人本主义理论主张以"人"为核心,强调对人的尊严和价值的尊重,强调人的自主学习和全面发展的重要性,这为构建"以人为本"的学习型城市建设理论起到良好的铺垫作用。

六、可持续发展理论

学习型城市是实现可持续发展的城市。可持续发展是 21 世纪一个长期的发展议题。可持续发展理论的提出是跟生态、人口、资源、环境和发展之间矛盾的深化紧密相关的。1972 年,在斯德哥尔摩举行的联合国人类环境研讨会第一次提出了可持续发展(sustainable development)的概念。1987 年,世界环境及发展委员会发表的报告《我们共同的未来》对可持续发展给出了明确定义:"既满足当代人的需求,又不对后代人满足其需求的能力构成危害的发展。"从此,"可持续发展"作为全球性的话题和研究课题,成为世界各国政府的共识。

可持续发展有两方面的内涵:一是对按照传统的以经济发展为主的思维发展方式的反思;二是对科学的可持续发展模式的理性设计,是寻求当代与后代、空间与时间、区域与全球、产品与服务的协调和统一。在当代,可持续发展社会有 13 个指标:①有效利用资源,采取循环利用的方式,使浪费减少到最低程度;②污染不超过自然生态系统的自净能力;③重视和保护生态多样性;④当地社区尽可能做到自给自足;⑤人人都能以合理的价格得到好的食物、水、住所和燃料;⑥人人都有机会在不同的经济活动中从事满意的工作,义务劳动得到社会承认,工作的报酬合理而公平;⑦创造安全、清洁、愉快的环境,提供治病防病并重的卫生服务,以保障人们的身体健康;⑧设施、服务、商品的获取,以及与他人的交流不应以环境破坏为代价,也不应只局限于拥有汽车的阶层;⑨人们不会因为个人信仰、种族或性别差异而受到歧视和迫害;⑩任何人都有权利获得所需的技能、知识和信息以完善自我的社会角色;⑪社会各界能够参与决策;⑫文化娱乐为全民共享;⑬工作场所、生活空间及内部设施美观实用,住宅区的规模和形式适当,生活环境清洁舒适,多元化和地方特色受到尊重和保护。① 这些指标是一个城市健康和谐发展的重要基础。可持续发展理论是学习型城市建设的理论基础,只有资源合理利用、社区充分发展、生活和学习空间设施完善、所有人能全面发展的城市才是可持续发展的城市,这也是学习型城市的奋斗目标和前进动力。

---

① ［英］赫克尔(Huckle J.),斯特林(Sterling S.).可持续发展教育[M].北京:中国轻工业出版社,2002:1.

第二节 学习型城市内涵

城市是人类现代文明的创造地,是特定历史阶段的社会文化积淀。学习型城市,是世界城市发展到 20 世纪末 21 世纪初脱颖而出的一种具有学习型属性的新形式。在学习型社会理念的指导下,在社会历史不断进步的过程中,学习型城市的概念不断深入人心。建设学习型城市,就是以人们的全面发展为中心,以提高市民的综合素质为宗旨,以弘扬终身学习理念为核心的社会状态。

学习型城市的概念起源于学习型社会内涵的发展。1968 年,美国教育家罗伯特·M.赫钦斯(Robert Moynard Hutchins)在专著 *The Learning Society* 中首次提出了学习社会的概念,其主要内涵是:"仅为所有成年人提供针对性的成年教育是不够的,还应该以学习成长和人格的完善为目的,并建立制度来保障这一目的的实现。"[①]英国著名学者贾维斯(Jarvis)曾指出:"在学习社会中,所有成员在一生中的任何时间都有充分的学习机会。因此,每个人都得通过学习,充分发展自己的潜能,达到自我实现。"[②]可见,赫钦斯、贾维斯的学习型社会理念是建立在人本主义思想基础之上的,主张未来社会是自我学习、自我发展、人格完善的社会。法国学者埃德加·富尔(Edgar Faure)提出学习型社会"不仅必须发展、丰富、增加中小学和大学,而且我们还必须超越学校教育的范围,把教育扩充到整个社会的各个方面"。总之,埃德加·富尔认为学习型社会是教育范围和功能不断拓展的社会。1972 年,联合国教科文组织在《学会生存——教育的今天和明天》中提出了"终身教育""终身学习"和"学习社会"三个基本概念,指出"学习型社会是一个能支持个人终身学习的社会,教育是每个人生存和发展的需要",强调了教育社会化和社会教育化的思想。1977 年,联合国教科文组织出版了《今日的教育为了明日的世界》,深刻探讨了"学习型社会"的愿景,提倡将学习和教育"贯穿于全部生活之中"。

我国学者厉以贤教授认为,学习社会是"以学习者为中心,以终身学习、终身教育体系和学习型组织为基础,以保障和实现满足社会全体成员各种学习需

---

① Hutchins R. The learning society[M]. London:Pall Mall,1968:134.

② Jarvis P. An international dictionary of adult and continuing education [M]. London:Routledge, 1990:199.

求和获得社会可持续发展的社会"①。学习型城市是学习型社会的一种操作状态。在研究学习型城市的概念时,既要吸收学习化社会概念的基本含义,又要突出城市自身的特色。马仲良认为,学习型城市是以实现人的全面发展为目标,不断推进全民学习、终身学习、主动学习、全面学习和教育的社会化、社会的教育化,逐步实现市民工作的学习化、学习的生活化、工作的生活化和工作、学习、生活一体化的城市。学习型城市也是一种城市现代化发展的新型模式,是以教育与学习主导城市规划、城市建设、城市管理、城市经营和城市发展的现代化城市。② 叶忠海指出,学习型城市是以知识经济和知识社会为生存背景和发展空间,以学习和教育为最本质职能,以社会化的终身学习和教育体系为基础,能保障和满足城市市民学习基本权利和终身学习需求,从而有效地促进市民的全面发展和城市的可持续发展的一种开放、创新的和谐城市。③ 顾明远认为,学习型城市是以组织和个人的知识学习为基础,以人的发展为中心,以提高人的现代素质为目标,来构建学习文化和提高城市综合竞争力,适应时代发展的一种城市生存方式和城市发展模式。④

综上所述,我国学者在研究学习型城市的概念时,都承认学习是城市发展的根本途径,强调以学习者的全面发展为核心,为学习者提供学习保障,强调学习的便捷化、生活化和终身化,是人和城市的可持续发展方式。

结合上述定义,从理论和实践相结合的角度,本书将学习型城市定义为:由组织、政府和个人为基础组成的参与主体,以终身学习为宗旨,以保障人的全面发展为核心,通过有效的整合、参与、协调而形成的一个创新学习共同体,是促进人的全面发展和城市可持续发展的一种有效发展模式。

第三节　学习型城市的主要特征

2013 年 10 月,联合国教科文组织"首届国际学习型城市大会"在北京召开,

---

① 厉以贤.社区教育·终身教育·学习社会[J].中国成人教育,2001(11):5-7.
② 马仲良.社区建设简明读本[M].北京:中国青年出版社,2003:196.
③ 叶忠海.创建学习型城市的理论和实践[M].上海:上海三联书店,2005:15.
④ 顾明远,石中英.学无止境:构建学习型社会研究[M].北京:北京师范大学出版社,2010:264.

大会以"全民终身学习:城市的包容、繁荣与可持续发展"为主题,通过了《建设学习型城市北京宣言》和《学习型城市的主要特征》两项重要成果文件,勾画了学习型城市的蓝图,形成了学习型城市建设的行动方略。大会描绘的学习型城市主要特征框架可以概括为三点。第一,学习型城市的三项效益:提升个体能力和促进社会和谐,促进经济发展和繁荣城市文化,实现可持续发展。第二,学习型城市的六大支柱:全面提高从基础教育到高等教育的入学率,活跃社区的学习氛围,提升职业培训和工作场所学习的效率,扩大现代学习技术的应用,改善并优化学习质量,创造充满活力的终身学习文化。第三,学习型城市的三个基础:个人与组织愿景及坚定的政治意愿和承诺,各界参与管理,发掘利用各类资源及潜力。根据"首届国际学习型城市大会"的会议精神,综合国内外研究与具体实践,我们发现学习型城市有如下特点。

1.学习参与常态化

学习是城市发展的核心理念,学习氛围的营造、学习观念和学习参与的普及,是一个城市文明发展程度的标志。为了适应知识不断更新的社会,学习应成为市民的一种生活方式,他们应拥有活跃的社区学习、工作场所学习,以及职业培训的氛围。市民皆有终身学习意识,具有不断学习的能力。人们能把学习需要内化为学习自觉,把学习当成一种兴趣、一种习惯、一种精神追求、一种生活方式,学习在市民生活中真正实现常态化。政府、各类社会组织以满足人的需求为中心,积极营造学习氛围,无论是基础教育、高等教育,还是社区学习、工作场所学习,使每个人都能够随时随地得到参与学习的机会,使教育真正满足每个人的需要,政府能从顶层设计的角度保证市民学习参与常态化。

2.学习获得便捷化

学习的便捷性是衡量一个城市学习品质的重要指标。这里的学习便捷性主要是指学习方式的便捷多样化和学习资源的可获得性。由于每个个体存在差异,其选择的学习方式也大有不同。一个城市的学习环境,不仅可以进行正规学习,也可以进行非正式学习,学习途径可以采用面授学习、远程学习、网络学习等。另外,学习型城市也是一个教育资源高度整合的城市,城乡居民学习资源的总量差距缩小,居民可以相对比较便捷地获得学习资源。为了使学习更加便捷化,我们要努力扩大现代学习技术的应用,改善并优化学习手段,创造充满活力的终身学习文化,鼓励各界参与,发掘利用各类资源及潜力,切实促进学习便捷化。

3.学习机会均等化

2017年颁布的《国家教育事业发展"十三五"规划》指出,"要坚持促进公平的基本原则。教育的公平性是社会主义本质要求,要发展社会主义,逐步实现人民共同富裕,教育公平是基础。注重有教无类,让全体人民、每个家庭的孩子都有机会接受比较好的教育,让教育改革发展成果更好地惠及最广大人民群众","进一步扩大全民终身学习的机会,形成更加适应全民学习、终身学习的现代教育体系"。学习型城市理念的核心就是实现对以往城市形态的超越,使只被少数人拥有的学习机会为人人拥有、全民拥有,使每个人的潜能都能得到最大限度的开发,每个人的价值都能得到体现,从而实现每个人都能全面自由发展的大和谐。学习型城市为市民或组织提供的学习机会,既包括纵向上的持续一生的学习机会,也包括横向上的涵盖各个领域的学习内容,学习的均等化可以让市民或组织每时每刻处在学习之中。

4.学习行为终身化

终身学习是一个连续不断、持续终生的历程,从生命开始到生命结束,终身学习贯穿人的发展的各个方面和各个阶段。终身学习作为一种全新的学习理念,打破了传统的把教育与学习看作生命某一时期所应完成的观念,强调了学习的终身化,从而为人类发展提供了一种新的选择。学习型城市具有较为完善的终身教育体系。完善的终身教育体系确保每个人能够得到持续一生的、从摇篮到坟墓的学习机会。学习型城市以终身教育理念来构建完备的终身教育体系、终身学习体系。在终身教育、终身学习理念的指导下,学习成为所有市民自觉的、终生的行为。无论是组织还是个人,无不置身于持续学习之中,学习成为城市的灵魂。

5.学习理念创新化

创新是城市发展的内在机理,创新是引领城市发展的内在推动力。习近平总书记在庆祝中国共产党成立95周年大会的讲话中指出:"我们要把完善和发展中国特色社会主义制度、推进国家治理体系和治理能力现代化作为全面深化改革的总目标,勇于推进理论创新、实践创新、制度创新,以及其他各方面创新。"这充分说明创新已经上升为国家战略,创新是社会发展的重大驱动力,创新是学习型城市的核心。在学习型城市创建中,通过学习激发和培养人的学习力和创造力,开发人的潜能,促进人的全面发展,最终形成创新、协调、绿色、开放、共享的可持续发展的城市。

第四节　创建学习型城市在国际上的实践

发达国家在发展过程中不断探索适合其国情的经济和社会发展的良策,并制定、实践着有利于本国各方面发展的政策和措施,他们的成功实践经验值得我们学习和借鉴。在终身教育、学习型社会和终身学习三大理论背景下,20世纪70年代,经济合作与发展组织(OECD)启动了一项"教育城市"计划,将教育置于城市发展的战略前沿。在欧洲,以巴塞罗那为首成立了"国际教育城市协会"(International Association of Educating Cities),会员逐渐遍布世界各地,达250多个。1992年,经济合作与发展组织的教育研究和改革中心在一项研究中首次提出了学习型城市的概念,这也是"学习型城市"一词首次出现在正式的文件报告上。同年,在瑞典的哥德堡所举行的第二届教育城市国际会议提出了一份报告,将发展学习城市列入了行动日程,这引发了各国创建学习型城市的热潮。

作为欧洲发达国家之一,瑞典的经济发展一直相对稳定,这为社会的繁荣、学习型城市的创建提供了良好的保障。一是国家政策支持和财力支持。1947年颁布的《成人教育法》被视作瑞典政府对市民学习圈的法律保障。同时瑞典政府也为学习型城市建设提供了强大的财政支持。进入21世纪后,瑞典政府每年划拨数十亿元专项资金用以支持学习圈等各类非正式教育与学习活动。诸多举措使得瑞典学习圈成为学习型城市建设的一面旗帜。二是社会参与比较活跃。以奥斯卡·奥尔森(Oscar Olson)为发起人的瑞典学习圈,不仅吸引了一定规模人群的积极参与,而且这种灵活的学习方式迅速在社区和社会组织中广泛传播,拉开了现代社会学习型城市建设的序幕。瑞典学习圈的广泛兴起也让政府看到了通过接受教育而具有社会意识的公民在促进社会发展中的积极作用。

20世纪90年代,部分国际组织,特别是欧盟和经合与发展组织对学习型城市建设广为推崇,自1992年后,学习型城市热潮在国际社会得以广泛推进,最具代表性的是英国。英国于1995年创设了学习城市网络组织(Learning City Network,LCN),LCN与国家教育与就业部、国家成人和继续教育研究所密切合作,共同推进英国的学习城市运动。1997年,LCN与相关部门合作,共同举办了五次学习型城市系列论坛,推动了学习型城市运动在欧洲的开展。此后,学习型城市的理念得到广泛传播和实践。该实践工作的最大特色就是具备相对健全的保障体系。

一是政策法律的支持。英国政府依据的主要原则是其推行学习型城市建设想要达到的目的,即城市复兴和推动终身学习以实现学习型社会,同时着重参考一些欧盟的政策文本,如《教与学:迈向学习型社会》中建设学习型社会的五项目标设定等。1998 年,英国政府发布《学习时代》(*The Learning Age*)绿皮书,积极倡导全民学习,并提出了一些促进成人学习具体的方法,如开设个人学习账户、鼓励个人学习、免费热线电话提供学习咨询服务、通过产业大学来拓宽成人学习的途径等。1999 年,英国政府发布《走向成功学习的白皮书》(*White Paper Learning to Succeed*),为英国终身学习相关政策提供了基本框架,并明确提出建立一个全国性的机构来负责学习型城市建设。次年,英国政府颁布了《学习与技能法案》(*Learning and Skills Act*),为许多终身学习活动的开展提供了法律上的支持。此后,英国还相继发布了诸如《技能战略》(*The Skill Strategy*,2003)、《技能:驰骋职场》(*Skill:Getting on in Business,Getting on at Work*,2005)、《强大和繁荣的社区》(*Strong and Prosperous Communities*,2006)、《学习的革命》(*The Learning Revolution*,2009)等相关政策文本。

二是管理保障。就管理组织而言,英国学习型城市建设的组织体系大致分为三个层级:国家政府、教育行政管理部门、地方政府和合作伙伴组织。国家政府主要通过推行政策来发挥自身的宏观导向作用,从而把握总体的方向并制定总体目标,发挥领导、指导、推动的作用。依据政府的思路,教育行政部门在实践中发挥统领作用,并尽力配合地方的实践。地方政府和合作伙伴组织进行具体操作,负责将理念具体落实到实践中。其中,地方政府主要在地方层面因地制宜地对学习型城市建设进行规划,而合作伙伴组织则通过项目或活动形式开展具体实践。

三是经费保障。就经费投入而言,英国建设学习型城市的经费以国家政府投入为主,还有一部分来源于社会,主要由各种社会基金提供资助,还有部分来自个人,由此形成了多元化的经费保障体系。

四是 CITINET、"3P"(partnership、participation、performance)评价体系和开拓者项目(the pathfinder initiative)。1998 年 CITINET 成立于谢菲尔德,是一个遍及公共机构、私营部门和公益组织的学习中心网络。[1] 学习型城市"3P"

---

[1]　Wynne A. A learning city[J]. Adults Learning,1999(3):18.

评价指标体系包括三个主要组成部分：①合作伙伴关系（partnership）——（在城市中的相关利益组织间）建立一种持续有效的伙伴关系；②参与（participation）——吸引城市中各种组织和市民参与终身学习，并为此展开对话和活动；③绩效（performance）——建立起一个能够评价学习"附加值"的系统。① "3P"用于评价学习型城市建设情况，既是评价标准也是建设目的与任务。开拓者项目用以确定贡献于学习型社区、人们生活质量和学习文化的因素，是对"3P"应用的实地验证。

受世界范围内终身教育和终身学习思潮的影响，韩国于 20 世纪 80 年代开始推进全民终身学习。

一是制订相对完善的政策计划等。1983 年，韩国政府将终身教育思想写入宪法，首次将终身教育思想上升到国家意识的高度。1999 年，韩国颁布并实施《终身教育法》，同时提出成立"全国终身学习城市协会"。2007 年，韩国对《终身教育法》进行了全面的修订，明确了中央和地方政府的职责和权限，完善了相关的保障体制。该法不仅对韩国学习型城市相关举措的实施产生了规范指导作用，还从法律层面为其提供了坚实的保障。2001 年，韩国借助"终身学习型城市养成计划"开始实践建设学习型城市的构想。该计划关注的重点是扩大市民进行终身学习的机会、提升教育服务的质量、建立教育部门和社区间更好的联系、发展终身学习的社区和社会。②

二是健全促进机构。韩国教育部下属的"终身职业教育局"是中央政府中具体负责推进终身教育相关工作的行政部门。此外，教育部还单独设立了一个国家级的终身教育研究机构"国家终身教育振兴院"（National Institute for Lifelong Education，NILE），协助终身职业教育局进行具体的管理与运营，并通过制定与终身教育有关的任务，来促进面向所有人的终身教育，从而使终身教育的研究和实践操作更加顺畅。③

三是建设终身学习型城市网络。终身学习型城市网络是指有效地联结一个城市内的各种教育资源，使城市形成满足横向教育和纵向教育的学习体系。具体而言，是指城市机构间相互交流教育信息，彼此协调相互提供教育服务，提

---

① 张英. 英国学习型城市建设研究[D].上海：上海师范大学，2006.

② Byun J，Ryn K. Changes in regional communities：the case of The Republic of Korea's lifelong learning city project[J]. Advances in Developing Human Resources，2012(14).

③ 蒋亦璐. 学习型城市建设：理之源与行之路的探索[D].上海：华东师范大学，2016.

高教育资源的使用效率进而有效达到教育目的的系统。它有效地联结了城市的人力、物力资源,为城市的可持续发展、终身学习文化的传播奠定了基础。①

四是完善的学习成果认证。1998 年,韩国开始正式实施"学分银行制度"(Academic Credit Bank Systerm,ACBS),这是世界范围内的首倡。该制度借鉴一般银行的功能,将学习者通过多种途径获得的学习成果进行学分认证并将这些学分"存入"在学分管理系统中注册的个人终身学习账户上,学分累积到一定程度,可根据相关标准为学习者"兑换"相应的高等教育学位(学历)。

在日本,很多城市均将建设学习型城市作为自己的城市发展定位。

一是完善的终身教育机制。进入 20 世纪 80 年代,信息化、国际化、全球化成为时代的主题,为了适应时代潮流,日本提出了"向终身学习过渡"的口号,把构建终身学习社会纳入 21 世纪的国家发展战略中。1988 年,原文部省颁布了《教育改革推进大纲》,成立了终身学习局,日本迎来了终身学习的时代。以大阪为例,20 世纪 90 年代,大阪市出台的《大阪终身学习规划》明确提出了大阪市社会教育学习圈的设计规划,对学习的内容、重点、方式、措施等都做了具体的规定。终身教育理念在日本的发展得益于其完善的终身教育机制。为大力发展终身教育,推进民间教育事业的发展,日本政府设立了终身教育局和终身学习局,从而很好地保障了地方教育、文化事业等工作的顺利开展。②

二是充足的财政资金作保障。教育的发展需要源源不断的资金提供保障,日本的终身教育在很大程度上得益于其强劲的资金支持。目前日本终身教育的负责机构是地方政府,因此资金投入以地方财政拨款为主,同时拓宽其他资金渠道支持教育的发展,这对促进公民馆的发展,进一步提高国民素质起到了非常积极的作用。③

三是社会教育的繁荣。日本的公民馆④是社区教育的主要载体,也是学习型城市的主要载体,在构建学习型城市中发挥着积极的作用。公民馆除通过向

---

① 姜大仲,王新秀,崔善珠.发展终身学习型城市网络的战略:以首尔冠岳区事例为中心[J].2010.

② 娄亚明.日本的终身教育体制及评价制度[J].继续教育,2007(7):57-58.

③ 马丽华.日本公民馆财政补助分析[J].河北大学成人教育学院学报,2008(3):51-52.

④ 公民馆是日本二战后由地方民众自发兴建的且受到文省部大力支持的公益性社会教育综合设施。

人们提供学习场所、书籍等基础设施外,还会举办一些教育、文化等方面的活动,不仅提高了人民的文化素养,还丰富了其社会生活。[①] 学习过程鼓励更多的社区居民参与,教育的对象是没有特权和受教育程度低的人,更关注文化学习经验和成人通识教育,尤其是面向老年人群、经济困难人群、低教育水平人群而非全职工人和专家。

四是完善的终身教育工作人员选拔和培训机制。办好终身教育是事关民族发展的重要工作,需要予以足够的重视。终身教育工作的重要岗位均由资历较高、实践经验较为丰富的社会教育专家担任;在工作人员选拔上,修满足够学分并有一年或以上实践经验的人员方有资格申请;此外,在上岗前,每位工作人员还需经过严格的培训,培训合格后方可上岗。[②]

澳大利亚十分重视国民综合素质的提升,较早便步入了学习型城市的建设阶段。经济相对发达的澳大利亚各州,以及地方政府拥有相当大的社会管理自主权。由此所形成的诸多优势为学习型城市建设的多样化发展奠定了稳固基础。例如,为推进澳大利亚学习型城市建设,实现创新发展,南澳大利亚州于2003年通过了《培训与技能发展法》,把成人社区教育与技能发展进行了有机整合。2006年出台的《社区学习声明》明确了城市发展"以学习为荣耀,在生活中学习,共同学习与成长,因学习而繁荣"的四大关键目标。地方政府拥有自主权也使南澳大利亚州更加关注以发展基础技能与强化人文素养为核心的全民终身学习能力的提升。这些法规与举措不仅关注到了社会弱势群体的终身学习机会均等问题,同时也推动了全体社会成员共同参与的学习型城市建设的各项实践活动。在推进学习型城市建设过程中,各州都能依据本土文化,开创出具有各州特色的学习型城市建设模式。在澳大利亚,基本上所有的州都建立了自己的学习型城市网络。

印度及非洲一些发展中国家也积极借鉴西方的发展经验,纷纷提出学习型城市建设的方案。如今,学习型城市建设在全球范围内普遍开展,各个城市纷纷寻求适合自己特色的学习型城市建设模式。

---

① 夏鹏翔.日本战后社会教育政策[M].北京:社会科学文献出版社,2008.
② 蔡利妮.日本终身教育的发展特点及其启示:以公民馆为例[J].山西青年,2016(17):32-33.

第二章　我国学习型城市建设与城市发展

第一节　我国学习型城市建设的基本历程

建设学习型城市是一项开创性的事业,我国学习型城市建设以终身教育和学习化社区的建设为引擎和开端,以地方学习型城市的建设为动力和归宿。我国学习型城市建设的历程可大致分为三个阶段。

一、学习型城市建设启动阶段(20 世纪 90 年代至 2001 年)

20 世纪 90 年代,在改革开放浪潮的推动下,我国迈入了知识经济时代,此时的社会财富已经有了一定的积累,人们对社会文明进步的要求有了一定的显现。在知识经济带来的机遇和挑战面前,在国外终身学习理念的影响下,终身教育和终身学习成为教育领域关注的焦点。这一阶段,我国颁布了一系列涉及终身教育和终身学习的相关政策。1993 年,中共中央、国务院颁发了《中国教育改革和发展纲要》,首次在中央文件上正式提出了"终身教育"的概念。1995 年颁布的《中华人民共和国教育法》提出要逐步"建立和完善终身教育体系"。1999年,国务院批转教育部公布的《面向 21 世纪教育振兴行动计划》明确提出"开展社区教育实验工作,逐步建立和完善终身教育体系,努力提高全民素质"的要求。2001 年,江泽民同志在亚太经合组织人力资源建设高峰会议上提出我国要"构筑终身教育体系,创建学习型社会"。

在地方,上海、北京、大连、常州等地取得了社区建设的成功经验,它们纷纷提出"建设学习型城市"的目标,拉开了我国建设学习型城市的序幕,也为下一步学习型城市建设的全面铺开奠定了良好的基础。

二、全面展开阶段(2002 年至 2010 年)

2002 年 5 月,中共中央办公厅、国务院颁布的《2002—2005 年全国人才队伍发展规划纲要》指出,要开展创建"学习型组织""学习型社区""学习型城市"活动,促进学习型社会的形成。2002 年 11 月,党的十六大报告中提出了"形成全民学习、终身学习的学习型社会,促进人的全面发展"的目标,这是党中央的正式文件中首次提出建设学习型社会,这标志着中国学习型城市建设进入了新的阶段。随后,党的十六届三中、四中、五中全会都反复提到了建设学习型社会的任务,这是党中央对新时期我国教育使命、任务和目标的高度概括,对我国社会的发展具有重大意义。

这一阶段,国家相继发布了一系列相关政策文件,明确提出要建设学习型社会和学习型城市。如 2004 年经国务院批准的《2003—2007 年教育振兴行动计划》,2007 年国务院批转教育部的《国家教育事业发展"十一五"规划纲要》,2007 年党的十七大报告,2010 年《国家中长期教育改革和发展规划纲要(2010—2020)》等。

在地方,我国各地政府积极贯彻党中央的号召,已经有 60 多个城市提出了建设学习型城市的目标,包括南京、青岛、杭州、合肥、常德、珠海、重庆等城市。"学习型城市"建设活动正在我国积极展开,并且从东南沿海向中西部地区扩展和延伸,太原、成都、天水等中西部城市也提出要建设学习型城市。[①] 一场声势浩大的学习型城市建设活动,在全国范围内全面展开。

三、规范发展阶段(2011 年至今)

随着终身学习的理念的不断深入人心,随着《中华人民共和国国民经济和社会发展第十二个五年规划纲要》的出台,我国学习型城市建设步入了真正的发展提升阶段。

2011 年的"十二五"规划中进一步强调了学习型城市建设,指出要"加快发展继续教育,建设全民学习、终身学习的学习型社会"。2012 年,党的十八大明

---

① 郝克明.跨进学习型社会:建设终身学习体系和学习型社会的研究[M].北京:高等教育出版社,2006.

确提出"构建终身教育体系,形成全民学习、终身学习的学习型社会"的战略任务。在党的十八大报告,特别是习近平总书记在第十二届全国人大第一次会议上,号召全体中华儿女戮力同心实现中华民族的伟大复兴,将学习型城市的建设提升到实现中华民族伟大复兴的高度。① 2013 年 10 月,由我国政府和联合国教科文组织联合主办的首届国际学习型城市大会在北京召开,国务院副总理刘延东在开幕式中指出:"我们将更加注重学习型城市建设与经济发展紧密结合,更加注重学习型城市与新型城镇化进程紧密结合,更加注重学习型城市建设与社会文明进步紧密结合。"三个"紧密结合",为我们进一步推进学习型城市建设指明了方向。大会发布了《北京宣言》和《学习型城市的主要特征》两项重要成果文件,国际社会在学习型城市问题上基本达成共识。

2014 年 8 月 11 日,教育部、中央文明办、国家发展改革委等七部门印发《关于推进学习型城市建设的意见》(以下简称《意见》),对学习型城市建设工作提出了要求、做出了部署。《意见》首次提出了我国学习型城市建设的阶段性目标,即"在全国各类城市广泛开展学习型城市创建工作,形成一大批终身教育体系基本完善、各级各类教育协调发展、学习机会开放多样、学习资源丰富共享的学习型城市,由此促进我国的学习型社会建设。到 2020 年,东中西部地区市(地)级以上城市开展创建学习型城市工作覆盖率分别达到 90%、80% 和 70%;各区域都要有一大批县级城市开展创建工作"。除此之外,《意见》重点阐明了学习型城市建设七个方面的主要任务,从领导管理体制、法规制度、工作队伍、经费投入、学习文化、评价监测与国际交流等多方位提出强有力的对策举措。

为了全面贯彻落实党的十八大和十八届三中、四中、五中全会精神,加快实现《国家经济和社会发展第十三个五年规划纲要》《国家中长期教育改革和发展规划纲要(2010—2020 年)》关于建设和基本形成学习型社会的目标,2016 年 7 月,教育部、民政部、科技部等九部门联合印发了《教育部等九部门关于进一步推进社区教育发展的意见》,这是近年来我们国家多部门联合印发的第一个推进社区教育发展的指导性文件。这些文件的出台,对学习型城市建设的发展具有里程碑的意义,我国学习型城市建设进入了高速发展阶段。

---

① 叶忠海,张永,马丽华.中国学习型城市建设十年:历程、特点与规律性[J].开放教育研究.2013(4):26-31.

第二节　我国学习型城市建设的主要经验

一、上海学习型城市建设

上海作为国家中心城市之一,是我国的经济、金融、贸易、航运中心,是国家历史文化名城和首批沿海开放城市,目前已经成为国际大都市,它的繁荣壮大离不开其率先在我国提倡学习型城市建设。

1999 年 9 月,中共上海市委市政府召开上海市教育工作会议,会议提出了"要让市民在不同的人生阶段都能获得相应的学习机会,努力把上海建成适应时代要求的'学习型城市'"。2001 年,上海将建设"学习型城市"的目标列入《上海教育事业"十五"规划和 2015 年规划纲要》。上海是我国城市中最早提出要"创建学习型城市"目标的,这跟上海要建设"现代化国际大都市"的目标相匹配,说明上海创建学习型城市中起步早、起点高。2003 年,上海市教委制定《上海终身教育体系 2003—2007 年计划和 2020 年规划纲要》。2004 年,上海完成了《上海建设学习型社会指导意见研究总报告》。2006 年,上海市委市政府制定《关于推进上海学习型社会建设的指导意见》,成立"上海市推进学习型社会建设指导委员会",负责学习型社会建设的规划制定、统筹决策、指导督察等工作。2007 年,在上海市教委增设终身教育处,负责指导与管理学习型城市建设工作和成人教育、社区教育、企业教育等工作。同时依托上海远程教育集团,成立了"上海市学习型社会建设服务指导中心",协助办公室全面开展全市创建工作的指导、组织、监督、检查、评比等服务。组织领导机构的完善为上海学习型城市建设打下了良好组织基础。2010 年,《上海市中长期教育改革与发展规划纲要(2010—2010 年)》颁布,提出要加快终身教育发展和学习型社会建设,为受教育者提供终身学习的机会,满足个人多样化的学习和发展需要。2011 年 5 月,《上海终身教育促进条例》(以下简称《条例》)正式实施。《条例》明确了工作方针,终身教育的保障措施,以及工作实施、师资队伍、终身学习成果认定与转换等举措,确保了上海的终身教育和学习型城市创建工作能够得到法律保障。作为国内首部为学习型社会立法的地方性法规,《条例》的出台,对于终身教育和学习型城市建设产生了巨大影响。①

　　除了政策法规和管理组织机构的保障,上海经常举办国际性的学习型城市建设论坛,分享和总结终身学习、学习型城市建设的经验和成果。如 2010 年 5 月,举办了"上海国际终身学习论坛"。论坛的主题是"让学习伴随终生——终身学习的进展、发展趋势和制度建设",来自 35 个国家及国际组织的 200 多名中外代表参加了会议。同年 11 月,召开了"学习型社会建设国际研讨会"。此后几年,每年都陆续举办与学习型社会建设、学习型城市建设相关的论坛,促进了学习型城市建设经验的总结和传播。值得一提的是,2016 年,全国学习型城市建设联盟年会暨学习型城市高峰论坛在上海市举办。本次年会由教育部职业教育与成人教育司、上海市教育委员会为指导单位,来自全国 42 个城市的 100 多位教育单位负责人,上海市各区代表和区属单位分管领导近 300 人参加了本次大会。

　　可以说,终身教育与学习型城市建设方面的政策法规的制定、组织机构的完善,以及良好城市学习氛围的营造,为上海成为国际性的学习型城市提供了良好保障。未来几年,上海将在学习型城市建设上继续引领潮头,成为各地方甚至国外城市纷纷学习的榜样。

二、北京学习型城市建设

　　北京是我国的首都,国家中心城市,超大城市,全国政治、文化中心,国际交往中心,科技创新中心,是首批国家历史文化名城、中国四大古都之一和世界上拥有世界文化遗产最多的城市,是我国教育最发达的城市,在学习型城市建设方面具有得天独厚的优势。

　　在政策、方针制定方面,2001 年 2 月 10 日,北京市第十一届人大四次会议通过的"十五"计划中明确提出要"建立学习型社会"。2002 年,北京市第九次党代会提出要"构建学习型社会,推进首都教育现代化"。2004 年 4 月 27 日,北京市教育工作会议上将"学习型城市初步形成"正式列为 2010 年首都教育改革发展的总体目标。2006 年,北京市制定的《"十一五"时期教育发展规划》明确指出要构建终身教育体系,创建学习型城市。充分整合教育资源,促进各级各类教育相互衔接与沟通,把学校教育、家庭教育、社区教育结合起来,为市民提供充

---

①　顾登妹.学习型城区建设"三区联动"模式研究[M].上海:上海教育出版社,2012:7.

足优质的学习资源和学习场所。为推动学习型城市的建设,2007年,北京市委市政府召开了建设学习型城市工作会议,颁布了《中共北京市委、北京市人民政府关于大力推进首都学习型城市建设的决定》,进一步明确了首都建设学习型城市的意义、指导思想、基本要求、阶段目标和具体目标、创建思路、具体举措,使北京的学习型城市建设进入到一个更加全面、更加深入的发展阶段。① 2013年10月,联合国教科文组织首届国际学习型城市大会在北京召开。会议主题为"全民终身学习:城市的包容、繁荣与可持续发展"。102个国家和500多位代表参加。大会对学习型城市的"意义""组成""主要战略"和"关键指标"进行了多方位的研讨,最终形成了两项重要成果——《建设学习型城市北京宣言——全面终身学习:城市的包容、繁荣与可持续发展》(以下简称《北京宣言》)和《学习型城市的主要特征》。

在组织机构建设方面,2007年,北京市专门成立了建设学习型城市工作领导小组,明确政策指导方向,积极推进学习型城市建设。各区县也建立健全相应的指导协调工作机构,负责推进本地区学习型城区的建设工作,整体统筹协调,全面推进全市学习型城市建设工作。

另外,北京市利用现代计算机网络技术,开通了"北京学习网""北京学习型城市网"等网络平台。北京学习型城市网是关于建设北京学习型城市、构建首都终身教育体系的公益性网站,它为市民提供了丰富多彩的需求,学习摆脱了时间和空间限制,为构建学习型城市奠定了网络基础。

三、太原学习型城市建设

太原,山西省省会,国家历史文化名城,国家园林城市,太原都市圈核心城市,山西省政治、经济、文化、交通和国际交流中心。以"人人皆学、时时可学、处处能学、按需选学、终身在学"为目标,山西省太原市将建设学习型城市作为政府责无旁贷的任务和一项重要的惠民工程,持续予以推进。

创建学习型城市,政府主导是前提。10多年来,太原市学习型城市的建设体现了清晰的战略意识和战略部署。2012年,全国省会城市第一部终身教育地方法规《太原市终身教育促进条例》颁布实施,标志着太原市学习型城市建设工

---

① 郝克明.跨进学习型社会的重要支柱:中国继续教育的发展[M].北京:高等教育出版社,2011:491.

作进入法制化运行轨道。

创建学习型城市,体系构建是核心。通过实施"百校兴学",确保了学前教育、义务教育、高中教育和高等教育的快速发展,同时突出"三关"发展社区教育,创建学习型企业促进职工教育,科教兴乡兴县带动农村成人教育。

创建学习型城市,资源供给是支撑。建立网络化、立体化的全民终身学习服务平台,购买丰富的学习资源,自建有本地特色的课程资源,努力做到全方位整合、立体化覆盖。

创建学习型城市,组织创建是基石。以学习型县(市、区)、学习型乡镇(街道)、学习型村(社区)、学习型单位和学习型家庭为抓手,以标准化建设为原则,以规范化评估为手段,开展学习型城市建设活动。

创建学习型城市,载体建设是手段。太原市基本形成了机关、企事业单位、农村、社区和社团共同参与的机制。创设了全民终身学习周、全民终身学习大讲堂两大载体,受到了广大市民的欢迎。2006年至2012年,太原市委市政府连续举办了七届"全民终身学习活动周"活动,在全市掀起全民学习、崇尚知识的风潮。[1]

四、杭州学习型城市建设

杭州,浙江省省会,位于中国东南沿海、浙江省北部、钱塘江下游、京杭大运河南端,是浙江省的政治、经济、文化和金融中心,吴越文化的发源地之一,历史文化积淀深厚。它是中国七大古都之一,也是我国重要的电子商务中心。自改革开放以来,杭州坚持走可持续发展之路,经济和社会各项事业得到飞速发展。终身教育体系已见雏形,社区教育基地遍及城乡,各具特色的学习型组织纷纷涌现。

2002年,杭州市委市政府在广泛征求意见的基础上,出台了《关于杭州市构建终身教育体系　建设学习型城市的实施意见》。意见中提出了杭州市构建终身教育体系的目标。杭州市于2007年建立了杭州终身学习网,于2011年出台了《关于推进学习型城市建设的若干意见》,意见中,对学习型城市建设的意义、要求、任务、保障措施等都做了具体的阐述。

定期开放中小学活动场地和教育资源,深入挖掘社会教育资源,例如各级

---

① 余善云.终身学习研究与实践[M].北京:光明日报出版社,2014:71.

图书馆、阅览室、体育馆、科技博物馆、少年宫、老年活动室和企事业单位教育教学设施，向广大市民开放；依托乡镇、街道成人学校建立社区学校、市民（村民）学校，为解决社区教育师资问题，建立三支师资队伍（专职、兼职、志愿者）满足市民学习需求；开发新的教育和学习资源，以网络教育、电视台、电台、书报杂志等各类媒介为基础平台，满足广大市民的学习需求。例如，2016 年安装了一个人工智能中枢——杭州城市数据大脑。该中枢可以让数据帮助城市做思考和决策。以交通为例，在萧山区部分路段的初步试验中，城市大脑通过智能调节红绿灯，车辆通行速度最高提升了 11%。推出"城市数据大脑"，是杭州打造智能服务基础设施的举措之一。在杭州，使用计算机网络和手机终端等人群比例高达 90% 以上，有 89% 的杭州市民选择多媒体进行数字学习或数字阅读。在这样的背景下，利用现代网络技术，构建共享、便捷的数字化学习平台便显得尤有意义。

除了搭建网络学习服务平台，杭州还按照"优化结构、均衡布局、突出重点、分级配置"原则，加快公共文化服务网点建设，基本形成了城区"15 分钟文化圈"；在全国率先开展农村文化礼堂建设，已建成 618 个农村文化礼堂；截至2016 年年底，杭州全市拥有 400 多个图书馆、博物馆、剧院、基层文化中心，文化基础设施数量在全国同类城市中名列前茅，初步搭建了城乡覆盖、全民共享的学习服务平台。

杭州市十分重视社区教育和学习型城市创建的理论探索，举办了形式多样的研讨活动。2000 年举办了"构建杭州终身教育体系研讨会"，邀请了教育部及著名大学的社区教育专家、学者深入研讨。2003 年举办了"海峡两岸暨港澳社区教育发展论坛"和"首届长三角社区发展论坛"，让全国了解了杭州的社区教育和学习型城市建设的情况，得到了全国同行和教育部领导及专家的肯定。这些研究活动，不仅总结了杭州创建学习型城市的经验，提高了知名度，而且为探索杭州社区教育及学习型城市建设的模式奠定了理论基础。2013 年，"共同学习让生活更美好——社区学习共同体"专题高级研讨会在杭州举行。2016 年，杭州市智慧教育"融·创"学习共同体第十三次研讨会在杭州举行。这些学习研讨会的召开，为杭州学习型城市建设良好氛围的打造起到了重要的作用。

五、广州学习型城市建设

广州是广东省省会、副省级市，是国际大都市、国际商贸中心、国际综合交通枢纽、国家中心城市、国家综合性门户城市、国家历史文化名城。近年来，广州市主动适应市民终身教育和现代化城市发展的需要，积极推进学习型城市创建工作，取得了一定的成绩。

从 2004 年起，广州市由市总工会牵头，积极开展"创建学习型组织，争当知识型职工"活动，创建了一批充满朝气和活力的学习型组织。2006 年，广州市委市政府在《广州市国民经济和社会发展"十一五"规划纲要》中明确提出要"引导市民树立知识创造财富、学习提升价值的观念，使终身学习成为城市风尚和价值取向"，整合教育文化资源，促进各类教育培训的均衡协调发展，构建终身教育体系，努力建设学习型城市。广州深入探索城市化、学习化进程中区域教育与社会、经济、文化，以及人的发展的良性互动和可持续发展之路。各区及街道根据区情、街情，积极推进学习型城市和学习型社区建设工作。如海珠区充分利用丰富的岭南文化特色，积极创建"岭南文化特色学习型和谐社区"；荔湾区整合西关传统文化风情创建"民俗文化与现代文明特色学习型社区"；天河区针对新城区"农转居"居民文化素质亟待提高的特点，构建多元化社区教育网络的学习型和谐社区；越秀区发挥学校优质教育资源集中的优势，开展"优化社区教育资源，发展优质社区教育"。① 2012 年，广州成功申报国家教育体制改革试点项目——"推进广州学习型社会建设"项目，希望通过试点建设，深化教育体制改革，探索广州学习型城市建设，并为全国同类城市提供可示范的依据。

广州积极将"互联网＋教育"融入学习型城市建设中，初步形成了以数字化平台为核心，以多样化资源为纽带，以数字化学习终端为渠道，以优质教育支持服务为保障的现代数字化教育管理和支持服务模式。广州以实现教育现代化为目标，全力打造"教育 e 时代"工程，建设广州"数字教育城"，大力发展远程教育和网络继续教育，建成光纤总长度达到 11500 多公里、国内规模最大的基础教育光纤城域网，使"教育 e 时代"宽带网进入广大学校、单位、社区和家庭。在满足学校教育和学生学习需要的同时，"教育 e 时代"努力构建面向全市各类受众群体的教育公共服务体系——数字化学习港，先后开发了广州市普法教育信息化应用系统、广州市中小学教师继续教育网、阅读进家庭活动等网上自主学习培训系统，为学习型城市的构建奠定了基础。另外，为服务广州学习型城市

---

① 刘楚佳，孟源北.广州学习型城市建设的实践探索及推进策略[J].教育导刊,2010(4):26-29.

建设,打造终身学习平台,广州还充分运用现代通信技术、多媒体教学技术、网络技术,逐步打造出具有自主知识产权、关键核心技术、超大教学及管理功能的公共服务大平台——"广州终身学习网"。

"广州论坛"和"羊城学堂"是广州学习型城市建设的两张名片。2002年,广州市委宣传部开设的高端学习平台"广州讲坛"问世。"广州讲坛"以弘扬人文精神和科学精神为宗旨,广邀海内外知名学者讲学,传播当今世界经济、政治、文化、社会发展的新思想,在全社会营造了浓厚的文化学术氛围。另外,"羊城学堂"是由中共广州市委宣传部、广州市社会科学界联合会主办,广州图书馆、信息时报社协办的面向社会公众的公益性讲坛。"羊城学堂"面向社会公众,普及科学知识,传播先进文化,引导社会思想,是书香羊城——全民阅读系列活动的重要组成部分,是广州市民终身学习的重要平台及广州学习型城市建设的文化品牌和城市名片,在促进市民形成良好学习习惯、打造学习型城市方面起到了十分重要的作用。

广州还经常开展群众性学习教育活动。2006年11月,广州启动为期10年的覆盖全市范围的大型综合性读书文化活动——"书香羊城"全民阅读系列活动。全民阅读系列活动的重点目标人群是青少年和10岁以下的儿童。同时,活动还拓展到工人、农民、军人、机关干部、社区居民,以及外来务工人员等不同社会群体和各行各业。活动期间,广泛开展"全民阅读月""阅读进社区、进农村""阅读进家庭"等活动,还开办阅读网站、开通读书服务热线、举办读书征文活动和读书演讲大赛等,每年都评选羊城"书香家庭""书香社区""书香连队"等,并将已开展得有声有色、初具品牌特色的"羊城书展""羊城学堂"等纳入其中,通过全市动员、全民参与,培养市民良好的阅读习惯,营造浓厚的阅读氛围,提高市民的文化素质。

第三节　我国学习型城市建设与城市发展

一、适应经济和社会发展要求

进入21世纪以来,知识经济成为新的社会生产力,人类进入一个崭新的时代,国际竞争逐渐成为新技术领域的竞争,城市成为新技术革命的中心。一个城市要想在国际和国内城市的竞争中抢占优势,就必须与时俱进,提升城市综合素质和技术素养,建设可持续发展的学习型城市。另外,建设学习型城市,形成学习型社会,是根据 21 世纪我国面临的形势提出来的。党的十六大报告指出,要在这个时期"集中力量,全面建设惠及十几亿人口的更高水平的小康社会"。党的十九大报告指出,"决胜全面建成小康社会,开启全面建设社会主义现代化国家新征程"。这都要求我们既要全面建成小康社会、实现第一个百年奋斗目标,又要乘势而上,开启全面建设社会主义现代化国家新征程,向第二个百年奋斗目标进军。建设学习型城市、形成学习型社会既是全面建设小康社会的奋斗目标,也是全面建设小康社会、全面建设社会主义现代化国家的强大动力。我国近些年来的城市化在飞速发展,与此同时,城市在发展过程中也存在着一些问题。比如过度追求经济数量和规模上的扩张,而对城市发展的质量重视不够;在城市精神文明、优秀文化传承等方面的建设严重不足,忽视了人的主体性和人的全面现代化的过程。只有全面推进城市现代化建设,才能实现城市的健康发展。不仅要继续进行城市硬件建设,如改善人居环境、提高空气质量,还要加快城市文化软实力建设,重建城市文明。扩展人们的学习空间,增强人们的学习兴趣,丰富人们的文化生活情感,增强人们的文化精神内涵,帮助人们确立以终身学习为核心的崭新的人生观、世界观、价值观。为人们提供一个强大的可以皈依的精神文化乐园,有利于作为日常生活深层支撑和基础的生活方式的现代化。

二、提高城市综合竞争力

　　一个城市的综合竞争力是指这个城市的经济、社会、文化、科技、环境和制度等因素的综合发展水平。只有城市的经济、社会和环境彼此协调发展,城市具有较强的吸引力和可持续发展的能力,城市才会具备较强的综合竞争力。建设学习型城市是提高城市综合竞争力的必要措施,是使城市发展各要素协调向前的必需手段。学习型城市内涵要求建立完备的学习体系和机制,通过学习产生创造力,在学习过程中不断发现问题、解决问题,由此城市发展的各要素就会协调配置,人口的整体素质就会不断提高,各种制度进一步健全,各种设施进一步完善,城市文明不断提高,从而树立起良好的城市形象,提高城市综合竞争力,促进城市健康发展。

　　建设学习型城市是城市发展外部环境的需要,也是城市自身应对外界变化的自主选择。学习型城市建设作为经济社会发展的内在动力,首先,把经济发展的视角从单一的物质资源开发转向物的资源和人的资源共同发展,促进人的全面发展,提高城市的竞争综合力。其次,使城市在新一轮区域经济竞争中实现跨越式发展。学习型城市是充满生机和活力的城市、不断追求发展和进步的城市,突出以人为本,以实现城市现代化为目标,形成有利于人力资源能力建设的机制与社会舆论和文化环境,增强城市的区域竞争力,提升城市的整体运营功能,促进城市的全面进步和可持续发展,在区域经济竞争中实现跨越式发展。再次,全面推进城市现代文明的进程。在全面建设小康社会、加快推进社会主义现代化的过程中,通过学习型城市建设,全面推进城市社会的文明建设,加速现代城市文明进程,是深化文明城市建设的具体举措和重要抓手。

三、实现人的全面发展

赫钦斯(Hutchins)认为教育的终极目的是完善人性,在多部著作中,他都表达了对人性的关注。如在《美国高等教育》一书中,他提到"教育的一大目的是挖掘人性中具有永恒性的共同点"①。在《民主社会中的教育冲突》一书中,他认为每个人都有作为一个人的职能,但是他把这项职能区分为:作为一个国民的职能和作为个人本身的职能。在他看来,由于所处的社会不同,作为一个国民的职能可能存在差异;而作为个人来说,他作为人的职能在不同时代和社会间都是相同的,这是人的本性所致。由此,他提出:"教育目的是使人作为人而求得自身的不断完善,这个目的在每个时代和每个社会都是一样的。"②可见,在赫钦斯看来,教育只有遵循这个最终的目的导向,才能回归本原。

通过创建学习型城市可以有效地提高城市人口的受教育水平、职业技能水平,特别是贫困人口、弱势人群的人力资本,从而提高劳动生产率,提高人均收入。与此同时,创建学习型城市还有利于加强民众之间的相互依赖与支持,形成较为一致的心理特征与生活习惯,从而加强社会融合水平,构建出一个和睦、文明、充满时代气息的崭新的生活环境,造就大批自信、高素质的现代城市居民。

---

① Hutchins R M. The higher learning in America[M]. New Haven: Yale University Press, 1936: 66.

② Hutchins R M. The conflict in education in a democratic society[M]. New York: Harper & Row, Publishers, 1953: 68.

四、完善社会治理

卢梭在《社会契约论》中曾提到,在一个国家内部,倘若存在派系,则这些派系的数目越多,它们之间的力量越接近,越有利于公意(公共利益)的表达。反之,公意可能只能表达个别意见。在城市社会治理中,参与主体的数量和类别越多,参与意识越强烈,政治参与度越高,则越能接近最广泛的公众利益的表达。因此,虽然各个国家的城市社会治理模式各有千秋,但有一个基本的共识:要想使城市社会治理达到最佳效果,需要多元参与主体通过协商、合作等方式,最大限度地调动、利用社会公共资源。以美国为例,其城市治理主体由政府、营利组织及社会组织共同构成,在保证各主体的独立性和自治性的基础上实现了分工合作、协调各方利益的目标,取得了显著成效。

20世纪70年代末,随着信息技术的发展、生产方式的变革,以及新公共管理理论的产生,新的政府形态应运而生,政府开始将部分管理权力下放,与非政府组织合作,有选择性地"无为而治",将市场、社会组织等其他社会力量引入公共部门以提升公共服务的水平和效率。而城市——作为孕育现代政府的母体,随着政府职能及政府治理理念的转变,其治理理念也在发生变化,主要表现在:引入竞争理念和企业化的管理办法,以强化公共服务和谋求社会资源的合理配置为目标,实现政府、社会、市场、市民等的合作治理。

随着我国从计划经济向市场经济转型,政府的职能也相应地发生了变化,在社区管理方面,这一部分职能由传统的政府掌管变为社区自治,而社区居民也相应地由"单位人"向"社区人"的角色转变。这种转变不仅仅是管理模式转变造成的形式上的变化,还在社区成员心理上产生影响。社区居民内心的归属感随着管理主体的变化逐渐由单位转向社区。此时,社区开始承担原本只由政府承担负责的政治、经济、社会治安和精神文明建设等。社会的许多问题可以通过社区得到较好的解决,而学习型社区的构建将更能推动社会的政治稳定和人的发展。

综上所述,我国的城市化是实现全面小康的必经之路,是中国走向现代化的必然选择。但目前,我国城市化的状况并不理想,如城市化质量不高,城市人力资源素质较低,等等,而创建学习型城市是解决上述问题的一个重要途径。学习型城市是一种新的城市发展模式,它使人们从以往的注重外在的、物化的、形式的范畴转向注重内在的、构成城市灵魂的范畴。正如美国城市规划学家刘易斯·芒福德(Lewis Mumford)在其《城市发展史》中指出的那样："未来城市的主要任务,就是创造一个看得见的区域和城市结构,这个结构是为使人熟悉他更深的自己和更大的世界而设计的,就是具有人类教养功能和爱的形象。"①

---

① 刘易斯·芒福德.城市发展史[M].倪文彦,宋俊岭,译.北京:中国建筑工业出版社,1989:421.

实践篇

第三章　宁波学习型城市建设实践探索

第一节　宁波学习型城市建设发展历程

一、学习型城市建设启动阶段(1990—2004)

20 世纪 80 年代末 90 年代初,宁波市象山县石浦镇积极探索了家庭教育、学校教育、社会教育"三结合"的青少年校外教育模式,在全国引起了一定的反响,这是宁波市社区教育的萌芽。90 年代中后期以来,宁波市海曙区、鄞州区、江东区(2016 年并入鄞州区)社区教育在青少年校外教育的基础上,开始面向全体社会成员,显现出服务全民学习和终身学习的特征。2000 年,宁波市成立由市委副书记为组长的社区建设领导小组,相继出台了《关于开展社区教育实验工作的通知》(甬教成〔2001〕318 号)《宁波关于开展创建学习型社区活动的通知》(甬教成〔2004〕213 号)等一批市级终身教育指导文件,标志着宁波市终身教育和学习型城市创建进入启动阶段。可以说,宁波市学习型城市创建工作是以社区教育为引擎和开端的。

1999 年,国务院批转教育部《面向 21 世纪教育振兴行动计划》明确提出"开展社区教育实验工作,逐步建立和完善终身教育体系,努力提高全民素质"的要求。同年,宁波市开始布置开展社区教育实验工作。2000 年,余姚社区教育学院成立。2001 年,鄞县成为教育部首批国家社区教育实验区之一。同年,经宁波市第十一届人大四次会议批准实施的《宁波市国民经济和社会发展第十个五年计划纲要》提出要"逐步完善终身教育体系","积极推进城乡社区教育","逐步建成'学习型城市'"。这是宁波市历史上第一次在政府文件中明确提出建设学习型城市这一目标,为宁波市应对知识经济挑战,加快宁波经济和社会发展产生了深远的影响。同年,中共宁波市委宣传部、宁波市精神文明建设指导委员会办公室、宁波市教育委员会联合下发了《关于开展社区教育实验工作的通知》,开启了宁波市学习型城市创建的步伐。接着,宁波相继出台了一系列地方性法规,如《宁波市中等职业教育条例》《宁波市职工教育条例》《宁波市职业教育校企合作促进条例》等,同时出台了一系列政府文件,如《关于加快构建服务型职业教育体系的若干意见》《关于加强职工培训提高劳动者素质的实施意见》《关于开展社区教育实验工作的通知》《关于充分发挥社区在外来务工人员服务与管理工作中作用的意见》《关于加强职工培训提高劳动组织的实施意见》等,为推进学习型城市提供制度保障。

为了进一步强化政府各部门之间的协同,全市启动社区教育实验工作,确定 15 个街道(乡镇)为社区教育实验基地,在原有市、县(市、区)成人教育学校的基础上扩展成立社区学院。同时,各县(市、区)纷纷成立了由区委分管书记或区政府分管市长(区长)主管,宣传部、文明办等多部门参与的社区教育委员会。同时设立了由教育局局长任办公室主任,分管局长为副主任的社教委办公室,街道、社区也相应建立了社区教育指导委员会、社区教育领导小组(社区教育协调小组)等组织领导机构。宁波市社区教育相关的政策文件及组织领导部门的建立为宁波社区教育及学习型城市的发展奠定了基础,标志着宁波市学习型城市创建进入启动阶段。

二、学习型城市建设全面展开阶段(2005—2013)

宁波学习型城市创建进程的推进是基于学习型组织创建工作、社区教育工作、老年教育工作的顺利开展而逐步深入的。为响应党的十六大提出的"形成全民学习、终身学习的学习型社会,促进人的全面发展"的战略目标,宁波积极促进学习型组织的建设,发布了《关于开展学习型企业创建的通知》等一批市级社区教育相关文件,各县(市、区)特别是宁波市的全国社区教育示范区和社区教育实验区普遍出台了《关于创建学习型城区的决定》《创建学习型社区的实施意见》《五类学习型组织创建的评估指标体系》等一批学习型组织创建的规章制度。

宁波市学习型城市创建工作的全面展开以全民终身学习活动周的举办为标志。宁波全民终身学习活动周自 2005 年开始,每年 10 月开展,旨在通过活动,宣传终身教育思想,树立全民终身教育理念,激励人们终身学习的热情,提高国民素质并动员和组织社会机构积极参与全民终身教育活动。社区教育和老年教育办学实体的建设推动了学习型城市创建的深入开展。在这一阶段,江东区社区学院、江北区社区学院和鄞州区社区学院等各县(市、区)社区学院相继成立,为学习型城市的创建打下了组织基础。2009年,宁波市先后出台了《宁波市城市社区布局规划》和《关于加快推进农村社区建设的意见》,对城乡社区的文体设施建设标准、配套服务内容做了规范和统一,学习型社区建设与城市化建设共同推进,为城乡学习型社区建设的共同发展打下了基础。2009年,宁波市依托宁波广播电视大学正式成立了宁波社区大学,明确了宁波社区大学"业务指导中心、信息交流中心、资源开发中心、社区培训中心和理论研究中心"的五大功能定位。宁波社区大学的组织保障及功能保障,对学习型城市的创建产生了重大的影响。2011年,宁波市教育局专门拨出500万元专项建设启动经费,支持宁波社区大学创办老年教育中心,这在一定程度上缓解了宁波市老年人上老年大学"漏夜排队、一票难求"的现象。作为宁波市教育系统内第一所面向普通老年居民的普惠式老年教育中心,该举措在社会上得到了老百姓的广泛关注,也使广大老年人主动参与到了学习型城市的创建中来,为建成"全民学习、终身学习的学习型社会"做出了积极的贡献。社区教育和老年教育办学实体的建设为学习型城市的创建解决了学习型城市创建的场地问题,使全民终身学习和学习型城市创建在全市范围内得以顺利展开。

2011年,为大力推进城乡社区教育蓬勃开展,积极创建学习型社会,宁波市教育局下发《关于建立宁波市社区教育讲师团暨开展"百课送基层进社区活动"的通知》,由宁波市教育局牵头,宁波社区大学具体组织建立了"宁波市社区教育讲师团",为终身学习活动周提供项目服务并安排日常社区讲座。终身学习活动周的举办和社区教育讲师团的成立,解决了学习型城市创建的思想宣传、工作队伍的问题,沟通了"市—县(市、区)—街道—社区"四级组织体系,为学习型城市的全面创建打下了基础。

宁波把创建学习型企业作为建设创新型城市和智慧城市的重要抓手,由市总工会牵头,从2011年起在全市各类企业启动新一轮学习型企业创建活动。成立由总工会、教育、文明办、财政、经信、科技、人社、国资、工商联等9部门组成的学习型企业创建工作指导委员会,研究制定目标任务、考评体系和具体措施。市财政每年下拨430万元经费保障创建活动的组织实施,逐步形成了部门协作配合、齐抓共管的工作格局和工作机制。

"互联网＋教育"的飞速发展,使现代信息技术与教育深度融合,使学习型城市的建设超越时间、空间、资源的限制,得以迅速地广泛展开。为响应宁波市委市政府建设"智慧宁波"的号召,促进教育信息化,创建学习型社会,宁波市政府投资 4000 多万元成立了宁波数字图书馆。宁波数字图书馆于 2009 年 3 月开通,这一举动极大地便利了广大居民的终身学习。2013 年 11 月 8 日,宁波终身学习公共服务平台开通,为宁波市民的终身教育提供了网上学习的通道。

三、学习型城市建设规范发展阶段(2014 年至今)

2014 年 11 月 28 日,《宁波市终身教育促进条例》(以下简称《条例》)经浙江省第十二届人民代表大会第十四次会议审议通过,并自 2015 年 3 月 1 日起实施,是继福建、河北、上海、太原之后,又一个终身教育的地方法规。《条例》的制定和实施,为宁波市终身教育的改革和发展指明了方向,为构建宁波市终身教育体系、建设学习型城市提供了法律保障,有利于进一步整合宁波市终身教育资源,实现资源效益最大化和最优化。至此,宁波市终身教育体系和学习型城市建设进入了规范引领发展期。

第二节　宁波市终身教育体系与终身学习公共服务体系建设

一、终身教育体系扎实推进

国务院于 1999 年 1 月批转的教育部《面向 21 世纪教育振兴行动计划》提出,"到 2010 年基本建立起终身学习体系"。"终身教育"作为一项规定和任务,已分别写入《中华人民共和国教育法》和《中国教育改革和发展纲要》中,并在《面向 21 世纪教育振兴行动计划》中作为一项行动目标提出来。全面实施终身教育,要求有一个系统化的体系,终身教育体系是以现代大教育观看教育的形态和体制,是家庭教育、学校教育和包括成人教育在内的各个领域的社会教育的有机整体。教育一体化是终身教育论的中心思想,也是各国实施终身教育的共同趋势。建立学习型社会和学习型城市是实现终身教育的重要目标,如果社会成员都具有终身学习的条件和机会,具有终身学习的主动性,那么,学习型社会、学习型城市建设的目标也就实现了。

(一)学校教育全力推进,率先实现现代化

作为终身教育体系最基本组成部分的学校教育,是保障整个社会各类人群终身学习、终身教育,形成学习型社会的基础。宁波教育源远流长,唐建州学,宋置书院,贤哲辈出,人文荟萃。近年来,宁波学校教育坚持以创新求发展,以均衡促提高,深化改革,开拓创新,无论是各级学校教育办学的规模和质量、优质教育资源的数量、教育经费的投入,还是各级学校教育的普及率,宁波的学校教育整体发展水平已经进入高位发展阶段,率先在全省实现现代化。

1.高等教育平稳发展

截至 2015 年,宁波市共有高校 15 所,其中全日制本科高校 7 所,高职高专院校 6 所,成人高校 2 所,另有浙江大学软件学院归口宁波市教育局管理。全日制普通高校在校生 15.13 万人,其中本科生 9.69 万人,高职高专生 5.44 万人;在甬研究生 8118 人;成人高等教育在校生 5.3 万人。全市每万人在校大学生人数为 270 人。全市高校固定资产总值 118.4 亿元,建筑面积 528.4 万平方米,教学仪器设备总值 27.7 亿元,图书资料(不含电子图书)1609 万册。全市高校共有专任教师 8417 人,其中具有正高级、副高级职称的 3470 人,博士 2063 人。全市共有一级学科博士点 2 个,二级学科博士点 13 个,一级学科硕士点 19 个,二级学科硕士点 93 个,国家人才培养模式改革试验区 3 个,国家特色专业建设点 11 个,国家精品(双语教学)课程 40 门,省高校重中之重一级学科 2 个,省"十二五"高校重点学科 43 个,省"十二五"优势专业 33 个,省属高校人文社科重点研究基地 3 个,省部级精品课程 186 门,市重点学科 41 个,市品牌专业 17 个、市特色专业 45 个。评审确定宁波大学"非线性海洋和大气灾害系统协同创新中心"、宁波工程学院"宁波市智慧交通协同创新中心"、浙江大学宁波理工学院"新型海洋养殖装备协同创新中心"等 7 家市级高校协同创新中心。

2.基础教育高位发展

全市基础教育围绕全面建设教育现代化的目标,深入推进素质教育,不断满足人民群众让子女接受良好教育的愿望。2015 年,全市共有普通中学 289 所,在校学生 27.38 万人,其中初中 205 所,在校学生 18.58 万人;高中 84 所,在校学生 8.8 万人;小学 448 所,在校学生 48.02 万人;特殊教育学校 11 所,在校学生 1020 人。全市接收外来务工人员随迁子女 26.58 万人,其中在公办中小

学就读 21.86 万人,公办学校接纳比例达 82.24%。全市共有省特色示范普通高中 33 所(其中省一级示范普通高中 9 所、省二级示范普通高中 24 所)。到 2015 年年底,全市共有省特级教师 142 人;先后评出市名师 376 人,市专业首席教师 22 人;小学、初中教师高一级学历比例分别达到 98.42%、95.36%。至 2015 年年底,全市九年义务教育的入学率、巩固率分别达到 100%、99.00%,残疾儿童入学率达 98.62% 以上,初升高的比例为 99.17%,普通高校招生考试报名录取率达 92.10%。

3.职业教育,"宁波现象"全国瞩目

宁波市的职业教育质量领跑全国,"宁波现象"持续"发酵",已成为全市的一大品牌。在全国职业院校技能大赛中的成绩连续三年超过上海,金牌数稳居全国第二。连续多年在全国"文明风采"大赛中取得优异成绩,被组委会授予"特殊贡献奖""卓越贡献奖"。在首届国家职业教育教学成果奖评审中,宁波表现优异,获得 1 个一等奖、6 个二等奖,获奖总数位居全国同类城市前列,充分彰显了宁波职业教育的整体办学质量。校企合作多项突破,当前,宁波市职业教育校企合作已步入"政府主导、校企互动、社会参与、市场运作"的深层次阶段,职业教育产教深度融合的机制逐步探索成型,多方协同发展职业教育成为发展"新常态"。率先出台了职业教育校企合作的地方性法规《宁波市职业教育校企合作促进条例》及实施办法;率先打造全国首个职教校企合作平台——宁波"校企通"职业教育校企合作公共服务平台;开展多层次的线下校企资源实体对接活动,助力校企深度融合;打造全国知名的"校企一体化人才培养模式",如宁波职业技术学院与海天集团合作办学模式、鄞州职教中心"三联"模式、北仑职高现代学徒制等。作为教育部首批教育国际交流与合作试验区,宁波常年举办"甬港—甬台·教育合作论坛、东北亚—欧洲·宁波教育周"。同时实施"海外英才汇宁波"和"卓越留学"计划,推进"千校结好"行动计划,将国际合作打造成宁波职业教育的一个品牌。

全市共有各级各类幼儿园 1278 所,在园儿童 28.02 万人,学前三年净入园率达 99.5%。2015 年,全市有省一级幼儿园 116 所,星级以上的幼儿园 1120 所,省等级幼儿园招生覆盖率达到 94.1%;乡镇中心幼儿园建园率达 100%,乡镇中心幼儿园标准化率达 100%。

(二)社会教育扎实有效,整体发展水平进入全国第一方阵

历经 30 多年的不断发展,宁波社会教育已经初步实现了从学历教育向终

身教育的跨越,基本构建起市、县(市、区)、乡镇(街道)、村(社区)四个层级和学校、行业、社区、网络四大系统组成的社会教育体系,为市民进行终身学习、接受终身教育提供了重要的平台。宁波市的社会教育主要由社区教育和成人教育组成,社会教育坚持以服务宁波经济建设和社会发展为方向,以构建终身教育体系和创建学习型城市为目标,大力实施"百万农村劳动力素质培训工程",加强企业职工技能培训,积极开展各种类型的社区教育活动和社区教育实验工作。

1. 宁波社区教育起步早、发展迅速,发展水平已经进入全国领先水平

宁波社区教育取得较大发展,主要有以下几点经验。

一是宁波重视社区教育组织领导体系建设。2001年,宁波成立了由市委副书记为组长的宁波市社区教育专业指导组,全市启动社区教育实验工作,确定了15个街道(乡镇)为社区教育实验基地。各县(市、区)纷纷成立了由区委分管书记或区政府分管领导挂帅,宣传部、文明办等多部门参与的社区教育委员会。同时设立了由教育局局长任办公室主任,分管局长为副主任的社教委办公室,街道、社区也相应建立了社区教育指导委员会、社区教育领导小组(社区教育协调小组)等组织领导机构。

二是宁波不断健全社区教育制度。宁波市在推动和推进社区教育工作中普遍把制度建设放在一个比较重要的位置,《关于开展社区教育实验工作的通知》(甬教成〔2001〕318号)、《宁波关于开展创建学习型社区活动的通知》(甬教成〔2004〕213号)、《关于深化服务型教育体系建设,加快培养高素质应用型人才的若干意见》(甬政发〔2008〕86号)、《关于深入开展学习型企业创建活动的通知》等一批市级社区教育相关文件相继出台。各县(市)区也积极响应,及时跟进,措施到位。特别是宁波市的国家级示范区、实验区普遍出台了《关于创建学习型城区的决定》《创建学习型社区的实施意见》《五类学习型组织创建的评估指标体系》《社区教育委员会成员单位工作职责》《街道社区教育评估体系》和《社区教育兼职辅导员管理办法》等一批深化社区教育工作的规章制度,有力保障了区域社区教育的推进发展。

三是宁波不断规范社区教育网络运作体系建设。早在2000年,宁波市就已经在市成人学校的基础上筹建成立了宁波社区教育学院。为顺应社区教育形势发展的需要,于2009年依托宁波广播电视大学正式挂牌成立了宁波社区大学,并经市政府授权,市编办发文,正式明确了宁波社区大学"业务指导中心、

信息交流中心、资源开发中心、社区教育培训中心和理论研究中心"五大功能定位。目前,全市拥有市级社区大学1所,11个县(市、区)全部建立社区学院,152个街道和2130个社区分别建立了社区学院(社区教育中心)和市民(村民)学校,已经初步形成了完整的"市社区大学—县(市、区)社区学院—街道(乡镇)社区教育中心—社区市民(村民)学校"四级社会教育办学网络。全市拥有5个全国社区教育示范区、3个全国社区教育实验区,同时创建了68个市级社区教育示范乡镇(街道),社区教育普及率城区达100%,农村达78%,呈现出了示范区先进、实验区推进、其他区跟进的良好态势,积极为社会经济发展服务,助推宁波学习型城市建设。

四是全市对社区教育提供了有力的财政保障和队伍保障。市、县(市、区)、乡镇(街道)三级财政投入不断加大,有力保障了宁波市社会教育事业的健康发展。从2006年起,宁波市共投入超过4亿元经费用于社区教育。全市各地普遍建立了社区教育专项经费制度。与此同时,社区教育队伍不断壮大。"社区教育助理"和"社区教育专干"等新型队伍体制得到积极探索,成人教育工作者素质提升工程得到有力推进,全市共有专职社区教育工作者330人,成人教育工作者991人,兼职工作者2200多人,社区教育志愿者4万余人,"敬业、专业、创业"为民服务型的继续教育队伍初具规模。

2.宁波社区教育硕果累累

宁波社区教育形式灵活多样,特色鲜明,深受人们喜爱。近年来,宁波更是涌现出一大批社区教育品牌项目。如社区教育品牌项目"社区四点钟学校",它本着"让学生开心,让家长放心,让社会称心"的宗旨,缓解了放学后学生和家长的压力,释放了社会活力,受到了社区群众的极大认可,被中央文明办指示在全国推广这一模式,并先后获得了"宁波市最具影响力文明服务品牌"称号和"浙江省十佳社区服务品牌"称号。社区市民学习型团队建设和"海之梦"青少年暑期社会实践成绩喜人,全国社区教育专业委员会为此召开了现场会给予专题推广。"十万新市民进课堂"活动扎实有效,被《中国教育报》头版头条报道。"学分银行"建设工作积极推进,是唯一被教育部和中国成人教育协会授予"全国城乡社区数字化学习示范基地"称号的社区教育品牌。

3.宁波成人教育成绩显著

首先,宁波成人教育设施设备不断完善,教师队伍水平不断提升。2015年,全市拥有各级各类成人学校2870所。其中,市级成人学校1所,县级成人教育中心学校(社区学院)11 所,乡镇(街道)成人学校 113 所(其中省标准化成人学校 113 所,市高标准成人学校 63 所),基本构建起了市、县、镇、村四级成人教育网络。截至 2015 年,全市成人学校校园占地面积达 69.73 万平方米,校舍建筑面积 37.09 万平方米,仪器设备总值 1.31 亿元,计算机 8745 台,图书 69.42 万册,实训基地(实训室)233 个,国家职业技能培训点 77 个,国家职业技能鉴定站 15 个,进一步改善了成人教育的办学条件。全市现有成人教育管理人员 365 名,其中专业管理人员 267 名,志愿者 13513 名。

其次,成人学校围绕职工培训和农民培训,多措并举,探索培训新方法。一是构筑企业职工培训体系,利用企业基地开展培训。近几年来,宁波成人教育围绕五大临港型工业、十大重点优势制造业和十大现代服务业,构筑起企业职工培训体系,在发挥企业自主培养技能人才作用的同时,积极发挥成人学校的教育培训功能,每年有 60 多所成人学校参与 40 个培训项目的招标,共完成 50.5 万人次的培训任务,发放培训补贴共 1300 余万元。二是组建职成教联合培训平台,利用职校实训基地开展培训。如鄞州职教中心机电实训基地负责全市电力系统职工的培训鉴定,年培训达 1 万人次,职业资格认证达 8000 人次。许多成人学校依托职业学校的专业实训设备,开展农村成人技术培训,自 2015 年以来全市累计完成企业职工培训超过 100 万人。三是以振兴农业为中心,以成人教育农科教结合项目为抓手开展培训。积极参与在职工人培训的同时,宁波成人教育农科教结合项目作为乡镇成校服务"三农"的纽带,以振兴农业为中心,以促进农村经济发展为目的,以推动先进的科学技术为动力,以开展教育培训、提高农民文化技术素质为手段,把经济发展、科技推广、人才培训紧密结合起来,通过政府统筹安排,使农业、科技、教育等部门的人力、物力、财力得以综合利用,形成科教兴农的强大合力,取得更好的整体效益。乡镇成校开展的农科教结合项目作为科教兴农的具体形式,其实质是使农业发展和农村经济建设转移到依靠科技进步和提高劳动者素质的轨道上来。目前,宁波成人教育在全市拥有家电制造、信息技术、化纤纺织、机电模具、林业园艺、建筑技术、财务会计、商贸物流、现代服务等实训室,实训基地内设有车工、钳工、中式烹调师、维修电工、焊工等国家职业技能鉴定站,具备电工、焊工、冲压、危化等特种作业工种培训资格。

概言之,宁波社会教育紧贴市民现实需要,服务宁波经济社会,发展蓬勃,生机盎然。2014 年,全市共完成各级各类培训 355.18 万人次,其中新型农民培训 105279 人次、农村预备劳动力培训 2183 人、成人双证制培训 10670 人、企业职工培训 580219 人次(其中完成市企业职工培训项目培训 20530 人次,取证18697 人次)、家政培训 24850 人次,扫除文盲 49911 人次,完成农科结合项目立项 4 个。2015 年,完成各级各类培训 382.58 万人次。其中,企业职工岗位技能培训 82.16 万人次,新型农民培训 11.7 万人次,家政培训 7.87 万人次,成人双证制培训 9825 人,农村预备劳动力培训 1977 人,其他社会类培训 277.95 万人次。

(三)家庭教育起步较早,社会效益显著

人们常说,家庭是人生的第一所学校,父母是孩子的第一任老师。宁波的家庭教育具有良好的基础,全国第一所家长学校就诞生在宁波的象山县。经过多年努力,幼儿园、中小学普遍建成家长学校,宁波广大家长的家庭教育意识和能力不断增强,家庭教育和维护儿童权益工作多次获全国先进。

2005 年,宁波市妇联在充分调研的基础上,展开了"母亲素养工程"的设想。从 2007 年 3 月开始,宁波市妇联、宁波市教育局联合实施"母亲素养工程",分阶段、分重点对子女在 18 周岁以下的母亲群体开展继续教育,以提升母亲的综合素养为基本途径,助推家庭文明建设和未成年人健康成长的工作。作为实施项目,"母亲素养工程"分别列入宁波市"十一五""十二五""十三五"妇女发展规划当中,先后颁发了《"母亲素养工程"实施意见》《"母亲素养工程"考核实施办法》等一系列规范性文件,对"母亲素养工程"的总体目标、推进步骤、实施办法进行了科学规划。在家庭教育方面,主要有以下做法。

(1)相继以家庭教育素养、身心健康素养、智慧妈妈为主题开展教育培训

随着"母亲素养工程"培训主题的变换,宁波市、县两级妇联充分挖掘社会资源,及时调整,打造出一支优质的师资队伍。讲师团里有专家学者、心理咨询师、志愿者、热心家长等社会优秀人员,部分县(市、区),如鄞州区、镇海区还利用"草根"的亲民性和可学性强等优势,组建了"草根讲师团";部分街道,如北仑区的新碶、柴桥等还专门成立了街道"母亲素养工程"讲师团;海曙区还创造性地建立了本地固定型和流动型相结合的师资库。

(2)针对个性化的学习需求,进行针对性的帮助

2010 年 6 月,"全球通·知音"心理咨询热线、宁波女子学院联合启动"知音·三月红母亲心灵驿站"试点工作。每周六上午 9 点至 11 点,定期由热线执

证咨询师在试点社区为母亲们提供专业化、公益性的团体咨询和个案面询等服务。宁波市11个县(市、区)中有9个相继成立女子学院,通过现场推进会、经验交流会等形式,对基层阵地加强指导服务。通过市、县两级女子学院及各类成人教育阵地和家长学校,实现了覆盖全市的四级培训网络。考虑到部分偏远山区、海岛,受限于地理条件和经济水平,各行政村、社区、妇幼保健院、企业等通过"母亲素养大篷车""流动课堂""姐妹谈心室"等形式来解决这一问题。在面的覆盖上,已经将培训课程送到每个社区、每个村落、每位母亲身边。10年来,宁波全市共举办各类讲座3万余场,参训母亲达250万余人,其中完成24学时培训的母亲为71余万人。到2016年年底,宁波市妇联与教育局联合邀请全国家庭教育巡讲团来甬举办4个主题的公益讲座215期,受益近6万人;举办"好家风塑造好品行"家庭教育主题论坛,邀请宁波市最美家庭走上讲台"晒"家风家训;2015年启动"家庭教育大篷车进乡村"活动,到2016年年底为止,已成功为基层母亲们送去85场讲座。

(3)定期举办"家庭文化节"

"家庭文化节"是宁波市妇联为展现家庭文化,特意准备的"大餐"。妇联精心组织策划的科学教子、孝老敬亲、男女平等、爱心帮扶等29项文化节活动,引导广大妇女和家庭在参与活动过程中自我表现、自我教育、自我升华。2013年,宁波市家庭教育工作会议召开,提出教育局要把家庭教育工作纳入教育系统考核体系,不断提升幼儿园、中小学、中等职业技术学校的家长学校办学水平。妇联、文明办、教育局、卫生局、计生委、民政局、关工委等单位联合推进社区、村家长学校建设,做好城乡社区家庭教育指导、服务和管理工作。卫生局和计生委负责推进新婚夫妇学校、孕妇学校、人口学校等母婴保健科普学校建设。各县(市、区)建立健全相应的家庭教育组织机构,加强家庭教育实践基地和骨干队伍建设,重点关注留守儿童、流动儿童、残疾儿童、单亲家庭等群体的家庭教育状况。

二、终身学习公共服务体系初具雏形,整体效能厚积待发

提起终身学习公共服务体系,不可回避的是其与终身教育体系之间的关系。从目前的资料来看,针对终身教育体系与终身学习服务体系之间的关系大体有三种观点:第一种观点认为,两者是一种包含与被包含的关系,即终身学习服务体系包含终身教育体系,终身教育体系是终身学习服务体系的基础;第二种观点将终身教育体系与终身学习服务体系并列,认为这是两个不同的问题,前者是构架,后者是服务;第三种观点认为,终身教育体系与终身学习服务体系是一种交叉的关系,即相互包含,你中有我,我中有你。目前,持第一种观点的学界和实践工作者占绝大多数,并且第一种观点越来越具有说服力。

终身学习服务体系是一个系统,它指的是在政府的政策支持和积极推动下,社会各系统包括政府组织系统及各类社会组织系统为市民终身学习行为提供法律法规保障、教育服务和学习服务的一系列过程。在终身学习服务体系建设过程中,有几个关键点应当引起重视:一是加强终身教育体系建设,这是终身学习服务体系建设的现实基础;二是推动终身学习的政策法规建设,为市民的终身学习提供法律保障;三是强调社团、企业等社会组织履行自身的社会职责,发挥各自的优势,运用自己独特的资源为市民终身学习提供必要的服务;四是强调学习的服务,既要为市民提供所需的课程、教学服务,又要加强终身学习平台的建设、学习资源的整合、学习方法的指导和终身学习成果的认定等基础服务。

(一)终身学习的政策法规建设

终身学习政策法规建设的目的是保障市民终身学习行为的有效实施,政府的一项重要职责就是推动终身学习政策法规的制定。2001 年,宁波市第十一届人大四次会议批准实施《宁波市国民经济和社会发展第十个五年计划纲要》,纲要提出,要"逐步完善终身教育体系","积极推进城乡社区教育","逐步建成'学习型城市'",这是宁波市历史上第一次在政府文件中明确提出建设学习型城市的目标。同年,中共宁波市委宣传部、宁波市精神文明建设指导委员会办公室、宁波市教育委员会联合下发了《关于开展社区教育实验工作的通知》,开启了宁波市学习型城市创建的步伐。接着,宁波相继出台了一系列地方性法规,如《宁波市中等职业教育条例》《宁波市职工教育条例》《宁波市职业教育校企合作促进条例》等;同时,出台了一系列政府文件,如《关于加快构建服务型职业教育体系的若干意见》《关于加强职工培训提高劳动者素质的实施意见》《关于开展社区教育实验工作的通知》《宁波市关于开展创建学习型社区活动的通知》《关于充分发挥社区在外来务工人员服务与管理工作中作用的意见》《关于加强职工培训提高劳动者素质的实施意见》等,为推进学习型城市提供制度保障。进一步强化了政府各部门之间的协同,建立由分管市长为组长的全市创建学习型城市领导小组,形成了"政府主导,部门协同,学校跟进,社区参与"的工作机制。为响应党的十六大正式提出的"形成全民学习、终身学习的学习型社会,促进人的全面发展"战略目标,宁波市积极促进学习型组织的建设,发布了《宁波关于开展创建学习型社区活动的通知》(甬教成〔2004〕213号)、《关于开展学习型企业创建活动的通知》等一批市级社区教育相关文件,各县(市、区)特别是宁波市的全国社区教育示范区和社区教育实验区普遍出台了《关于创建学习型城区的决定》《创建学习型社区的实施意见》《五类学习型组织创建的评估指标体系》等一批学习型组织创建的规章制度。2011年,为大力推进城乡社区教育蓬勃开展,积极创建学习型社会,宁波市教育局下发了《关于建立宁波市社区教育讲师团暨开展"百课送基层进社区活动"的通知》,由宁波市教育局牵头,宁波社区大学具体组织建立了"宁波市社区教育讲师团",为终身学习活动周提供项目服务并安排日常社区讲座。

2014年11月28日,《宁波市终身教育促进条例》的出台加快了宁波市终身教育发展由自发阶段向依法治教阶段转变的步伐,实现了终身教育的区域顶层设计和统筹规划,推进终身教育两个体系不同教育类型的横向贯通和纵向衔接,成为建立终身学习服务体系的重要依托和有效保障。从机制来看,终身教育地方立法最根本的目的是解决管理机制上的问题,以立法形式将终身教育提升到政府工作层面,进一步理顺相关部门、单位的职责,充分调动学校、社会、行业、企业等多方资源,加大整合保障力度,解决终身教育大格局发展与教育系统单一管理之间的矛盾。

(二)终身学习的基地建设

终身学习服务基地建设是终身学习服务体系建设的重点。目前,宁波市已经建立了立体化、多层次、各具特色的终身学习服务基地。

1.社区教育系统为市民终身学习提供了广覆盖的网络支撑

宁波市已经初步形成了完整的"市社区大学—县(市、区)社区学院—街道(乡镇)社区教育中心—社区市民(村民)学校"四级基地网络。

(1)市社区大学

宁波市社区大学不仅是宁波终身教育的业务指导中心、信息交流中心、资源开发中心、社区教育培训中心和理论研究中心,而且直接为市民终身学习提供服务支持。目前开办了老年教育中心,每年为宁波市提供4000人次的老年大学学习服务,并且依托强大的网络学习支持服务能力,建立了"宁波终身学习网",拥有近100万名正式注册用户,为宁波市民提供在线学习支持服务。

(2)县(市、区)社区学院

11所县(市、区)社区学院都有独立的建制和校区,都配有一流的现代化教学设备,能够为区域内各类教育培训提供服务保障。11所县(市、区)社区学院面向当地居民,立足社区,服务社区,初步形成了涵盖早期教育、中小学生暑期教育、职业培训、学历教育、社区教育等多类型的教育培训板块,紧贴市民学习需求,丰富市民学习载体,统筹区域教育资源,发挥区域"社区教育指导服务中心、社区教育市民学习和培训中心、社区教育资源开发中心、社区教育研究咨询中心"的多元作用。

(3)街道(乡镇)社区教育中心

截至2015年,宁波市建有街道(乡镇)成人学校(社区学院或社区学校)113所。成人学校是直接服务宁波市民终身学习的重要神经触角,主动为企业职工服务,为外来务工者及本地新老市民服务,为青少年服务,为老年人服务,为地方经济社会发展和满足市民终身学习做出了很大贡献。为了提高成人学校服务市民终身学习的能力,宁波市从2004年起严格执行《浙江省人民政府关于进一步加强农村教育工作的决定》(浙政发〔2004〕47号)文件精神,切实落实政府责任,保障对成人学校基本建设和设备的投入。坚持多渠道筹措经费,建立政府、学校、社会和个人共同分担的经费筹措机制。2011年,宁波市教育局和宁波市人民政府教育督导室联合下发《关于进一步加强乡镇(街道)成人学校建设的通知》(甬教职成〔2011〕252号),一是进一步加强成人学校建设,落实成人学校在学校建制、经费投入、人员配置、校舍设施、现代化教育手段等方面的有关规定,努力使成人学校符合编制独立、校园独立、办学独立、经费独立的"四独立"设置要求。二是要进一步拓展成人学校教育服务功能,注重实用性、多样性、生动性,重视开展老年教育、外来务工人员教育、农村实用人才培训、基层党员干部培训、创业培训等各类社会教育活动,不断开发和培育居(村)民休闲娱乐、文化教育、技能培训等项目,逐步把成人学校建设成当地的教育培训中心、劳动力资源管理中心、面对农村党员干部和广大群众的远程教育网络中心,满足城乡不同人群的学习需求。三是大力推进乡镇(街道)成人学校高标准建设,从2011年起,开展"宁波市合格乡镇(街道)成人学校"建设活动和"宁波市高标准乡镇(街道)成人学校"创建工作。此后,宁波的成人学校建设有了质的飞跃,终身学习基地作用愈加突出。目前,宁波市的成人学校确立了"构建终身教育体系、创建全民学习社会"的办学理念和"为宁波的社会、经济、文化发展服务,为宁波提前基本实现现代化服务"的办学宗旨,宁波的成人学校日益成为"企业发展的助推器、企业职工的加油站、外来务工者的服务站、新老市民的活动站、全体市民的学习站"。

(4)社区市民(村民)学校

社区市民(村民)学校是服务市民终身学习的神经末梢。社区市民(村民)学校是在坐落于社区并有利于居民终身学习的学校或场所。按照上海市教委的定义,社区学校是街道办事处或镇(乡)人民政府利用本社区各类教育、科研、体育等资源,联合社会力量而面向社区全体公民的从事非营利性社区教育活动的机构。社区市民(村民)学校能很好地发挥源自于社区的草根力量,有效地利用社区资源,方便地提供市民终身学习的公共服务设施。宁波市加强社区教育没有停留在纸面上,市教育局加大政策扶持和经费投入,打造家门口的"学习圈",以近2000个市民(村民)学校为基地,广泛开展了各类学习活动和培训,保障和满足社区成员基本的学习权利和终身学习需求,以提高市民的综合素质,推进建设新型现代化社区,促进社会文明进步。为了进一步加强社区学习设施建设,宁波市积极开展了优秀学习型社区创建工作,发布了《关于开展宁波市优秀学习型社区创建活动的通知》(甬教职成〔2011〕153号),进一步促进了社区市民(村民)学校基础设施的完善和提升。

2.宁波广播电视大学系统为市民终身学习提供了针对性的服务保障

宁波广播电视大学是一所独立设置的省级广播电视大学,由国家教育部批准,宁波市人民政府主办。学校下设余姚、慈溪、鄞州、宁海4个学院,象山、奉化、镇海、北仑4所分校,江北、东钱湖旅游度假区2个工作站,办学网络覆盖全市。全市电大系统现有教职员工600余人,拥有众多的多媒体教室、虚拟演播室、电子阅览室、语音实验室、书画教室、钢琴室、舞蹈室、录音室、会计模拟实验室、会计电算化实验室、网络实验室、计算机专业实验室、文秘实验室、视频资源制作室等学习设施设备,以及网络中心等功能齐全的现代远程开放教育设施设备,为服务宁波市民终身学习创造了良好的条件。近年来,宁波广播电视大学系统加快向终身教育转型发展的步伐,大力促成《宁波市终身教育促进条例》出台实施,积极承担项目推进宁波市终身教育公共服务平台建设,深入开展终身教育发展研究,努力探索宁波"学分银行"建设模式,积极推进各类教育资源整合,大力拓展终身学习公共服务,充分发挥构建宁波终身教育体系和建设学习型社会生力军和主力军作用。

3.各类公共文化教育体育设施为市民终身学习提供了齐全的场地支持

宁波市积极统筹城乡各类学习机构的市民学习场所、设施设备,使各级各类学校、社区市民学校、家庭学习点、体育中心、青少年宫、博物馆、图书馆,以及社会培训机构、企业职工学校等学习资源全面向社会开放;充分发挥美术馆、公共图书馆、文化馆(站)等保障公民基本文化权益、提高公民鉴赏能力的重要作用。至2016年,宁波市已基本实现美术馆艺术展览、藏品公共鉴赏、艺术品鉴定、公共艺术图书、电子阅览、艺术普及讲座及学术报告免费开放。文化馆(站)公共空间设施场地全部实行免费开放;普及性的文化艺术辅导培训、时政法制科普教育、公益性群众文化活动、公益性展览展示、培训基层队伍和业余文艺骨干、指导群众文艺作品创作等基本文化服务项目健全并免费提供;为保障基本职能实现的一些辅助性服务如办证、存包等全部免费。

(三)终身学习公共服务平台建设和终身学习成果认定服务

1.宁波市终身学习公共服务平台建设情况

数字化学习是指利用现代信息技术和网络手段,通过多媒体远程传输信息,打破时空界限,以交互式方式提高学习者的学习效果。2010年9月,宁波市委市政府正式对外发布《关于建设智慧城市的决定》,随后又出台《加快创建智慧城市行动纲要(2011—2015)》,把创建智慧城市列入"六个加快"重大发展战略,迈出了先行先试的重要一步,成为全国第一个推出智慧城市总体规划的城市。智慧教育是智慧城市建设的重要组成部分。2012年暑假,宁波市推出了"空中课堂",课程内容由全市优秀教师集体开发,并进行网络实时互动答疑,通过信息技术让优质教育资源惠及山区、海岛等偏远、薄弱地区,高峰期每天有5万多人次进行学习。2013年11月,宁波终身教育公共服务平台在宁波广播电视大学正式开通,作为该平台核心组成部分的宁波终身学习网(www.nblll.cn)正式上线,这是宁波市智慧教育针对全民终身教育的一个重要学习平台。目前,宁波终身学习网站共有近100万名实名注册用户,课程中心共收入精品课程26000多节,课程类别涵盖了科学技术、职业技能等10个大类。其中,有市教育局及各县(市、区)教育局提供的具有宁波特色的优秀视频资源、成人高中自学板块等,还开辟了一块作品交流区,供市民发表各种形式的学习作品。大家只要登录网站进行实名注册,就能拥有属于自己的学习空间。

宁波市积极建设终身教育数字化学习平台,先后搭建若干区域化、行业化的网络数字化学习平台,如慈溪的"99 学吧"、鄞州的"数字化学习网""终身学习网"、江东的"365 乐学网"、宁海的"社区教育网"、江北的"终身学习网"、北仑的"终身学习网"、镇海的"数字化学习中心"等,以数字化学习平台助力终身教育发展。当前宁波整合区域内四类数字化学习资源,包括乡镇数字化学习中心、社区数字化学习中心、企业数字化学习中心、社区学院数字化学习中心,已初步建成市、县(市、区)、街道、社区四级数字化学习港。作为网络教育公共服务体系组成部分,宁波数字化学习网络正在全面建成,日趋完善。其中用于整合宁波所有终身教育资讯的"宁波终身学习网"开设了新闻资讯、课程中心、作品互动、主题学习、个人空间等五大功能板块,提供对全大市终身学习数据的信息统计服务。平台的一期建设中充分整合了国家开放大学和宁波广播电视大学的大量数字化学习资源,为数字化终身学习资源库的建成打下了坚实的基础。同时江东区充分整合区域各类资源,实施"176X"工程,建成"两校两中心",挖掘实践基地,构筑了"一院多点"终身化的学习"基地网"。开发数字化"云课堂"平台和"微课化"资源,丰富了交互式学习的"资源网"。

2014 年,宁波市出台了《宁波市智慧教育建设总体方案》,明确了智慧教育建设的功能定位与运行模式,落实了建设目标和具体项目,即主要建设"一个门户,三个平台,五个体系"。宁波智慧教育门户网站,以提供"教育领域全覆盖、教育管理全方位、教育资源全接入"一站式服务为目标,以宁波市智慧教育云平台为技术支撑,主要运行智慧教育学习平台和公共服务平台两大平台,提供智能登录、资源商城、应用管理、信息发布、交流互动等基本功能,同时支持各种终端,使之成为全市信息化教学与教育管理的统一门户。

2015 年,宁波"智慧教育云"上线并面向全市开通。首批通过了宁波智慧教育门户网站、智慧教育云平台和学习平台、"甬上云校""甬上云淘"等多项智慧教育应用平台,实现优质教育资源的整合,提供多元普惠的教育公共服务,为全体市民提供优质、便捷的教育服务。市民只要通过宁波市智慧教育统一门户网站进入该平台,就能快速找到既权威又优质的资源。通过实名制登录,每个账号的学习资源、学习痕迹都将被保留,形成"私人定制"的教育成长录,系统根据用户的学习记录推送合适的资源,实现个性化学习。此外,智慧教育一改以往教育投入以政府为主的方式,创设政府主导、企业运行的基本机制,成立"甬上云淘"平台,逐步将其打造成"宁波教育的淘宝网",只要拥有账号和空间,就能在平台上购买和售卖各类教育教学资源,以市场化运营方式,形成宁波智慧教育良性发展循环圈。

2016年暑假,宁波智慧教育推出"在线答疑"和"网络返校"公益服务,让66万名小学和初中学生在假期也能随时与老师在线交流互动。同时,开放90余万个可供下载的教育资源和数千节视频课程,让学生和市民畅享优质网络教育资源。

2.宁波市终身学习成果认定服务状况

《国家教育事业发展第十二个五年规划》明确提出要构建终身学习"立交桥",促进各级各类教育纵向衔接、横向沟通。教育部也一再强调,要加快建立学分互换认证体系,推进学分成果积累与转换制度的研究和实践。目前,宁波市已分别建起市级、县(市、区)级的终身学习网,如何早日实现全市的学习资源共享、学习成果互认和转换是目前亟待解决的重要问题。终身教育学分积累与转换的核心价值在于促进全民终身学习,通过对学习者先前学习成果的认定,支持各级各类教育培训机构之间、非学历与学历之间学分的互认与转换,促进不同类型学习成果的沟通与衔接,激励社会成员结合自身发展进行学习规划,根据自身情况通过各种形式进行学习,并按照自己的意愿,在遵循一定规则的条件下,积累和转化自己的学习成果,最大限度地获取社会公认的学习成果价值证明。

(1)加快学分银行制度创新

尝试学分转移制度,努力解决学生在流动方面存在的一些问题。通过这种方式,参与终身教育的学生可以通过特定机构的认证,获得学分转移认证,从而增加学分的含金量,并增加学习的吸引力。此外,为了提高学分银行的可信度和大众对其的认知度,可以参考高校的学分银行制度,并以学分的形式吸引大众参与,最终提升终身教育水平。

(2)积极借鉴国内外发展经验

韩国学分银行制度从1998年开始实施,现由韩国国家终身教育研究所负责课程标准的制定、学生注册、学分审查、审查批准授予文凭或学位的条件、课程标准的评估与检查、培训机构评估,以及信息服务系统的运行维护等工作。为了实行学分银行制度,韩国政府专门成立了由各地方教育局组成的学分银行服务体系。学分银行制度的运行包括学生注册、学分认证、学分转换和文凭发放三个主要环节。韩国学分银行有较完善的质量控制系统。一方面,国家终身教育研究所依据社会需求和学科发展情况,制定专门的课程标准,详细规定教学手段、教学目标和教学要求;另一方面,学分必须从国家终身教育研究所认可的机构获得。国家终身教育研究所对教育机构制定了严格的标准,教育机构在获得认定后,还必须接受经常性的再评估,以确保质量。

在我国,上海市终身教育学分银行信息化服务平台通过门户网站、管理系统和学分信息库等三大模块功能,提供信息沟通、管理、数据存储和统计等一系列服务。上海市民登录该信息平台,可了解学分银行的基本情况和标准体系等,掌握利用学分银行进行学分(学习成果)认定、积累、转换的重要流程和方法,并可按照流程指引,完成学分的存入、认定与使用。

(3)宁波市的市民学分银行实践探索与未来发展

近年来,宁波的慈溪市对市民学分银行进行了实践探索,并取得了较好的成效,成为国内学分银行先行先试的一个典型实践案例。2008 年,慈溪市开始探索市民学分银行机制,建立了丰富多样的课程体系,开设了上万门课程。课程体系分为考试课程和非考试课程两类,考试课程指认证类课程,非考试课程则包含较多的闲暇课程,市民学习以非考试课程为主。慈溪市建立了科学灵活的学分体系,通过建立学分分类换算方法和构建学分诚信系统,最终实现了学分的储存、互认、兑换和消费,即学分可在本人账号内储存,各学习机构相互认可,同时可以以学分换取证书或以学分换取购物优惠等。2012 年,慈溪市组织专家对慈溪市民终身学习平台暨市民学分银行管理平台二期工程建设方案进行研讨和论证,专家对慈溪市数字化市民终身学习平台、市民学分银行平台、学习管理公共平台的建设方案给予了充分肯定,该二期建设方案于 2013 年开始实施。

目前,国内外在学分银行建设方面已经积累了不少的实践经验,如果我们能够认真分析和总结这些经验,那么必将对宁波市终身教育中的学分银行制度建设带来较大的帮助。构建终身学习"立交桥",个人终身学习档案和学分银行建设是关键环节,学分银行将以服务基层市民、新市民和弱势群体为主要服务对象,开展符合他们需求的教育活动。市本级将加紧制定学分银行各项标准,加快课程分类,加强资源建设,在慈溪市学分银行成功实践的基础上探索具有宁波特色的市民学分银行建设之路。

第三节　学习型组织建设

积极推进学习型机关、企事业单位、社会团体等各类学习型组织建设,增强社会组织的学习能力,充分发挥学习对组织发展的促进作用,是建设学习型城市的重要途径。近年来,宁波市加强对学习型组织建设的引导支持,分类研究制定各类学习型组织的建设标准,依托社会第三方机构建立各类学习型组织评价机制,培育积极向上的组织文化,增强各类组织的凝聚力和创新力。建设学习型组织是深化学习型城市建设的基础工作,宁波一直将创建学习型组织作为创建学习型城市的重要抓手,通过学习型组织建设,使学习成为促进个人、组织和城市发展的核心动力。

一、学习型区县创建推动有力

2001 年 2 月,宁波市十一届人大四次会议通过的《宁波市国民经济和社会发展第十个五年计划纲要》提出,要"逐步完善终身教育体系""把我市逐步建成学习型城市"。2001 年 7 月 30 日,中共宁波市委宣传部、宁波市精神文明建设指导委员会办公室、宁波市教育委员会联合下发了《关于开展社区教育实验工作的通知》,决定在部分基础较好的县区、街道、镇(乡)开展社区教育实验试点工作。此后,宁波市社区教育工作有了迅猛发展。在宁波市委市政府的科学引领下,全市创建学习型区县工作得到有力推动。2003 年 12 月,象山县委分别通过《中共象山县委关于建设学习型社会的决议》和《中共象山县委关于建设学习型社会的意见》,并于 2004 年 1 月建立了全县建设学习型社会工作指导委员会及其办公室;鄞州区政府办公室于 2004 年 3 月制定了《鄞州区创建学习型城区规划(2003—2010 年)》;海曙区于 2004 年 4 月拉开了创建学习型城区的帷幕,由区委区政府召开创建学习型城区动员大会,并印发了《中共海曙区委关于开展创建学习型城区活动的意见》;江东区委区政府于 2004 年 5 月 25 日出台了《关于在全区开展学习型城区创建活动的决定》;江北区委区政府在 2004 年 7 月召开了创建学习型社区动员大会。此后,宁波市的北仑区、慈溪市、镇海区、余姚市等县(市、区)纷纷跟进,学习型城市创建活动得到了有力推动。

二、学习型党政机关创建率先垂范

宁波市委市政府把学习型党政机关建设作为提高领导干部的综合素质、提升干部执政能力的重要举措。中共宁波市委办公厅于 2010 年印发了《关于推进学习型党组织建设的实施意见》，并发出通知，要求各县（市、区）委、市直及部省属单位党委（党组），结合实际认真贯彻执行。2011 年起，全市上下深入开展了"三思三创"（思进思变思发展，创新创业创一流）活动，确立推广"中心组学习模式"，运用延伸"微型党课教育"手段，总结创造了"俞复玲 365 工作法"，各级领导干部以普通学员的身份积极参加培训学习，树立"干在实处、走在前列"意识，推动创建工作开展。

（一）着力推进学习理念创新

转变思想观念，创新学习理念，深化对马克思主义学习型政党建设基本规律的认识，积极借鉴当代学习型组织的管理理论，大力倡导团队学习、全员学习、研究学习、创新学习、科学学习的新理念，把学习作为一种政治责任、一种精神追求、一种生活方式，引导党员干部以开放的、多维度的思维模式来解决思想问题和实践问题，不断提升党组织和党员的学习能力。

（二）强化学习型领导班子建设

加强和改进党委（党组）中心组学习制度，推动各级领导班子先学一步、学深一些，以学习型领导班子建设带动学习型党组织建设。各级领导机关和领导干部起带头作用，把改进学风、改进文风同改进干部工作作风、改进党风、改进会风结合起来，克服形式主义和官僚主义的弊病，密切联系本地区、本部门、本单位实际，抓住工作中迫切需要解决的问题，围绕全局性、战略性、前瞻性问题开展调查研究和学习讨论，促使领导干部在学习中不断提高政治理论素养、驾驭复杂局面、解决实际问题、引领科学发展的能力。

（三）发挥学习教育阵地作用

充分发挥各级党校、行政学院在党员干部教育培训中的主渠道、主阵地作用，发挥高等院校、社科研究机构，以及政府部门和行业培训机构在培养专业技术技能中的作用，发挥爱国主义教育基地、党员服务中心、社区学院等在基层党员干部教育服务中的作用,形成覆盖各级党组织和党员的学习阵地网络。

(四)探索新的学习载体

大力加强学习载体建设,积极探索新的学习方式、途径和渠道,运用学习讲坛、研讨交流会、读书会和参观考察等广大党员干部喜闻乐见的载体,组织各种形式的主题学习教育活动,形成一批特色载体。组织开展"好文好书大家读"活动,每月向党员干部推荐学习书目,通过学习成果交流、主题征文、知识竞赛等途径激发广大党员干部读书学习的积极性。组织开展"党员人人上讲台"微型党课教育、理论宣传普及周、社科普及月、全民读书月等活动,深入推进中国特色社会主义理论体系大众化,拓展学习型党组织建设的覆盖面。

(五)提高典型示范带动作用

在企业、农村、机关、学校、社区等不同层面中广泛组织开展优秀学习型党组织创建评选活动,表彰先进典型,推广成功经验。宁波市以"建学习型领导班子,做学习型党员干部"为载体,举办党员干部、入党积极分子、后备干部等培训班 4600 多期,培训人员 39.5 万人次,不断创新学习方法,使学习型党组织在基层的覆盖面越来越广。同时开展了学习型党政机关创建争优活动,近五年来,全市学习型市级机关的创建率达到了 55%,县(市、区)级机关的创建率达到了 45%,街道(乡镇)的创建率达到了 38%,党政机关创建率达到了 45%,涌现出了一批先进机关干部,有力地推进了机关作风与效能建设,树立了机关良好形象。

三、学习型社区创建扎实有效

社区是城市居民生活的公共场域,随着学习型县(市、区)活动的推开,宁波市的学习型社区建设工作搞得扎实有效。市级在推进中注重顶层设计和制度创新,《关于开展社区教育实验工作的通知》《宁波关于开展创建学习型社区活动的通知》等一批市级文件相继出台。各县(市、区),特别是 7 个国家级示范区和实验区均出台了一批深化学习型社区创建的规章制度。从 2011 年开始,为进一步推进创建工作向纵深发展,宁波市教育局还牵头开展了"市级优秀学习型社区"创建活动,每年设立专项资金 300 万元,创建 60 个左右优秀学习型社区,在"十二五"期间累计投入超过 1500 万元,创建超过 300 个市级优秀学习型社区,使宁波市级优秀学习型社区的比例达到 15% 以上,使宁波市的市、县(市、区)两级学习型社区的创建比率超过 50%。近年来,宁波市学习型社区建设成效显著,涌现出了诸如奉化市力邦社区、镇海区后大街社区、江东划船社区等典型学习型社区。奉化市力邦社区受到联合国教科文组织表彰;镇海区后大街社区成为"全国优秀学习型社区";2012 年,江东区百丈街道划船社区成为全国知名社区,社区书记俞复玲被选为人大代表,受到了党和国家领导的亲切接见,同时她的"俞复玲 365 工作法"在宁波全市上下得到学习推广。

四、学习型企业创建稳步推进

创建学习型企业是建设学习型城市的重要抓手。早在 2004 年,宁波市江东区为了贯彻落实《关于在全区开展学习型城区创建活动的决定》,印发了《江东区创建学习型企业的实施意见》(东党宣〔2004〕25 号),并制定了总体目标和评估指标,希望通过学习型企业创建工作全面提高职工队伍素质。在创建学习型城市的号角下,宁波逐步实施"创建学习型组织、争做知识型职工"计划,开展了富有特色、灵活多样的学习活动,涌现出一大批先进单位和知识型职工。2010 年,宁波市制定了《关于深入开展学习型企业创建活动的实施意见》(甬党办〔2010〕33 号),由市总工会牵头,专门成立了宁波市学习型企业创建工作指导委员会,委员会由市总工会、教育局、文明办、财政局、经信委、科技局、人社局、国资委、工商联等 9 部门组成,从 2011 年起在全市各类企业启动新一轮学习型企业创建活动。

在新一轮学习型企业创建过程中,各级工会把推进学习型企业创建作为提高职工队伍素质的重要抓手,发挥组织优势,突出工作重点,创新工作载体,促进职工队伍思想道德素质、科学文化素质、劳动技能素质、身心健康素质的全面提升。一是大力实施"蓝领人才工程",推进以技能培训、技术比武、技师带徒、技术帮扶等为主要内容的"技"字系列活动,推进高技能职工队伍建设。二是进一步规范职工技能培训、竞赛、等级鉴定一体化运作机制,大力开展形式多样、职工喜闻乐见的岗位练兵、技术比武。三是大力实施职工创业创新工程,促进企业技术改造和转型发展。在创建活动的前三年(2011—2013),有 6600 余家单位、30 多万名职工参与职工技术创新活动,产生创新成果 1.2 万项,先进操作法 135 项,产生经济效益 4.8 亿元;组织"劳动模范""首席工人""技术能手"创建了 20 个"职工创新工作室",在企业技术攻关、技术成果转化及推广应用等方面发挥了积极作用。四是大力推进职工书屋建设,依托市图书馆援建企业流动图书馆,将图书免费送到车间、班组。举办"书香宁波·读书励志"职工读书活动,引导广大职工在阅读中增长知识、开阔视野、启迪智慧。就 2014 年而言,乡镇(街道)以上的工会共举办各类文艺演出、文艺公演、慰问演出 430 场次,免费为基层职工送电影 1210 场次,累计观众 68 万人次;为基层赠书捐书 9 万余册,受惠职工 16 万人。

各地、各企业主动适应转型发展和职工自身发展的需要,紧紧围绕企业的发展战略和目标,制定人才培养和职工教育长期规划,不断丰富和创新职工学习教育培训的形式和载体,全员学习、全程学习、团队学习热情高涨,促进了职工队伍素质的提高和企业竞争能力的提升。如太平鸟集团公司在员工中组织"头脑风暴",让每个员工畅所欲言,分享学习心得,展示自我才能。中银电池公司组织开展了"爱祖国·爱双鹿·赞美德"主题教育系列活动,积极推进社会主义核心价值体系建设,让正气向上、积极阳光的学习氛围感染每个员工。韵升股份有限公司坚持以文化铸魂,总结提炼企业文化"三字经",印制成名片分发给全体员工,使企业精神和学习理念深入人心。大榭招商国际码头开展了以"学以致用"为主题的技术攻关活动,每个班组每月开展一次读专业书籍活动,分工会每半年组织一次技术比武、岗位练兵活动,将所学发挥所用,提高员工业务技能。长振铜业有限公司工会组织全体员工每月读一本好书,并规定每月 17日为学习心得"交流日"。海伯精工机械制造有限公司成立了"趣味型学习小组""ERP 实践运用兴趣小组""开发攻关研究小组"等,激发职工学习兴趣,提高职工团队学习力和凝聚力。自来水总公司先后开发出知识竞赛、"能者为师"职工讲坛、校企联合办学、读书月活动、师徒结对座谈会、书记宣传团、在线测试等形式,促使员工从"要我学"向"我要学"转变,企业内形成了浓厚的"比、学、赶、超"学习氛围。广泛深入持久的学习活动,使职工中学习风气日益浓厚,职工文化素质和创新能力大大提升,为企业的可持续发展注入了生机和活力。

首先,经过多年创建,宁波职工综合素质进一步提升。企业职工工资总额2.5%的职教经费普遍得到落实,并逐年有所增加,读书自学、培训讲座、技能比武、岗位练兵、专业进修等职工教育培训活动形式日益多样,终身学习的理念进一步确立,职工成长成才氛围逐步形成,职工学历层次不断提高,技能人才队伍不断壮大,一大批岗位能手、技术标兵脱颖而出。其次,企业创新转型发展。创建活动极大地调动和激发了员工岗位学习、岗位成才、岗位创新的积极性和主动性,职工队伍整体技能素质和创新能力不断提高,为企业的转型发展、创新发展提供了人才保障和智力支撑,使企业形成了"偷不去、买不来、拆不开、带不走、用不绝"的核心竞争力,产品结构调整升级,科技创新和自主研发实力进一步提升。近两年来,16600 余家单位、100 多万名职工参与职工技术创新活动,产生创新成果 2.7 万项,产生经济效益 13 亿元。如东方集团先后组建了海缆研究院、省级院士工作站、软接头实验室,拥有授权专利 24 项,其中发明专利 9 项,多项技术填补国内空白,创造了多项国内第一。光华电池有限公司耗资 50 多万元与厦大联合成立研发中心学习基地,先后成功开发了国家"十二五"规划中新能源及新源汽车的主要部件超级电容器,自主开发的液流电源被专家委员会鉴定为达到"国内领先"技术水平。再次,企业劳动关系日趋和谐。学习型企业注重把人的发展放在首位,赛尔富电子有限公司、博洋控股集团、浙江华鑫化纤有限公司等不少企业对学习创新有突出成绩的职工给予薪酬奖金、晋级提职、优先学习进修、优先培训等奖励,让职工学有榜样,赶有目标,发展有空间,工作有奔头,创造了拴心留人的良好人文环境,职工的归属感和认同感进一步增强,职工队伍比较稳定,年初各地常见的"用工荒"在宁波基本没有出现,企业生产经营基本未受影响。同时,很多企业将和谐企业文化与学习型企业创建有效融合,形成了企业关爱职工,职工热爱企业的良好氛围,"企业发展、职工受益"成为职工的共同愿景,广大职工积极为企业发展献计献策、建功立业,保持了职工队伍的稳定和企业运行的平稳。

五、学习型团队大力发展

社会民间社团在丰富居民文化生活、构建学习型社会等方面发挥了积极的作用。在实践中我们发现,仅仅依靠政府的力量来实现全民学习广覆盖的目标是不够的,通过引领民间社团创建学习型团队,使团队活动具备群众基础和生命力,不仅是创建学习型组织的一种新途径,同时也为学习型城市建设注入了新的活力。宁波市早在 2007 年就在海曙区成功举办了"培育民间组织、发展社区教育、构建和谐社区"全国社区教育学习型组织专项研讨会。2011 年,宁波市颁布了《优秀学习型社区评估指标体系(试行稿)》(具体见《关于开展宁波市优秀学习型社区创建活动的通知》),其中明确要求,宁波市优秀学习型社区应该"发挥民间社团作用,发展社区各类学习型组织,培育崇尚学习、积极进取、健康向上的社区文化,社区有各类学习型典型组织 5 个以上,每周有学习型社团组织的学习教育活动"。2012 年 12 月,宁波市江北区社区学院启动了江北区首届社区学习型团队专题培训班,明确通过学习型团队建设拓展学习内容和学习形式,促进社区教育的深层次发展,切实丰富居民的生活内容,提高居民的生活品质,实现社会的和谐发展。2013 年,江东区针对区内市民学习团队发展松散、后劲不足的问题,由江东区教育局组织领导、社区学院统一挂牌成立了社团导师工作室。几年来,导师工作室坚持"开门办培训"与"上门送指导"相结合,一方面聘任"群众明星"做导师专门培训社团骨干;另一方面走进社区,定向扶持特色学习团队建设,实现社团骨干与特色社团共同发展。

近年来,宁波学习型民间社区组织得到了大力发展。首先,宁波市按照"小政府大社会"的改革方向,抓住社会管理创新契机,积极扶持培育基层社会组织、公益类社会组织等,不断提升社会组织的服务管理能力,推动政府职能加快向社会组织转移。2012 年 7 月初率先成立全省首家公益服务促进中心,为汇聚多方公益力量提供了服务平台。10 月底又出台了《关于公益类社会组织直接登记的若干意见》,在省内乃至全国率先以文件形式为公益类社会组织登记"松绑"。截至 2015 年 9 月,宁波市全市共登记备案社会组织近 14000 个,以年均10%～15% 的幅度增长,社区摄影协会、老年书画社、老年艺术团、读书俱乐部等组织层出不穷,在丰富社区居民文化生活、倡导社会文明和谐中发挥了积极作用。其次,加大了对学习型社团的培育力度,加强了对优秀学习型社团的评选鼓励工作,从 2011 年开始,宁波市每年都举行评选学习型社团活动。原江东区从 2013 年设立社团导师工作室以来,社团导师工作室已经由最初的 6 个发展到 10 个,涵盖声乐、舞蹈、越剧、摄影、篆刻、文史、民乐等各类市民休闲领域,累计培育专业社团骨干 1000 多名,开展志愿服务 300 多次,受教受益群众达80000 多人次,《中国教育报》《宁波日报》《东南商报》等媒体纷纷报道。2014年,学院社团导师工作室的相关做法入选浙江省社区教育服务社会民生创新案例并公开出版。2016 年,江东区社团导师工作室被评选为全国"终身学习品牌项目"。为推动民间学习型组织创建,进一步激发、引导、扶持一批具有典型意义的社会学习团体,将创建工作根植民间。

按照宁波终身教育发展"十三五"规划,从 2016 年起,宁波市计划扶持建设100 个左右民间"学习＋创新"共同体,各县(市、区)教育局要会同相关部门继续推进学习型机关、企事业单位、社会团体等各类学习型组织建设,增强社会组织的学习能力,培育积极向上的组织文化,增加各类组织的凝聚力和创新力;加强区域学习型协作平台构建,推动社区与学校、企业等紧密协作,在部分条件成熟地区试点实施"公共社区＋教育园区""公共社区＋产业园区"等基地建设,探索社区的学习型组织、教育园区的教育资源、产业园区的人力科技资源有机融合,引导区位优势向教育优势转变;推动培育新的学习型共同体,依据区块、职业、爱好、需求等纽带建立联盟、小组及泛化组织等凝聚学习群体,开展有主题、任务指向的教育培训活动;明确学习型组织建设重在引导、示范,通过学习型组织建设进一步营造全民学习、终身学习的氛围,推动群众树立起学习自觉和学习自信,为学习型社会的形成创造条件。

第四节　学习资源建设

按照《教育部等七部门关于推进学习型城市建设的意见》要求,学习型城市建设应该统筹开发社会学习资源,促进学习资源开放共享。统筹区域内各类学习资源,推进学习资源的社会化。建立有效的协调机制,促进各部门、各系统的学习资源开放共享。进一步发挥公共文化设施的社会教育功能,深入推进公共图书馆、文化馆(站)、博物馆、美术馆、科技馆等各类公共设施面向社会免费开放。鼓励机关、企事业单位、社会团体等向市民开放学习场所和设施,为市民终身学习提供便利。积极利用报纸、杂志、广播、电视和网络媒体等各类传播媒体提供多种形式的学习服务。至2016年,宁波市已基本实现美术馆艺术展览、藏品公共鉴赏、艺术品鉴定、公共艺术图书、电子阅览、艺术普及讲座和学术报告免费开放。文化馆(站)公共空间设施场地全部免费开放;普及性的文化艺术辅导培训、时政法制科普教育、公益性群众文化活动、公益性展览展示、培训基层队伍和业余文艺骨干、指导群众文艺作品创作等基本文化服务项目健全并免费提供;为保障基本职能实现的一些辅助性服务如办证、存包等全部免费。

一、宁波市民图书馆系统的学习资源建设情况

宁波市通过政府牵头,实现全市各级各类图书馆网络化管理,建立起"市—县—院校—社区"四级图书借阅网络,"图书馆之城"已基本建成。"图书馆之城"是指每个社区(村)建设1座规模不等的图书馆(室)或"共享工程"网点,区内的区、街道图书馆实行总分馆制,基本实现每15万常住人口拥有1座公共图

书馆。免费发放市民图书卡,建立流动图书馆,推进送图书"到企业、下田头、进社区"的工作流动机制。截至 2016 年年底,宁波市图书馆已在全市建立了 300 多个流动图书馆服务点,范围遍布社区、村落、学校、重点工程建设基地、部队、监狱、企事业单位等各行各业,馆外流通图书 10 万余册;此外,宁波市图书馆将"汽车图书馆"驶上街头,开进企业、社区、学校、部队和政府机关,定时、定点为公众服务;宁波市图书馆开通"24 小时自助图书馆",市民可以通过设在 6 个区共 31 个自助图书馆内实现 24 小时借还图书。

与此同时,宁波市图书馆系统的服务模式向着数字化、网络化的方向迈进。移动图书馆、掌上图书馆、读者 QQ 群、微博、在线咨询等功能不断完善,截至 2016 年年底,宁波网络图书馆的访问、检索、下载量一共达 800 多万人次。2015 年,宁波成为全国第一个拥有地铁数字图书馆的城市,市民智慧阅读成为可能。宁波轨道交通数字图书馆内置 3000 册精品图书、500 集有声读物、20G 中国传统文化经典资源库、100 集经典影片,内置 Wi-Fi 环境,为市民进行移动学习提供可能。

宁波市数字图书馆是国内第一个综合性的、跨系统的区域性数字图书馆,是由宁波大学园区图书馆、各在甬高校图书馆、宁波市图书馆、宁波市科技信息研究院及广大企业等共同参与的数字文献信息资源共建共享服务平台。宁波市数字图书馆为全民学习、终身学习、学习型城市建设提供了非常可靠的学习资源保障。

二、智慧教育的学习资源建设情况

宁波市智慧教育旨在建立"一个门户,三个平台"。"一个门户"指建成宁波智慧教育门户网站,"三个平台"指智慧教育云平台、智慧教育学习平台和智慧教育公共服务平台。门户网站以提供"教育领域全覆盖、教育管理全方位,教育资源全接入"一站式服务为建设理念,以宁波市智慧教育云平台为技术支撑,主要运行智慧教育学习平台和公共服务平台,提供智能登录、资源商城、应用管理、信息发布等基本功能。实现单点登录、全网畅通,支持多种终端,根据权限和需求,用户即可获取相关信息,使用相关功能,达到实时共享。截至 2017 年 2 月,宁波智慧教育学习平台(中小学),拥有 49080005 份文档,宁波智慧教育学习平台累计访问量超过 250 万人次,总用户数超 82 万人,总资源数近 50 万个,可下载资源总容量近 10TB。历史最高日访问量有 30 万人次以上,历史最高有效活跃用户达到1.6万人以上。

依托宁波市智慧城市工程,打造全市终身教育门户网站,建立宁波市终身学习公共服务平台。截至2017年年底,宁波市终身学习网注册用户89.4万余人、访问量突破2047万人次,视频资料26282讲。各县(市、区)因地制宜积极打造市民数字化学习平台,如慈溪市的"99学吧"、鄞州区的数字化学习网和"365乐学网"等,实现时时可学。

随着以宁波智慧教育学习平台、云平台、统一门户为主要建设内容的宁波市智慧教育(二期)项目通过竣工验收,下一步将进入全面推广应用阶段。这也意味着广大宁波市民都可以自由使用学习平台中的海量教育教学资源。2016年,宁波智慧教育继续推进平安校园监控分析系统、智慧校园卡、校园无线网络覆盖、云录播、云计算中心等应用的完善和推广,在部分学校已经体验到智慧和便捷的基础上,推动更多学校和师生享受智慧教育的成果,感受各项现代教育技术给教育教学和管理带来的高效。除原有应用项目的深入推进外,宁波智慧教育学习平台也推出了一系列便民应用。以"教学助手"为例,该应用是宁波智慧教育学习平台应用建设中的一项,它集教材资源、课前导学、同步备课、互动课堂、在线检测、课后作业于一体,涵盖50余万条匹配教材的碎片化精品资源、300万条优质题库资源,同时还可以高效利用教室中原有的电子白板、投影仪等设备,为广大师生提供课前、课中、课后全流程的教学应用服务。教师、学生、家长三方可以在电脑、手机等不同场景下开展同一教学活动,提高教学效率,丰富教学互动方式,提升家校互动效率。2016年,宁波智慧教育开始建设优质本土教学资源,新建1000节高品质微课课程,开设500节市级名师课程,并评出200个优质系列化网络课程,实现了本土资源建设的系列化与特色化。

三、当前学习资源建设的工作重心

从未来的发展趋势来看,学习资源的数字化和移动化学习是绕不开的主题。数字化教育资源建设是一项涉及面广、周期长、资金投入大的系统工程,在建设过程中必须时刻遵循"统一规划、集约建设、资源共享、规范管理"的原则。与此同时,还要充分利用数字化教育资源建设取得的成果,客观对待建设过程中存在的问题,具体结合影响资源建设的因素,有针对性地提出解决资源建设困难问题的策略,全面推进宁波的数字化学习资源建设。

（一）要普及和完善基础设施，提升设施承载力与服务水平

针对现有的数字化基础设施仍无法满足成员灵活多样的、动态的学习需求的问题，只有普及和完善数字化基础设施，提升设施承载能力和综合服务水平，才能构建真正不受时空限制的个性化、自适应的学习环境。从网络环境建设研究方面看，要加快光纤宽带网络的部署，提高家庭互联网接入速率和覆盖率。对于已建成使用的城域网络要通过技术升级换代来优化、扩容，提升网络设施的承载能力，丰富网络的业务应用。

（二）加紧建立资源标准化体系，加快形成性价体系

在数字化教育资源建设系统工程中，标准可谓是基础的基础，为资源开发、管理和应用提供了基础性的保障。数字化教育资源建设标准化体系是在数字化教育资源建设范围的标准内按其内在联系而形成的科学有机体。资源标准化具体包括教育技术标准化和教育资源标准化两个方面。教育资源标准化强调的是同一个标准化的资源可以在不同的应用环境中随意导入导出，从而实现资源可用性、重用性、适用性和可扩展性的最大化。也就是说，教育资源标准化的真正内涵是建设一种不受硬件环境和操作系统制约、可以独立存在、可以自由使用的教育资源。为了体现教育资源标准化的真正内涵，必须要加快形成关于数字化教育资源统一规范的元数据描述方式，扩展权利类元数据的属性集合，增加与资源密切相关的数据元素。

（三）丰富资源供给渠道，构建共建共享机制

基于不同的身份和地位形成资源建设主体动力机制，促使政府职能部门、教育科研机构、企业和个体共同致力于数字化教育资源的建设。在政府的引导与帮助下，非政府性组织也开始积极参与到数字化教育资源的建设中来。教育科研机构通过科研项目、开放高校精品课程、校际数字化教育资源互选等形式为数字化教育资源建设铺就技术环境和学习资源等方面的道路。与组织团体截然不同的个体成员也开始以使用者和建设者的双重身份进入到数字化教育资源建设中。长此以往，各组成部分有意识地、自发地将个体智慧贡献于网络并以兴趣小组、学习圈、虚拟社区等形式来汇聚知识信息从而发展成为集体智慧。

第五节　学习文化培育和学习氛围营造

终身学习文化是社会主义先进文化的重要组成部分,按照国家教育咨询委员会朱新均委员的定义,终身学习文化包含以下主要特征:①以终身学习为根;②以学习者为本;③注重能力的发展与创新;④强调有组织的学习;⑤多种学习形态与方式并存;⑥各种文化相互交融;⑦网络学习成为重要的学习方式。政府及相关部门应该加大对终身教育(学习)和学习型社会相关知识理念的宣传力度,使市民普遍了解终身教育(学习)对个人和社会发展的重要意义。按照2013年《北京宣言》精神,"培育终身学习文化"是学习型城市建设的六大任务之一。培育终身学习文化涉及城市发展的方方面面,从而更具整体性和综合性。终身学习文化蔚然成风之时,城市精神、市民风貌将发生整体性的变化,将激发城市无穷的活力和发展后劲。培育终身学习文化和营造学习氛围的内涵可以概括为:在终身学习理念指引下,城市通过各种方式与手段,激发市民学习动机、提升市民学习意识、开展市民学习活动、挖掘市民学习潜能,逐渐使学习成为每个市民的生活方式和整座城市的传统风俗。

一、宣传终身学习理念,促成市民学习意识的养成

宁波作为一座学习型城市,可充分利用电视、广播、报纸、书籍等各种媒介采取各种形式在市民间宣传"时时能学、处处可学、人人皆学"的终身学习理念,使市民逐渐意识到:学习无处不在,学习就在现在,学习就在身边。同时利用各种传媒举办各种知识性的专题讲座或开辟"学习信息专栏",普及终身学习的意义和价值。宁波市重视终身学习的宣传和氛围的营造,例如,在颁布《宁波市终身教育促进条例》后,积极开展相关宣传,市教育局会同市法制办组织全市开展"《宁波市终身教育促进条例》宣传月活动",各县(市、区)积极开展条例精神宣讲,宣传月期间全市共组织各级各类终身教育惠民活动421项,参加人数达43.88万人,《宁波日报》《东南商报》《钱江晚报》、宁波电视台等多家媒体进行了报道。

2005年到2017年,宁波市每年都举办"终身学习宣传周"活动,对市民的终身学习起到了很好的宣传和推动作用。利用每次"终身学习宣传周"这个重要

的活动营造终身学习文化,树立一批终身学习个人的先进典型,充分利用微信、板报、展板、宣传资料、市终身教育平台,有计划、有目的地向人民群众普及终身教育和终身学习的理念,推广品质化、特色化、多元化的终身教育项目,提升全市终身教育办学吸引力和关注度,提高广大市民参与学习的主观能动性。并通过各种传媒、网络进行宣传,通过市民身边的例子来发挥引领和示范作用。以"2016 年宁波市全民终身学习活动周"为例,此次终身学习活动周期间,宁波市11 个县(市、区)均组织了活动,有效实现了市、县(市、区)、乡镇(街道)、村(社区)的四级联动,会场分布为 14 个主会场、143 个分会场,共组织 1189 项主题活动,参加活动人数达 92.87 万人次。这次"终身学习活动周"紧紧围绕"加快学习型城市建设,助力打造书香宁波"主题,形式多样、内容丰富,受到了广大市民的好评。

二、开展终身学习示范活动,培养市民参与学习活动习惯

终身学习活动周不仅是一次重要的宣传活动,更是一次重要的示范和展示活动。以 2016 年"宁波市终身学习活动周"为例,本次活动周开展了一系列终身学习示范活动。一是组织专职教师技能(才艺)比赛。为加强全市成人(社区)教育师资队伍建设,进一步提升专业水平,在专职教师中营造崇尚技能、追求卓越的氛围,举办了宁波市第二届终身教育教师技能(才艺)比赛,比赛包括"演示文稿制作与美化""项目(活动)方案策划""主题式演讲"三项内容,通过将比赛列入常态化工作,逐步建立以赛促训、以赛促优的良性机制,形成终身教育教师专业成长的重要途径,该创新举措在全国尚属首例。二是组织了区域成人(社区)学校建设经验交流会。充分展示部分示范学校先进的办学理念、办学模式和管理经验,组织成人(社区)学校建设现场观摩会,观摩会以走进成人(社区)学校一线,实地观摩示范学校校园建设、实训基地建设、终身教育培训和活动开展。同时为贯彻教育部等九部门推进社区教育意见,举行了社区教育推进论坛,引导成人(社区)学校创新工作思路和方法,在服务经济社会发展中找到工作定位和价值,在提升市民素质和城乡两个文明建设中做出新的贡献。三是组织老年教育与基层社会治理研讨会。围绕老年教育科学发展理念、老年教育与基层社会治理互动关系、老年教育发展的成功经验与现实困境、老年教育的发展现状与战略思考等理论问题进行研讨,旨在探索交流适合实际的老年教育发展思路和实践模式,引导各县(市、区)完善老年教育办学体系,助力打造"政

府主导,部门联动,社会参与,市场调节"的老年教育办学格局。

目前,"终身学习活动周"成为宣传终身学习文化和营造终身学习氛围的最重要途径。宁波市的"终身学习活动周"在活动组织管理、内容设计、载体创新等方面做出了积极探索,活动组织和安排已形成常态化、系列化、特色化等显著特点,人群需求针对性和实效性不断加强,内涵进一步提升。一是活动组织常态化。全民终身学习活动周已基本形成了市、县(市、区)、镇(街道)、村(社区)四级联动机制,同时强化了多部门统筹协调机制,教育、宣传、文广、总工会、人社、团委、妇联等多部门参与其中。作为建设学习型城市的重要载体和有效抓手,全民终身学习活动已纳入各级政府的重要工作安排,成为社区教育、成人教育工作的重要组成部分,《宁波市终身教育促进条例》第二十九条对于固化这一成功经验予以了确认。同时,注重发挥各级建设项目的引导作用,终身学习活动周活动组织开展成效列入项目规范内容,通过积极开展特色示范成人学校、社区教育实验项目等各级项目评比得以强化,完善了活动的管理机制和评价机制,有力促进了活动组织的规范性和科学性。二是活动项目系列化。活动系列化是宁波市在探索开展终身学习活动实践中的重要经验和有效提炼,活动平台的集成化搭建有利于形成常态化的机制,有利于资源的充分整合,有利于群众活动的深入开展,有利于活动组织的精细化管理和品牌化打造。宁波市终身学习各级各类活动系列化项目已基本形成,针对城区居民文化素养的综合提升和品质生活需求,海曙区开设了"海曙大讲堂",江东区举办了"学习·圆梦"百场教育惠民主题活动,江北区连续组织了"飞向蓝天"科技系列活动和周末微课堂。针对城镇居民的多元化技能、文化及生活通识需求,鄞州区举行了网上读书节,慈溪市开展了"传统经典美文"家庭诵读比赛系列活动,余姚市举行了民间社团学习成果展演,奉化市通过"村民讲座"实现了终身学习的进村入户。同时,在坚持系列活动整体性的基础上,强化系列活动的多样化构建,活动形式包括各类知识讲座、技能培训、征文比赛、文体活动、志愿活动等,涉及党建知识、政策形势、科普知识、保健养生、法律知识、理财知识、区域经济、技能知识、艺术修养、民俗文化等众多方面。三是活动内容特色化。宁波市终身教育活动立足区域经济人文特情,以传承民俗文化和民间工艺为重要着力点,遵循贴近实际、贴近生活、贴近群众的原则,以广大居民喜闻乐见的形式,于活动中融入区域文化的元素,深化地域文化的认同感和自豪感。如海曙区的"话说江厦"文化讲座、江北区的"慈孝文化"系列活动、北仑区的"宁波帮与宁波精神"系列讲座、慈溪市的青瓷瓯乐进学校、余姚市的学习传统文化经典、奉化市的剡溪流动风景线、宁海县的方孝孺读书节、象山县的渔文化节等。

三、积极开展"百姓学习之星"等评选活动

对于大多数市民来说,学习从来都不是一件轻松的事情。因此,为了让广大市民保持学习动力,开展终身学习,就有必要建立市民学习成果认证和奖励体系。特别是对市民学习的奖励,既要考虑物质上的激励,更要顾及精神上的鼓励,尤其要注重发挥精神奖励的积极作用。当市民学习行为得到认可、鼓励和庆祝时,学习者的社会地位和声望就会随之提高,从而激励市民积极开展学习活动,以取得更好的学习效果和带动更多的学习者参与学习,最终形成一种良好的学习氛围。

为落实《教育部等七部门关于推进学习型城市建设的意见》,树立全民终身学习典型,营造全民终身学习氛围,加快推进学习型城市建设,在"百姓学习之星"等评选活动中,宁波市非常重视各类"学习之星"的草根性、示范性、引领性、影响力和感染力。首先是具有草根性和感染力。于平凡处见精神,从细微处显真情,重点在生产一线从业人员和基层群众中评选出具有影响力、感染力的"百姓学习之星",特别是那些自觉践行终身学习理念,长期坚持读书学习、参与成人继续教育活动,并把学习、工作、创业、创新有机地结合起来,学以致用,成效显著,学习精神和事迹感人的群众。其次是群众认可度高,社会影响面广。积极践行社会主义核心价值观,在单位或社区具有较高的威信和感召力,能够有效带动周围群众广泛参与读书学习、参与成人继续教育。为建设和谐社会和学习型社会做出积极贡献,示范带头作用明显。再次是社会影响面广,体现引领性。示范带头作用明显,能够影响带动周围群众参与学习。积极践行社会主义核心价值观,用自身实践解读社会真善美,为建设和谐社会做出积极贡献。在坚持读书学习、参与成人继续教育,提高自身素质,促进大众创业万众创新等方面发挥引领作用。

2015 年,鄞州区启动了第四届"网上读书节"活动,该届"网上读书节"活动主题是"求之而来,载之而归",活动分网上学习、初赛和决赛三个阶段,自 10 月启动以后,共吸引 12582 人参与。12 月,第四届"网上读书节"决赛在鄞州社区学院举行,从全区 5477 名初赛选手中脱颖而出的 90 名选手参加了决赛。决赛采取"一人一机一卷"网上考试的方式进行,实行全封闭、全屏蔽模式,确保公平

公正。经过激烈角逐，4 名选手获得一等奖，8 名选手获得二等奖，14 名选手获得三等奖，历时两个多月、惠及万余居民的第四届"网上读书节"活动获得了良好的社会效益。

最近几年，为了营造终身学习氛围，宁波市每年都举办全市"百姓学习之星"评选活动。2016 年，经推荐，宁波市 2 位居民被评为"全国百姓学习之星"，15 位居民被评为"宁波市百姓学习之星"；2017 年，江北区新年伊始就开展了"十佳百姓学习之星"评选活动。在积极开展"百姓学习之星"等评选活动中，宁波的终身学习氛围越来越浓。

四、注重终身学习品牌的打造

终身教育品牌项目是遵循现代社区教育理念和发展规律，面向社会、面向社区、面向群众，提供终身教育与学习服务，具有突出的示范引领作用、普遍的推广价值和较强的社会影响力的终身教育培训项目或市民学习活动项目。宁波市在大力开展终身教育活动的同时，也非常重视着力打造终身学习品牌，各县(市、区)都已创建具有地区特色、形式诸多、全国知名的终身教育品牌，如镇海区的"社区学习圈"，构筑志趣相聚型、区域特色型、资源辐射型三大类型近 300 个社区教育学习圈，吸纳学员 2 万多名；鄞州区的"早教直通车""四点钟学校""社区大课堂""社区教育节"等品牌全国知名；海曙区的社区市民学习型团队建设成果受人瞩目；江北区的"十万新市民进课堂"被《中国教育报》头版头条予以报道。此外，慈溪市的学分银行、镇海区的"海田阿姨"、海曙区的"海之梦"青少年暑期实践项目、宁海县的"力洋缝纫"等终身教育品牌，也有力助推了宁波学习型城市的建设和发展。

《关于在"十三五"期间实施终身教育提升工程的意见》中把社区教育品牌项目视为八大提升工程之一。打造终身学习品牌的目的是引导成人(社区)学校品质化发展，在实践基础上通过树立品牌、推广经验、示范引领，整体推动终身教育向高端发展。按照该意见的要求，终身教育品牌创建的关键是满足各层次社区居民的教育培训需求，利用各县(市、区)现有资源，积极发挥地域优势，积极开展多层次、多内容、多形式的教育培训活动。在终身教育品牌建设过程中，要鼓励与其他社会力量合作，注重多方参与，对参与社区教育品牌项目的社会机构或企业给予一定的政策支持。终身教育品牌项目的开发必须立足当地实际，突出区域特色，切合社区民众的实际需要，形成品牌效应，在独立开发的同时注重引进外省的优秀项目。鼓励建立并依托网上公共学习服务平台开展终身教育品牌项目的开发、培训及推广服务。建设一批优秀的终身教育品牌项目,将明显提高社区教育的服务能力和服务质量,大大增强终身学习氛围,促成宁波市学习型城市的早日实现。

第四章　宁波学习型城市建设典型案例

近年来,随着宁波市学习型城市建设工作不断推进、内涵不断提升、特色逐步彰显,学习型城市建设在促进学习型社会中发挥着越来越重要的作用。在开展学习型城市建设实践中,宁波市涌现出了许多优秀案例,为全面贯彻落实《教育部等七部门关于推进学习型城市建设的意见》,更好地推广成功经验,大力宣传有宁波特色的学习型城市建设经验,现将遴选的五个典型案例做简要的介绍和分析,供大家参考和借鉴。

案例是对现实生活中典型事件、情景的客观描述和真实再现,是含有问题和疑难情景在内(这是案例的生命)、近期发生的真实的典型事件。宁波学习型城市建设典型案例不同于一般的例证,也不是所有有关学习故事或事件都能成为案例,宁波学习型城市建设典型案例反映了一个县(市、区)、一个乡镇(街道)、一个社区、一个学习型组织在推进学习型城市建设过程中的典型事件,记录了那些具有重要价值和指导意义的工作或做法。它们具有以下共同的特点:一是真实性,即必须是真实发生的事件,是事件的真实再现,典型案例中的事件、过程、所记录的材料均源于社会实践和工作实践,内容真实有效,评述公正客观;二是典型性,即必须是社会现实中具有普遍性和代表性的典型事件,能揭示比较深刻的规律,蕴含一定的道理或哲理,即事件必须具有一定的影响力;三是适用性,即必须具有一定的现实意义和可借鉴性,反映工作实践的特色,展示新热点和新成效,具有积极的示范作用;四是可读性,即事件必须具备现实感和针对性,有一定的情节,能展现遇到的矛盾及其解决的办法,能引人入胜。

宁波学习型城市建设案例向世界展现了以终身学习提升城市生活品质的一张张名片,是集中观察宁波发展尤其是最近十多年高度重视全民学习、终身学习,建设学习型城市,努力促进经济和社会持续发展的一面镜子,是宁波融入世界终身学习潮流,共创人类文明、进步的行动宣言。

我们借深化宁波学习型城市建设的契机,乘势而上,全面推广典型案例的成功经验,鼓励更多的地方政府、学校、社区、企业、社会团体加入学习型城市创建的行列,形成相互学习、互相促进、深化创建学习型城市实践的良好态势。

第一节　海曙区"海之梦"活动

近年来,全国各地的青少年暑期社会实践活动多流于形式,继而产生一系列问题。宁波市海曙区清醒地认识到了创新青少年暑期社会实践模式的紧迫性和重要性,在全区开展"海之梦"中小学生暑期社会实践活动的探索,受到了学生、家长、学校、企业及社会的高度评价,覆盖面逐年扩大,各方积极响应并已取得良好成效。目前"海之梦"品牌已成为海曙区社区教育的一大亮点,它不仅能帮助学生了解社会,还能提升学生的社会适应能力。

一、案例背景

组织开展社会实践活动是素质教育的重要内容,也是促进青少年社会化发展的重要途径。《中共中央国务院关于进一步加强和改进未成年人思想道德建设的若干意见》提出要"积极探索实践教学和学生参加社会实践、社区服务的有效机制",《教育部关于联合相关部委利用社会资源开展中小学社会实践的通知》则明确阐释"思想道德建设是教育与实践相结合的过程,社会实践在加强和改进未成年人思想道德建设中具有重要地位"。然而近年来,社区青少年暑期社会实践活动基本已经弱化为"盖章游戏",以海曙区为例,8个街道辖区内6～15周岁的学龄青少年共有近2万人,经常性参加假期社区活动的只有4000人左右,仅占总数的20%,有些学生只是假期初来报到一下,结束的时候来敲一个章以便开学向老师交差。

海曙区是宁波的经济文化中心,在现代服务业发展、智慧城区建设、文化软实力影响和社会管理创新中领跑整个城市,海曙区未来的发展迫切需要更多的技术性、创新性人才。海曙区清楚地认识到了这一问题的重要性,在2013年暑期就以"'海之梦'圆'孩子梦',我体验我成长"为主题,以西门街道为试点,在辖区5所中小学学生中改革既有的、固化的青少年暑期社会实践模式,开展"浸润型青少年社会实践活动",即"海之梦"中小学生暑期社会实践活动。在此基础上,总结提炼了西门街道的先进经验,由点及面,2014 年在全区四个街道开展暑期"海之梦"中小学生社会实践活动,本实验项目应运而生。2015 年,该活动辐射到全区 6 个街道。

二、主要做法

(一)制度先行,强化政府主导

1.举行联席会议,强化政府的推动作用

在我国,公益活动项目的开展力度及成效,往往取决于政府的决心和意志。为推动活动顺利进行,海曙区的区、街道两级政府都成立了"海之梦"中小学生社会实践工作领导小组,区级领导小组由主管教育的副区长任组长,27 家区社区教育指导委员会成员单位的主管领导为主要成员,定期举行领导小组工作会议;各街道领导小组组长由主管社会事务的副主任担任,街道社会事务科、经济科科长、社教专干及重点企事业单位相关副职领导任主要成员。区、街道两级领导小组的建立确保"海之梦"活动层层推进、有序开展。建立由区政府牵头,教育局、街道、文明办、81890 求助服务中心、团区委、关工委、商务局、文广局等核心成员单位参加的部门联席会议制度,进一步统一思想,提高认识,共同策划推动活动开展,帮助解决活动中遇到的各种问题。

2.制定活动方案,确保活动规范

为理顺各部门和单位工作,确保活动规范统一,社教委每年制定详尽活动方案并专门发文,方案中包括参加对象,重点明确各单位责任分工。教育局负责总策划、规则制定、学生组织及总体协调;街道负责资源整合、实践基地开发、活动中的各项保障及后续服务;社区负责活动的具体组织、管理及协调;文明办、81890 志愿服务中心、团区委、关工委、等单位负责志愿者的征集、遴选、培训及管理;商务局、文广局负责开发实践岗位,帮助学生进行积分兑换;新闻中心负责做好活动的宣传报道。此外,活动方案还对活动进行了细致的安排。

(二)基于需求开发实践岗位

实践基地和岗位开发是"海之梦"活动得以顺利开展的关键,根据各单位分工职责,由街道负责资源整合、实践基地开发工作。为此,街道做了大量充分而

细致的工作。

1.排查摸底、选择基地

要成为"海之梦"中小学生社会实践活动基地,必须具备以下资质:①单位具有合法性;②单位所提供的岗位安全、健康及有益,适合学生体验,利于学生成长;③单位所在地交通便捷,环境安全;④单位应安排有较高素养的、能认真负责地指导青少年完成实践体验活动的辅导人员;⑤单位在每年暑假期间至少能提供 5 个半天供实践者选择;⑥单位自行接收实践者个人或团体开展活动产生责任纠纷的,自行负责;⑦单位愿意无偿合作,保证活动按计划、按要求地如期完成。只有同时具备上述资质的单位才能成为"海之梦"活动基地。同时,考虑到实践基地必须有适合学生的工作环境、工作时间,考虑学生的兴趣爱好,对于岗位的具体要求,又要兼顾与社区常有合作并有可能会接收青少年实践的单位,还要通过上门拜访了解企业情况,介绍活动内容,沟通联系岗位,必要的时候得借助社区项目经理人的资源。

2.善于挖掘,寻求合作伙伴

在走访中我们发现,企业本身有很多认识误区:怕孩子年纪小,干不了多少实事;志愿者人数有限,企业抽不出足够的人手来管理孩子,害怕会发生意外;很多单位认为"海之梦"活动只是相关部门的一个形式,并不是特别愿意配合。所以街道要善于挖掘有意向的单位,对平时合作关系良好的单位,可以咨询他们,能否提供相应的岗位;还可以询问平常就有志愿者和实习生需求的单位,请他们支持工作,例如培训中心、体育馆等。

3.内部项目,共同开发

经社区领导、社工的集体协商,确定 6 月底结束装潢的社区图书室需要专人、整理、分类图书和上架,此项工作性质比较适合学生,所以暑期社会实践中安排了图书管理员这一岗位。还有些像新芝、翠中这样特殊的老社区,没有辖区单位资源,只能在社区岗位上排摸,与社区领导多次商量后,决定开发楼道粉刷员、社区保洁员、文明小使者等岗位,希望给更多的学生提供实践岗位。也有些社区充分考虑了参加活动学生的年龄、性别、爱好等特点,在本社区中挖掘出适合学生的实践岗位,如七彩小巧手、小小送餐员等。

(三)全实景化实践,置身真实职场环境

全方位打造真实工作环境,让学生走入社会、体验社会、融入社会,感受社会课堂是策划这项活动的目标,为此活动的各个环节都要秉持"全实景化实践让学生置身真实职场环境"的主旨,使学生能够体验到真实的职场生活。

1. 模拟招聘,浸润真实职场

每年的岗位招聘会由区社教委统一举办,活动地点都选择在海曙区少年宫,社教办组织各学校提前在学生中进行组织发动,社区也在辖区内特别是在住宅小区中张贴招聘海报广泛宣传,学生很早就对本街道开发的各类岗位有所了解,并可进行选择。有兴趣参加的学生在班主任处报名,领取"宁波市海曙区'海之梦'中小学生社会实践活动应聘表"及"告家长书",要求家长在应聘表中的"海曙区'海之梦'中小学生社会实践活动责任声明"一栏中签字,只有确认有家长签名的学生才能参加本次活动。招聘会当天,很多学生手持应聘表,进入现场勘察地形,寻找自己中意岗位的摊位位置。每个招聘单位对这类面试都予以认真对待,他们结合岗位性质通过现场提问、面对面交流等方式考察应聘者的能力素养,择优录用,对有录取意向的学生现场开具录取通知书,双方签订社会实践劳动合约,整个招聘过程在公开、公平、公正原则下展开,充分尊重各方的自主选择权,由学生和基地进行"双向选择"。

2. 岗位实践,体验职场生活

学生到岗后,各基地专门为每个岗位安排一名工作人员担任社会实践指导师,带领一组或一个学生严格按照岗位工作职责开展一星期左右的"浸润体验式"岗位实践活动。社会实践指导师不仅要让学生对本单位、本行业有初步了解,还要教给学生一些简单的岗位技能,帮助他们在实践中锻炼沟通交流、处事协调等能力。虽然很多学生体会到了工作的辛苦,但更多的感受是"痛并快乐着"。

(四)强化管理机制,保障活动顺利开展

1. "1+1+1"模式强化安全保障力度

"海之梦"暑期青少年社会实践活动,学生人数多,安全问题确实是个大难题。为此,海曙区社教委除做好活动意外伤害保险接洽、办理等安全保障措施外,还牵头拟定了"告家长书",由家长根据实际情况签字确认学生安全免责条款;文明办、81890志愿服务中心、团区委、关工委等单位承担了志愿者招募任务,街道调动辖区的义工队伍,加上各实践基地的实践指导师,共同承担实践基地中学生参与实践活动时的安全责任。此外,一式两份的社会实践劳动合约明

确了学生、家长和实践基地的责任义务。最终形成"1＋1＋1"的安全保障模式，由1名家长负责孩子的接送安全，1名社会实践指导师和1名志愿者负责1组或1名学生在活动中的安全问题，做到整个活动环节安全无缝对接，强化安全保障力度。

2.建立严格规章制度，落实各方职责

海曙区社教委建立《"海之梦"中小学生社会实践活动社会实践指导师工作职责》《"海之梦"中小学生社会实践活动守则》《"海之梦"中小学生社会实践活动志愿者需具备的条件及工作职责》《"海之梦"中小学生社会实践活动学校指导教师工作职责》等制度，严格落实参与者职责，确保活动有序开展。

3.全员行动，保障活动顺利开展

"海之梦"活动是一项系统工程，需要各方配合，缺一不可。为此，海曙区社教委牵头，教育局整体策划、具体协调落实，街道根据青少年需求调查及社会资源的排摸整合情况，组建青少年角色体验基地，负责活动守则、各基地及岗位活动方案、后续服务方案等配套制度拟定，做好后续服务。区文明办、81890求助服务中心负责志愿者队伍的组织、培训和管理，还有红十字会为基地单位提供急救培训等后续服务。社区负责活动的具体组织、管理、监督工作。每天的实践活动，都会有一名志愿者对实践者进行全程跟踪，签到，陪同实践，做好实践记录，并在实践结束后把青少年转交给前来接送的家长。社区社教专干每日必到，查看活动开展情况，从志愿者、实践指导师处了解学生的适应情况，同时留下必要的视频、影像资料。当天实践活动结束后，每个孩子都由志愿者带领至社区报到，汇报一天的工作情况与收获，进行实践心得交流。志愿者们（实践指导师有空就来）坐在一起开个简会，对活动进行总结并记录，以便于第二天活动的开展。

4.及时交流，了解学生活动心理

每天实践活动结束后，实践指导师们都会利用0.5～1小时的时间与每名实践学生进行沟通，交流一天的工作情况与收获，实践指导师借此契机指出学生的不足及改善方向，并掌握学生的活动心理，同时，学生通过相互交流了解到自己的问题及别人的优势，加以学习借鉴。

（五）建立跟踪机制，确保活动与时俱进

1.建立跟踪回访制度，完善活动细节

活动方案中明确要求"各街道、社区要对参加活动的学生、家长、基地单位进行回访,征集意见和建议及基地单位后续服务需求"。为此,活动结束后各街道都举行了"海之梦"实践指导师、志愿者、学生、家长、学校座谈会,通过召开这些座谈会,了解到第一手的反馈信息。此外,各街道通过回访保留受学生欢迎、表现优秀的单位,摒弃那些不受学生欢迎的单位。一开始,共组建了 23 个青少年角色体验基地,开发了 325 个实践岗位。后来,街道对 23 个实践基地进行了调整,保留受学生欢迎、实践培训能力较强的 13 个基地,重新开发了 7 个实践基地,275 个岗位。实践基地的负责人有了第一次的实践经验后,也十分配合活动,规范了指导程序。

2.完善德育评价体系,构建长效机制

为使学生重视社会实践活动,海曙区把青少年社会实践活动参与情况纳入学生德育考核体系中,并赋予较大的权重,不仅充分激发了学生的参与热情、主动性和积极性,同时也使得德育考核评价体系更加科学、合理,社会认可度也更高。如孙文英小学在学生参加社会实践活动后,要求学校指导教师填写"孙文英小学学生社会实践活动评价表",期末进行综合评价,根据评价结果评选"实践之星",并作为"全面发展之星"(三好学生)评选的重要依据。十五中学对参加"海之梦"活动的学生根据活动态度和活动收获等方面进行考核,分为"优秀""良好""一般""较差"等几个等级,认定为"优秀"的学生,学校给予公开表彰。

3.规范表彰激励制度,调动各方参与

为确保社会资源有效且长期整合,并赋予学生,海曙区社教委针对各参与层面制定了多项表彰激励制度。制度一:活动积分管理和兑换制度。参加活动的学生都可以获得相应积分,所得积分可以兑换海曙区青少年宫的奖学金,用于本人参加培训科目、夏令营、冬令营活动相同面值费用抵扣,积分还可参加少年宫的"童梦空间"活动,也可兑换"风雅海曙·宁波老城一日游"旅游费优惠券。制度二:表彰评优制度。开展一系列先进评比活动,表彰范围涵盖学生、基地、志愿者、实践指导师、社区等各个层面,受表彰者给予精神奖励及一定数额的物质奖励,激发各方参与活动的主动性和积极性。制度三:基地服务制度。教育局将每年暑期举办的"小候鸟夏令营"名额向各社会实践基地倾斜,有效解决实践基地职工孩子暑期托管的后顾之忧,充分激发各单位参与活动的积极性。制度四:舆论宣传制度。开展广泛的媒体宣传,通过电视、广播、报纸、网络等媒体,除宣传活动本身外,在报道中特别给予部分优秀实践基地一定的宣传比重,帮助基地单位扩大社会影响力,提升社会美誉度。制度五:基地授牌制度。由于人选的实践基地都有严格的申报要求,如基地资质、规模及服务意识等,通过参与活动,基地的知名度及口碑在学生、家长及社会中都会产生正面效应,无疑能让基地运作进入良性循环。

三、工作成果

"海之梦"中小学生社会实践活动通过将各类优质资源有效整合,赋予学生,使社区实践活动变得多姿多彩,而且更具实际意义。根据社会各界的反馈信息,活动受到了参加学生、家长、学校、企业及社会的高度评价,并已取得研究成果。

(一)理论成果

1.制定了"海之梦"暑期中小学社会实践活动基本原则

(1)紧扣需求原则

兴趣是最好的老师,只有设置的体验岗位符合青少年的认知结构和兴趣点,才能有效吸引青少年参与。

(2)安全至上原则

保障安全是活动顺利开展的首要任务,实践基地和实践岗位的设置要在紧扣需求和社会实践活动指导标准的基础上,坚持针对性、趣味性、适应性、安全性的原则,分层分类设立。

(3)联动共赢原则

建立社会实践基地是社会实践活动顺利开展的基础,而社会实践基地的建立则需要多方社会力量的共同参与。

(4)良性互动原则

校内教育和校外教育都是素质教育的重要组成部分。社会实践活动作为校外教育的形式之一,要有效对接校内教育,以实现校内和校外的良性互动。

2.设计了"海之梦"暑期中小学生社会实践活动流程

制定了"海之梦"中小学生社会实践活动参加流程:新学生—岗位体验参加流程—领取活动报名表等材料(所在学校)—选择岗位、家长签名—参加招聘会(应聘成功者签订劳同合同)—到社会实践活动基地进行岗位体验—获得活动评价及积分(实践基地)—兑换积分(教育局)。另外还制定了"海之梦"中小学生社会实践活动工作流程,切实保障中小学社会实践活动规范有序地开展。

(二)实践成果

1.帮助学生了解社会,提升他们的社会素养

"海之梦"暑期中小学生社会实践活动的探索让学生第一次拥有选择活动项目的权利,在参与角色体验的同时享受到学习的快乐,并在这一过程中走向社会、体验社会、融入社会、服务社会,进而逐步了解社会结构功能,提升自我管理能力,掌握简单的行业相关知识技能,培养乐观、自信、向上的人生态度,培养现代学生素质,促进社会化发展。还有学生通过五天的实践活动培养了坚韧不拔、永不放弃的意志品质。

2.帮助学生增强适应能力,提升他们的心理素养

现在的学生多为独生子女,在家父母溺爱,在学校老师也多以鼓励为主,很少遇到挫折和磨难。"海之梦"中小学生社会实践活动从招聘到实践,每个环节都模拟真实职场,在招聘会上,要求招聘单位根据单位需要择优录取,不是所有应聘学生都能获得岗位。2014 年,2500 名学生参加应聘,录取了 1200 多名,2015 年,2800 多名学生中录取了 1500 多名,录取比例基本为 2∶1,这也意味着有一半的学生不能被录取。虽然过程有些残酷,但也让学生提早了解到何谓职场,有些学生在竞争中脱颖而出,有些学生被淘汰,还有些学生凭借着自身品质被招聘单位"相中"。

3.活动受到各方欢迎,覆盖面逐年扩大

"海之梦"暑期中小学生社会实践活动受到各方欢迎,参与活动覆盖面逐年扩大,具体见表 4-1。

表 4-1　2013—2015 年"海之梦"活动的覆盖面

	2013 年	2014 年	2015 年
参加街道/个	1	4	6
实践基地/个	23	95	137
开发岗位/个	57	118	186
录取学生/人	325	1242	1511

4.学校、街道、社会积极响应

"海之梦"暑期中小学生社会实践活动作为一项社区教育的创新,将成为学校教育的延伸、补充与发展,中小学也将其作为全面培养学生的重要途径。活动中学校全力动员青少年积极参与到活动中来,每年的启动仪式、招聘会、闭幕式上校长和班主任都亲自带队,并将学生在实践中取得的成绩作为学生素质考评的重要部分,进一步提高了学生的积极性。

5."海之梦"品牌成为海曙社区教育一大亮点

走在全市、全省乃至全国前列的"海之梦"品牌目前已成为海曙社区教育的一大亮点,受到社会公众的高度关注和肯定,宁波电视台《看看看》《新闻四鲜汤》等栏目,宁波电台及《中国教育报》《浙江新闻》《浙江教育报》《宁波晚报》《宁波日报》《现代金报》《东南商报》等各大媒体竞相予以报道,中国宁波网、宁波广电网、浙江在线、网易、中国网、新民晚报、新民网都进行了转载。

四、工作反思

通过近几年的实践,"海之梦"暑期中小学生社会实践活动取得了较大成果,受到各方欢迎,实现了学生有收获、家长见成效、参与单位有所得的多方共赢、良性循环的目标。但在实践中也存在不少困难和问题,需要创新解决办法,如怎样将活动日常化、制度化,等等。目前正在开发网络报名及录取平台,实践单位将招聘信息发布到网上,学生通过平台报名应聘心仪的岗位,并将个人简历等资料报送招聘单位,单位择优录取。同时,也将一部分招聘名额留给现场招聘会,形成线上线下相结合的招聘模式,这样就可避免现场集中招聘人多拥挤、可能发生安全事故的危险。有些适合学生日常实践的单位如图书馆、博物馆等可以安排学生在双休日进行社会实践,实现学生实践活动的日常化、制度化。

第二节　江东区社团导师工作室①

一、案例背景

针对区内市民学习团队管理松散、活力不足的问题,2013 年年初,在江东区教育局指导下于区社区学院挂牌成立了社团导师工作室。导师工作室以社团

---

① 该案例发生于 2016 年前,江东区尚未并入鄞州县,因此此处仍称之为"江东区"。

骨干为抓手,以辐射社团和居民为目标,坚持"开门办培训"与"上门送指导"相结合,以先培训后反哺的形式,带动社团骨干与学习社团共同发展。在导师工作室的带动下,全区民众学习团队逐步走向"一教十、十带百、百传千"的分层次、可持续的发展轨道,为推进区域学习型社团的建设找到了一条新路。成立社团导师工作室的基本目标是:培育一支专业化水平较高的学习社团骨干队伍;解决社团师资缺乏、场地受限的问题,培育一批具有典型示范性、影响力的草根学习社团,增强学习型社团发展活力和后劲;搭建志愿服务平台,开展以社团为主体的教育志愿活动,打造浓厚的全民终身学习氛围。

二、主要做法

(一)群星名师助阵,优先开展社团骨干培训

市民学习型社团的发展,既要体现专业水准,又需要群众基础。为此,江东区积极挖掘区内的"群星"和"名师"资源,选拔了一批具有一技之长和奉献精神的优秀教师,专门成立了社团导师工作室,优先培育社团骨干。如舞蹈社团导师工作室导师聂艳,是浙江省百位文化名人之一、两届"群星"奖金奖得主;篆刻社团导师工作室导师吴相撑是中国书法家协会会员,宁波市名教师。通过群星和名师加盟,导师工作室会聚了专业的志愿者导师 23 位,为全区 778 名社团骨干开展了专业培训。

(二)整合四大资源,搭建社团志愿服务平台

为充分发挥导师和社团骨干的榜样示范效应,带动全民终身学习的开展,江东区整合四类资源,以导师工作室送教的形式,积极搭建社团志愿服务平台。

1. 整合社区资源,开展送教进社区

一方面,通过社团骨干将工作室所学的专业知识反哺给其他社团成员,发挥"培训一名骨干,受益一个社团"的志愿效果;另一方面,推出导师工作室学习成果社区巡展活动,扩大社团辐射面。

2. 整合企业资源,培育志愿服务基地

由区社教办牵头,在江东区嘉和颐养院挂牌成立社团志愿服务基地。每年,越剧、文史、声乐等社团导师工作室为那里的老人开展志愿送教活动 30 余次,开辟了社团志愿服务的新领域。

3.整合学习社团资源,推出上门送培训服务

为了让区内一批特色社团就近享受优质师资,各工作室导师走出教室,走进社区,指导社区特色学习团队的发展,形成了"先骨干后社团"的服务模式。目前已扶持特色社团7个。

4.整合社会资源,广泛参加学习成果展赛活动

鼓励并引导各社团导师工作室"走出去"参加各类学习成果展示和比赛。目前,声乐、舞蹈社团导师工作室已在各类大赛中荣获奖项26项,社会反响良好。

(三)管理规范有序,推动工作室可持续发展

1.坚持需求驱动,不断壮大工作室规模

坚持"满足民需"和"适应内需"的原则发展导师工作室。"满足民需",就是从社区中受欢迎度高的学习社团入手组建工作室,如舞蹈、声乐和太极等社团导师工作室。"适应内需",就是根据工作室内部发展需要组建。如把越剧分成教唱和表演2个社团。

2.实施差异管理,推动工作室灵活运作

根据社团特点采取差异化管理方式。其中,越剧、舞蹈、声乐等经常性活动的社团导师工作室,以学年为单位,课程预先安排,通过班长负责制,实行自我管理。摄影、篆刻等对学习场景有特殊要求的工作室,根据实际不定期活动,管理相对松散。

3.开展多元考评,推动工作室有序发展

建立了"工作室—导师—骨干"三级考核制度。其中,社团导师工作室采取以奖代补制,鼓励各导师工作室以"导师带学员"的形式参加各类比赛展示活动。对导师的考核,坚持不定期、多元化、多渠道的考核方式。通过参加各级各类比赛、学员满意度、课程完整性、服务指导社区培训等内容,全面提高导师的责任意识和教学水平。对学员的考核,通过社区、导师、学院三大主体,考核学员的学习成果和服务水平。

4.深化课程建设,推动工作室内涵式发展

目前,已经形成了《通用简谱乐理视唱读本》《通用声乐读本》《中国印》3本课程教学用书,此外,舞蹈社团、太极社团的特色微课程也正在编辑和制作中。

三、特色和成效

（一）案例特色

社团导师工作室是推动区域学习团队发展的积极有益的探索，其特色主要体现在以下三个方面。

1. 社团骨干与学习社团共同发展

"骨干培训，社团受益"是导师工作室的特点。通过"先骨干后社团"的发展思路，在优先开展社团骨干培训的基础上，再由社团骨干带动社团，使全区呈现出社团骨干和学习社团共同发展的良好局面。

2. 专业培训与志愿反哺合力推进

"教学相长"是导师工作室的一大特点。社团骨干不仅是学习者，也是志愿者教师。他们在导师工作室接受了专业培训后，还以志愿者教师的身份，回流反哺社区、反哺社会，使全区的市民学习社团逐步走向"一教十、十带百、百传千"的分梯度发展模式，既推动了社团发展，也培养了一批专业的志愿者队伍。

3. 开门办培训与上门送培训协调开展

"请进来"与"送下去"相结合是导师工作室的又一特点。在发展中，导师工作室坚持"先基础社团再特色社团"的分层推进策略，通过开门办培训，提升全区基础社团骨干的专业水平；通过上门送培训，定向指导扶持社区特色学习团队建设。对区内学习社团的全面发展而言，实现了整体有提升，局部有亮点。

（二）主要成效

1. 培育了一支专业性强的社团骨干，区域社团孵化基地不断成熟

2013年至2016年，社团导师工作室已辐射至声乐、舞蹈、越剧、摄影、篆刻、太极、文史、民乐等十大基础性学习社团，截至2016年上半年，共有社团骨干700多人，具体详见表4-2，全区社团骨干的受益面不断扩大。同时，在社团导师工作室的带动下，工作室导师和社团骨干的专业素养均得到不同程度的提升，导师工作室日益成为区域学习社团"充电蓄能"的孵化基地。

表 4-2　2013—2016 年社团导师工作室发展规模变化情况

	2013 年	2014 年	2015 年	2016 年（上半年）
导师工作室数量/个	6	7	9	10
社团骨干培训人数/人	185	246	483	778

2.扩大了学习社团的辐射范围,全民终身学习氛围更加浓厚

社团导师工作室秉承"一人培训,多人受益"的原则,引导各社团导师工作室开展系列送教和反哺活动,将学习社团的活动领域从社区推向社会,社团活力得到全面激发。项目实施几年来,社团导师工作室已走进社区、广场、企业、学校等场所开展志愿送教 4000 多场,受教受益群众 80000 多人次,学习社团的辐射面和受益面不断扩大,具体详见表 4-3。

表 4-3　2013—2016 年社团导师工作室志愿反哺数据

	2013 年	2014 年	2015 年	2016 年（上半年）
反哺次数/次	362	1003	1915	1560
受益人次/次	7189	21012	33157	20214
累计受益人次/人次	7989	29001	62158	82372

3.打造了一批优质的学习社团典型,区域社团发展走向可持续化

至 2016 年,社团导师工作室已反哺社区基础学习社团 198 个,带动 80 多个社团由基础社团发展成为优秀学习型社团,新组建基础社团 48 个,全区 1/3 的社区学习团队步入了科学、可持续的发展轨道,并涌现出了一批优质的学习团队,如舞蹈社团导师工作室参加宁波市第十七届运动会秧歌比赛荣获银奖,参加"东方杯民星擂台赛"舞蹈决赛斩获金奖并在 2016 年浙江卫视春晚节目中亮相;声乐社团导师工作室参加"我的中国心·美丽中国梦"区合唱大赛,获铜奖,学习社团的美誉度大大提升。

4.形成了市民终身学习的新品牌,社会影响力不断增强

社团导师工作室自 2013 年推出以来,《中国教育报》《宁波日报》《东南商报》、宁波电视台等多家媒体都对此进行了跟踪报道,社会影响力显著。2014 年年底,江东区导师工作室的相关做法,入选浙江省《社区教育服务民生创新工作案例集》并公开出版发行,在省内外得到广泛宣传。2016 年,《以导师工作室模式推进学习社团发展的实验》被市教育局评为社区教育优秀实验项目,并在全

市社区教育项目现场推进会上进行经验交流。2016 年,终身学习品牌项目名单公布,全国共有 78 个学习品牌获此殊荣,作为全省四个获奖项目之一,江东区社团导师工作室榜上有名。经过几年发展,社团导师工作室已成为江东社区教育的一张靓丽名片。

第三节 慈溪市市民学分银行

一、案例背景

推行学分银行建设是搭建终身教育立交桥的前提。《国家中长期教育改革和发展规划纲要(2010—2020 年)》明确指出,要"建立继续教育学分积累与转换制度,实现不同类型学习成果的互认和衔接,搭建终身学习的立交桥"。而建立学分积累与转换制度,关键是怎样记录学分,怎样认定学分。而记录学分、认定学分,前提是对学习过程进行记录,进行评定。所以,对多元化、多种类、多层次的学习采取银行那样的刷卡模式,实施数字化管理是对学习过程进行记录和评定的基础。为此,推行终身学习刷卡办法是推进终身教育学分积累与转换,实现不同类型学习成果互认和衔接的前提。基于这一理念,慈溪市早在 2012 年前就已全面启动了终身学习刷卡做法,并通过学分银行,推进了终身学习数字化管理。

建设学分银行是有效激发市民参与终身学习的手段。推进全民学习、终身学习,需要有外在的动力支持。学习动力分外驱力与内驱力。内驱力是学习者的学习兴趣与自身需求;外驱力是学习者工作生活的客观要求和外在激励。依据学习管理的这一特性,在推进全民终身学习的过程中,除了要更好地支持学习者终身学习的公共服务平台之外,还要不失时机地建设终身学习管理平台,并通过数字化、信息化的手段,充分利用学分银行这一载体,对参与终身学习的每个学习者进行正确引导、多元激励与时时强化,以此来树立学习者终身学习的理念,养成终身学习的习惯,激发终身学习的动力,为全力推进全民学习、终身学习"落地生根、全面开花"创造必要的外部优化条件。

二、主要做法

数字化管理能否促进全民终身学习,不光取决于其本身功能是否完善,还取决于市民学习体系的构建和相关制度的设计。

（一）全力搭建数字化学习公共服务平台

该平台取名为"99学吧"，其意是号召市民久久学习，永久学习。平台以视频流、文字流、图片动画流等流媒体形式上传学习资料，涵盖早期教育、少儿学习、青年学习、中年学习、老年教育等不同年龄段人群的学习，包括上岗证、初级工、中级工、高级工、技师、成人高中、大专、本科及休闲娱乐、健康养生等学习项目。

（二）实施以学分银行为核心的数字化管理制度

以学分银行为核心的数字化管理平台与"99学吧"学习平台相连相通，高度集成。通过制作市民学习卡、分发市民学习卡、倡导实名注册制等手段，使市民无论在何时何地均能实现"数字化"学分记载。

为方便市民学习信息和学习成果的积累与转换，经过深度细化和实践研究，慈溪市精心设计了一个可操作又符合市民需求的学分积累制度。该制度通过数字化存储、数字化认证和数字化评定等智能化手段，实现了市民终身学习的信息储存、学分认证、学分兑换和学分消费，实现了学历教育、技能培训和休闲娱乐为主的一般性学习的数字化记载与数字化管理。同时，该制度还推行了非数字化学习的面授学习及非正式、非正规教育活动的刷卡考勤办法，全方位深化了终身学习的数字化管理模式。

（三）设立市民学习电子档案

在"99学吧"学习平台上，凡通过身份证实名注册的市民，均能自动生成电子学习档案。注册可以通过网上或到学习中心登记获得学籍，一旦服务器认可注册或登记，该电子档案就能时时处处记录市民参与社区学习的内容、学习的时间、课程学习的学分及学习后的积分等，成为市民查询终身学习经历及知识财富的依据，为终身学习实施全方位的数字化管理奠定了基础。

（四）组建推进数字化学习能力建设的师资队伍

为了推进广大市民广泛参与数字化学习，慈溪市构建了一支专兼职师资管理队伍。目前有在编专职教师200多人，兼职教师1100多人，与网络相关的志愿者 1500 多人。他们分布在市、镇、村及家庭学习中心里,开展着数字化学习技能辅导、资源建设、网上咨询、交互学习、心理引导等促进数字化学习管理的各项工作。

(五)打造城乡社区全覆盖的数字化学习环境

慈溪市不断整合、拓展城乡社区数字化学习环境,构建起立体化教学支持服务网络。一是构建了市、镇(街道)、社区(行政村)和家庭学习点四级数字化学习网络。二是投资建成了双向视频会议系统。该系统共有 20 多个双向视频教学点,每个教学点里的实时教学,其他教学点都可同步分享。三是成立了全国首家"城乡社区数字化学习能力促进会"。该促进会的宗旨是团结带领广大社区教育工作者进行学习型社区数字化学习能力的研究,开展学习型社区数字化学习能力的培训,统筹学习型社区数字化学习的资源建设,服务学习型社区数字化学习的广泛开展。目前共有 40 多家理事单位,100 多名理事会员。

(六)借助有效载体推进全民数字化学习

在推动全民参与数字化学习管理的过程中,慈溪市始终结合"四项工程"有序开展。"四项工程"是以市劳动和社会保障部门牵头,扎实推进城乡劳动力职业技能培训;由市妇联牵头,扎实推进"母亲素养工程";由市老龄委牵头,扎实推进"华龄乐学"工程;由市教育局牵头,扎实推进青少年校外素质教育。在"四大工程"推进过程中,着力引导市民参与数字化刷卡学习管理,着力强化数字化刷卡学习过程中的自主学习模式,提倡数字化刷卡学习的自我导向性、自我选择性和自我监督性,以确保"数字化刷卡学习管理"推进的实效性。

(七)出台相关促进数字化管理的政策

慈溪市委市政府高度重视社区教育。2011 年 5 月,相继印发了《关于全面推进职业教育与职业培训创新改革的实施意见》(慈党〔2011〕18 号)、《关于完善终身教育体系建设学习型城市的实施意见》(慈党办〔2011〕61 号),把构建终身教育体系、推进城乡社区数字化管理、建设学习型城市作为一项长期的事关全局的战略任务,并将其纳入重要议事日程。同时,慈溪市教育局还成立了旨在推进城乡社区数字化管理能力建设的指导中心,负责统筹、协调、督察全市数字化管理的普及工作,并与市发展与改革、人力资源和劳动保障、农业、财政、工商、人口和计划生育、统计、民政、文广、公安等部门联系沟通,明确它们各自的职责任务,充分发挥它们的行政优势,协同做好数字化管理的推广工作。

（八）落实监督管理的细化考核方案

为了使城乡社区数字化学习能力建设全面推进、落到实处,慈溪市教育局出台了《镇（街道）社区教育学院（中心）目标管理绩效考核方案的通知》。该方案以强化项目引领为导向,以加快推动社区教育内涵发展为核心,重点解决"事在人为"的诸多关键性问题,特别首推了管理队伍的素养建设,提出了考核的"三会四有"。

1."三会"

（1）会调查研究

搞数字化管理要制订具体的行动计划。行动计划的制订要从本地实际出发,要有目的地选取。这就需要我们全面掌握培训辐射区域的基本情况,分析初高中毕业生的基本情况,以及科技示范户、专业户、民营企业的基本情况,只有做到情况明、底子清,才能使数字化管理符合当地实际需要。

（2）会外交公关

终身教育数字化管理需要"上挂、横联、下伸",需要广泛联动。如果组织者不懂现代礼仪、公关技巧,不善于宣传自己、推销自己,又不会走南闯北,四处联络,坐等人家上门参与,那只能使数字化管理徒有形式,一事无成。

（3）会组织推广

建立数字化管理运作体系之后,要善于广泛宣传、组织推广,榜样的力量是无穷的,可以把数字化管理的成果进行展览、登报,在大型场合做专版展示,会获得意想不到的效果,产生积极的效应。

2."四有"

（1）超前意识

终身学习数字化管理不仅要克服目前存在的各种困难,更要立足于时代发展对人提出的更高要求。这就要求相关工作者做到敢为人先,大胆地想,大胆地试,大胆地闯,不断提高数字化管理的生命力。

（2）服务意识

优质的服务,关键在"务实"二字。积极为组织者排忧解难,就会赢得他们的信任,否则只能一步一磕头,无所事事。也正因有这样的一种服务境界,工作中才会体现出"三千"精神:说尽千言万语、想尽千方百计、走遍千山万水。

(3)群体意识

"终身学习数字化管理"是一个连锁系统、多级网络,在这个网络体系中的各部门要齐心协力,同心同德,步调一致,只有这样才会形成一个统一的整体,才会齐抓共管,形成合力。

(4)效益意识

质量和效益是数字化管理生存和发展的基础。这就需要社区教育工作者树立效益意识,始终坚持"实际、实用、实效"的原则,建立一套切实可行的运行机制,才能使数字化管理在市场经济中立稳脚跟,开创无与伦比的数字化管理"超市"。

三、工作成效

(一)形成了市民广泛参与数字化刷卡学习的良好氛围

截至 2016 年 12 月月底,已有 284986 人注册了终身学习账户,269323 人领取了市民学习卡,263711 人积累了学分和积分,网站点击达 1300 万人次,无论网上、网下,课内、课外,均实现了终身学习数字化管理。

(二)构建了市民参与数字化刷卡学习的良好环境

截至 2016 年年底,在慈溪市社区学院、5 所街道社区教育学院、15 所社区教育中心、65 个社区和 297 个行政村均设立了刷卡学习点,初步形成了立体化、广覆盖、全时空的市民数字化刷卡学习的管理体系。

(三)实现了市民终身学习的数字化统计

对市民学习进行实时的数字化统计,有利于学习管理机构第一时间掌握市民学习动态,系统分析市民学习需求,并能够根据需求对课程的设置、课件的制作等方面做出相应的调整。市民学习数字化统计作为一个程序模块嵌入市民终身学习管理系统之中,网站点击、登陆人数、在线时间、学分记录、学分消费等情况,各学习管理机构根据相应的授权,可以查询相应的数据。

终身学习数字化管理的学习统计是实现市民学习积分标准化统计的基础。通过整合相关部门的教育培训资源,使得对市民学习的管理从松散型到紧密型成为可能,有效解决了由于管理分散造成信息标准差异化的弊端。例如,农业部门的农民绿色技能证书和劳动保障部门的职业资格技能证书通过相应的公式可以转换为标准学分存入数字化管理系统,从而实现标准化的积分统计。

(四)促进了市民学习资源的立体化整合

基于全民学习,终身学习数字化管理应是市民各种学习信息储蓄的总库,其在市民学习系统中应发挥的功能是学习信息储存、学分认证管理、积分流通消费、学习信用管理,等等。基于这样的研究理念,有必要把市民的学习资源、学习信息的统筹列入研究范围。

学习资源的整合,是慈溪市委市政府推进学习型城市建设、促进终身教育发展的重要目标和重点工作之一。目前,慈溪市建立了以市政府领导为组长的终身教育指导委员会,下设由市宣传、教育、民政、文广、人事、劳动保障、司法、人口计生、卫生、农业、财政、暂口、科协、工会、共青团、妇联、关工委等部门负责人参加的工作机构,负责终身教育的统筹、指导、协调和检查。

从横向看,通过市宣传、文广、教育、劳动保障、妇联、共青团等部门的协作联动,整合全市各类学习机构的市民学习信息,完善了市民学习信息的采集机制和共享机制。从纵向看,慈溪市统筹城乡各类教育资源和文化资源,形成以市社区学院为龙头、街道(镇)社区教育中心(学院)为骨干、社区市民学校(村民学校)为基础、家庭学习点为补充的市民学习网络,社区教育活动点遍布城乡。从媒介方面看,市社区学院和各镇(街道)社区教育中心充分利用多媒体计算机、多媒体教室网络、双向视频直播系统、互联网网上课堂等信息技术手段,为学习者提供的多样化、数字化学习材料。慈溪市搭建的慈溪市民终身学习网(99学吧)这一平台,分别针对不同的学习人群展现了形象直观的学习界面,实现网上教与学的双向互动。同时,通过电脑、电视、电话等"三电合一"手段,实现远程协商讨论,实现实时与非实时、在线与离线的通信手段,为学习者进行知识构建、创造实践、解决问题提供实际的帮助。

(五)提高了市民参与终身学习的个性化程度

随着人民生活水平的提高,人民群众的教育需要日益增长,特别是终身学习和终身教育思想的传播,使社会成员逐步认识到学校教育只是人生教育中的一部分,不可能通过一次教育得到终身所需的知识,因此,个人必须根据社会需要而不断学习,社会也应该为社会成员不同的学习需要提供机会。同时,城市化进程不断加快,很多农民告别"日出而作,日落而息"的农业生活,对于学习新知识、新技能的需求也日益增长。从当地对劳动力素质要求的情况看,随着环杭州湾产业带的成型发展,社会分工和专业分工越来越细,慈溪逐步形成了一大批相互配套的企业群,构建起了具有慈溪特色的块状经济模式,而社会经济的进一步发展对人力资源素质的要求越来越高,如何提高劳动力素质,统一的教学模式已不能适应社会的需求,教育个性化逐渐成为大势所趋。在此背景下,具有个性化学习体系和与积分制相衔接的数字化管理体系便应运而生。

(六)缓和了市民的工学矛盾

市民学分银行建立在"天、地、人"三网合一的市民学习体系之上,个性化的培训内容、灵活的培训方式,较好地解决了市民的工学矛盾,市民可以在方便的时间、方便的地点,自主选择学习内容进行学习,真正做到了"我的学习我做主",较好地解决了市民学习的工学矛盾。譬如可以在家里通过市民学习网进行远程学习,获得学分。

四、进一步发展的思路

(一)建设"一站式"平台

学习平台与学分银行平台相互融通,高度集成,打造成"二合一"框架,形成市民学习与学分管理的"一站式"平台。①有数字化刷卡学习端口,实现"线上线下学习"同步智能化、数字化、信息化,保证线下可控性学习信息与学分都能实时反映在学分银行之中。②市民所获学分与"学习之星"评比、学习奖品兑换在"一站式"平台上得到展示,保证多样化、多层次、多种类的终身学习在网上实现有效激励。③设计"学分银行"积分制,保证不同种类的正式学习与非正式学习有统一的转换标准。

(二)实现"一条龙"式推送服务

为了让"二合一"平台更好地对接政府部门及企业行业的各类系统性、专业性、针对性培训,特开设专题模块,实施终身学习专项推送服务。①设立政府部门服务社会民生的证书培训课程学习体系专题模块,实现政府部门考证、验证所需的相关学习网络化及发证、验证核对查询的信息化。②设立企业行业员工培训专题模块,使之成为企业行业提升员工个人素养及职业技能的新通道。③设立学习型组织、学习型企业、学习型家庭的专题模块,使之成为推动学习型社会建设的新通道。

(三)落实"一并式"督导督学

要持续推进终身教育数字化学习,保证其内涵建设的可持续性,强化对办学部门的督导、注重对学习者的督学、保证终身学习过程管理的落实是关键。①建立翔实的数据统计功能,实现对各类学习的有效分析及对推进终身学习的相关组织实施有效督导。②建立市民学习数字化高、中、低三级管理体系,便于各类管理者能及时了解学习者参与学习的情况,对学习者进行随时随地的督学。③设计争先创优考核项目。考核项目可以是学历培训、城乡劳动力培训,也可以是数字化社区建设、数字化课程建设等,以强化对推进终身学习办学部门的督导的随时随地性。

五、创新与启示

建设以学分银行为核心的终身学习数字化管理系统的动力在于政府部门的全力推动,重心在于打造以学分银行为核心的终身学习数字化管理的机制,关键在于以学分银行为核心的终身学习数字化管理的宣传推介。只有这样,才能保证全民终身学习走上一条可持续发展的良性轨道,更好地服务于学习型社会的建设。

(一)政府部门高度重视,基地网络有效构建

2004年,慈溪市成立了社区教育指导委员会,并由该组织出面,颁发《关于进一步加强社区教育资源共建共享的实施意见》和《关于在慈溪市实施"学分银行"的通知》等文件,保证了学分积累与转换制度的实施。同时,构建市、镇(街道)、社区(行政村)和家庭学习点四级基地网络,建立以市社区学院为龙头、镇(街道)社区教育学院(中心)为骨干、社区市民学校(村民学校)为基础、家庭学习点为补充的社区教育运行体系,形成"十分钟社区教育服务圈"。四级网络全天候开放电子阅览室、市民学习网吧、市民学习书吧等,方便市民自主学习。同时,积极发挥公共事业和民办培训机构的公益性作用,如慈溪市体育中心、少年

宫、博物馆、陈列馆、图书馆、工人文化宫、村落文化宫,以及 120 家社会培训机构、160 多所企业职工学校都成为市民学习培训活动的定点场所,有效地促进了学习型社区和社区教育数字化建设。

(二)教学模式突出创新,教育管理有序改进

在学习方法上,充分发挥数字化学习不受时空限制的优势,全面倡导市民结合自身工作与生活的实际,自主选择学习时间,自主选择学习内容,自主选择学习进度,自主选择学习方法,教师成为市民自主学习的引导者、帮助者,市民成为自主学习的主导者、参与者。通过教学模式的创新,师生之间可以"全天候"合作,并通过对资源的收集利用,随时随地满足学习者的学习需求,促进了学分制在全市范围内的普及。同时,打破"你学我管"的传统管理方法,采用数字化管理手段,通过学员自我注册、自我学习、自我评估、自我监控等手段实施自我管理,依托数字化公共服务平台服务软件实现学习卡互用,学习费用互通,学习分互认,方便学员自主化学习、个性化学习,保证了市民参与继续教育的随时随地性。

(三)组团合作形成合力,"三全""三化"改进服务

"三全服务"是"全面服务""全程服务""全员服务"。"全面服务"指服务对象、服务资源、服务手段的全面性;"全程服务"指服务形式、服务质量、服务水平的时效性;"全员服务"指服务指导单位、服务技术单位、服务承办单位的服务人员参与社区教育的全员性。"三化服务"是"数字化服务""信息化服务""现代化服务"。"数字化服务"指服务环境实现数字化的程度;"信息化服务"指服务手段快速、便捷的程度;"现代化服务"指服务质量的高效化和成本支出的最低化程度。

为确保学分银行长效运行,在慈溪市教育局及有关部门的统筹协调下,各办学机构创建了"慈溪市数字化学习能力促进会"。促进会以营造数字化服务体系、推进数字化学分银行、促进市民数字化学习能力、建设数字化学习型社会为宗旨,打造了以宁波广播电视大学慈溪学院为龙头的社区教育集团,形成了齐抓共管、各负其责、相互协调、有序运行的良好局面。促进会形成了"三全""三化"考核评估体系,作为各加盟单位接受主管部门的考核。

第四节　镇海区"海田阿姨"

一、案例背景

随着经济的发展和社会的进步,在生活水平提高的同时,人们对社会服务的需求不断加大。在我国大中城市里,越来越多的家庭要求社会提供形式多样、质量满意的家政服务。发展家政服务业,对改善人民生活、开发就业岗位,特别是解决妇女就业问题,具有积极作用。有数据显示,我国超过 60 岁人口占总人口的 10% 以上,这是中国进入老龄化社会的标志;我国 10 岁以下人口占总人口的 25% 左右,两者之和为 35%,按城乡人口 3:7 的比例计算,城市的老人和儿童有 1.2 亿人,这些人是需要社会、家庭或他人照顾的群体,这其中,隐含着对家政服务的巨大需求,同时不少现代家庭已经具备接受社会提供家政服务的能力和条件。

早在 2004 年,宁波镇海区澥浦镇出现了一支家政服务(钟点工、月子保姆、老年病人护理员)队伍,这些人活跃在宁波市区、镇海城区。当时,当地家政服务上规模的企业还不多,机构延伸到本区范围各医院,服务人员中外来人员占 60% 左右,服务项目以医院护理工、钟点工、清洁工等为主,而当地服务员服务项目相对比较广,如月子保姆、钟点工、家庭餐制作等。而服务员队伍素质相对比较低,本地人员有些参加过区妇联组织的月嫂培训,而外来人员大多数没参加过专门培训。这些人员的技能主要通过以下途径获得:一是原有经验(如月子保姆),二是中介机构组织的培训(以实际操作为重点,经验性的介绍);三是师傅带徒弟(如钟点工、打扫卫生等)。由于所接受的学习都是以实操性为主,而职业道德、思想品行方面的教育较少,所以家政服务市场存在各种各样的问题,经常发生纠纷。

针对上述现状,培育优秀的品牌家政服务人员对促进家政服务业的发展是很有必要的。

二、主要做法

针对家政市场的需求、发展及存在的问题,如何保证家政服务行业规范发展成为考虑的重点。为了破解上述问题,宁波市采取了一系列措施,主要方法如下。

(一)制定家政服务培训标准

通过走访、调研,确定家政服务人才培养的目标方向。

1. 制定严格规范的培训标准

为确保家政服务培训质量,专门组织制定了家政服务培训标准(该项目于2013年被宁波市服务标准化办公室立项)。2013年至2016年,从服务通用基础标准、服务保障标准与服务提供标准三个角度进行探索,以 GB/T 24421—2009《服务业组织标准化工作指南》为主线,同时针对家政培训、管理的各个环节从学员招生及学籍管理、培训运行和管理、服务人员护理操作、学员就业准入退出、家政服务质量监督与改进及学员上岗后续管理活动等全过程建立全面、系统的标准体系,完成标准60项(包括16项国标及44项招生、培训、管理、服务等方面的校标)制定,并已通过市标准化办公室验收合格,为家政服务规范培训提供依据。

2. 细化阶段模块的培养目标

为了执行培训标准,必须细化家政服务员的培养目标。要求学员既要有良好的道德素养,又要有较高的专业水平。初期要求达到"勤劳、朴实、诚信",最终要求成为"诚信、规范、专业"的服务人员,保证让服务对象放心满意。针对培训目标,形成了四个模块课程内容,且课程设计既重理论,又重实践,理论与实践紧密结合、等比例(或实操比例略高)安排,详见表4-4。

表4-4　四个模块的课程内容

模块	目标内容
道德素养	1. 关于人的品格、处世与劳动态度教育 2. "尊老爱幼、男女平等、夫妻和睦、勤俭持家、邻里团结"的理念教育 3. "全心全意为人民服务"的思想培育
专业技能	家常菜制作、家居清洁、衣物洗涤与存放、照料孕产妇、照料婴幼儿、照料老年人及病人等
安全知识	居家、出行、卫生、法律等安全教育
礼仪常识	学习礼仪、风俗人情,掌握待人接物方法及与雇主相处的技巧

3.注册品质保护的培训商标

为了严格执行培训标准,形成培育特色品牌,2011年,宁波市专门就家政服务培训以"海田阿姨"商标名通过国家商标局注册商标。同时还确立了家政培训内涵,建立了培训机制,严格要求"诚实守信",制定了诚信自控约束机制,规范了管理行为、实行全程跟踪推进,促进了品牌培育。

(二)实行情景循环的培训方式

这是提升人员素质的基础,主要采取以下做法。

1.理实"双循环"培训

"双循环"是指培训过程中理论与实践不断交替循环进行。家政服务是进家入户的服务,为此要强化实操演练。课堂理论只有通过实践才能得到更深的认识与理解,反过来对理论也是一种提升。而演练则能提高参训人员的上岗适应能力,提高学员上岗后的整体技能水平和实践能力。

2.师徒"情境式"实训

培训后设置适当时间让新学员跟着老学员上门服务,一方面让新学员亲眼看看老学员是怎么服务的,了解该项工作的整个操作流程和操作规范;另一方面让新学员亲自动手,接受指导,为上岗储备情景式实战经验。

3.终身"再继续"教育

"海田阿姨"家政服务不是一次性培训,而是终身培训终身受益,需在今后根据岗位发展和自身特点不断学习、不断提升。一是继续教育,形成制度。就业后每年必须根据自己岗位要求,参加必要的继续教育。二是专项技能,不断提升。要根据各人的工作特长,在继续教育的基础上,不断开展专项技能提升学习,如从初级、中级到高级等,使自己的业务能力不断发展、提高。

(三)执行严格标准的培训考核

以三种方式规范考核,执行最严格的准入退出机制。

1.重视"情境"理实一体考核

强化理论考核,目的是提高学员学习积极性、主动性,以便更好地掌握知识技能,促使学员重视理论知识,进一步加深对业务技能的理解。重视实践考核,目的是给学员提供真实的模拟情景,即学校自行确定的考核项目——实习实训,是从事相应工作前的实战演练、真实情境操作。只有通过这一环节,才能为实际服务提供保证。

2."划片区"小组长联系评价

对各村参与家政服务的人员划片分组,每组设1名小组长。小组长不仅能适时反馈还没掌握去向的学员的情况,还是年终考核的考评小组成员。对从业人员每年进行考核评价,为此专门出台"海田阿姨"年终评优办法,且优秀不限比例;但评价内容与项目严格规范;除身体素质、工作量及雇主常规回访外,还要深入到工作、生活周围了解品行、家庭关系、家庭传染病史与精神病史等。为防止家政人员可能出现的负面影响尽可能多地掌握信息。

3.实行"准入退出"制

"海田阿姨"实行准入制意味着不是谁都能进入这个行业。进入这个行业就要敢于承担相应的责任。佩戴统一编号的工作牌,穿统一的工作服,并敢于公开监督电话。准入从两方面考核。一是取得培训合格证书,这是加盟"海田阿姨"的前提条件。二是取得"海田阿姨"资格证后在一定时间内必须上岗。设置退出机制的目的是确保品牌的权威性和公信度。服务过程中雇主意见大,连续遭三次投诉,后经调查情况属实的,或身体状态不适宜继续做这项服务的都将劝其退出。

(四)推行结对加盟的培训机制

为了解决"海田阿姨"家政服务人员供给不足的矛盾,学校通过"三条途径"来解决。

1.自主培训

学校严格按要求开展标准化的培训,不仅吸引区内其他镇、街道的人员前来学习,还吸引了北仑等区外人员加盟参与培训,保证了学校的培训量。

2.区内联盟

为了适应社会需求、扩大培训量,与区妇联建立"巾帼家政服务联盟",利用区妇联的优势资源开展项目培训与服务提升,做大了"海田阿姨"培训。既扩大了"海田阿姨"的影响,又解决了"海田阿姨"市场供给严重不足的问题。"海田阿姨"在区域内的影响力得以提升。

3.区外加盟

为了更好地发挥"海田阿姨"的品牌效应,学校利用加盟形式,将培训规范、标准不断向外辐射输出,加盟学校和培训机构以学校的标准组织培训,以学校的理念开展后续管理,从而保证培训学员就业后能"诚信、规范"地提供服务。

(五)建立机制加强规范保障

为解决市场服务不规范、管理不到位、顾客不放心等问题,从以下三方面予以规范。

1. 学员来源保障制

建立了生员保障三支队伍,如镇村妇女主任、镇村劳动保障员和优秀学员小组长。这保证了学员能进来且质量有保障,因这三支队伍的成员对本区域的学员身体状况、为人情况有比较清楚的认识,还对学员的家庭情况(包括夫妻关系、婆媳关系及与子女的关系)、精神病史及心理健康情况有所了解,便于预防特殊学员做出有损服务行业形象的不良行为。

2. 师资队伍保障制

"海田阿姨"家政服务培训作为一项培训,是一项操作性很强的工作,一定要有一支合理、稳定的师资队伍。除能提供必需的理论知识之外,更为注重实际操作。所以学校在组建师资队伍时既考虑到要有理论专家、专业人员,也考虑到要有培训辅助人员,同时还要培养自己的专业教师,这样工作才能不断发展、提升、推进。为此,主要做好四方面工作:一是与医疗及有关部门合作,组建专业师资队伍,目前已拥有专业外聘教师4人。二是发挥学员作用,形成一支培训辅助队伍,目前已有月嫂、家庭清洁、养老护理等辅助师资9人。三是自我加压,培养自己的专业教师,包括职业道理、家庭保洁及实训辅导教师3人。四是根据专业提升要求,物色专家骨干加盟学校。在这四点保障下,学校家政系列培训随时都能正常开展。

3. 跟踪回访保障制

为了便于管理,学校专门建立了"海田阿姨"家政服务工作室,并由其负责回访跟踪。工作室日常回访主要做"三个联络"。一是做好与学员的联络。经常性地了解学员学习、工作中有什么要求、感受及需要什么帮助,让学员真正感受到工作室是为自己服务的,是"娘家"。二是做好与中介公司的联络。了解中介公司对在学校接受培训的学员有什么建议和意见,努力为他们提供素质较好的家政服务人员。三是做好与雇主的联络,包括收集对员工的服务态度、技能及人品等的评价。经常性地电话回访,以获得必要的服务信息,还可以给客户好感、给员工震慑。同时对已就业的学员建立个人信息档案,一人一袋。学校还为其建立完善规范的推介机制。组建了"三个推介网络",另外还专门建立"海田阿姨家政服务工作室"网站,把"海田阿姨"服务人员的照片、考核评优有关信息直接放到网上,一方面让社会公开了解"海田阿姨"的实际情况,另一方面也方便对家政人员的工作进行监督,加强对学员的自我约束、提高服务水平、保障服务质量增加了一种无形监督压力。

三、工作成效

经过多年实践探索,学校取得了较为明显的成效。

1. 带动家政产业发展

"海田阿姨"已带出一个区域产业。仅本区范围就已辐射带动了 2000 多名服务人员(其中本校"海田阿姨"培训 27 期达 1100 多人次,近 700 人次获得相应的服务资质,200 多人建立了服务档案),"海田阿姨"作为一个特色项目有了一定规模,不仅为改善他人家庭生活品质、提高自身家庭生活质量发挥了作用,也为促进当地社会经济发展发挥了积极作用。据初步抽样调查,家庭清洁满工作量的收入在每月 5000 元左右,月嫂收益在每月 1 万元左右,护理工月薪在3500 元左右,综合平均,人均年收入 5~6 万元,这些人从过去的没有收入的人员变成了如今创造收益超亿元的产业人群,他们不仅促进了区域内经济发展,也带动了服务业整体素质的提高。

2. 促进了无业妇女就业

培训过程注重提升人的素质,使自卑、缺乏责任感的无业人员成为有担当、有爱心、有信誉的从业人员。由于素质高,服务质量好,"海田阿姨"成了就业市场上的"抢手货"。以湾塘、岚山为例,参加培训的家政人员有 300 多人,其中近200 人因此走上了服务家庭的工作岗位,另有 30 多人进入企业从事保洁工作,还有部分人服务于自己的家庭等。参训人数约占本村无业妇女的 60% 左右,而走上工作岗位的则占到参训人员的 70% 左右。由于学校始终坚持"以德促能、以信为人、以诚服务"的理念,赢得了社会和广大雇主的信赖,学员供不应求。

3. 促进区域社会和谐

"海田阿姨"不仅解决了部分女性的就业问题,也为一些家庭带去了福音。如湾塘村有位阿姨,最早在菜市场卖水产品,这种工作起早贪黑,比较辛苦,后来不干了,于是无所事事,就跟一部分人搓起了麻将,开始消磨时间,慢慢地越来越消沉,最终沉迷赌博,一年输掉了好几万,本来家境就不好的家庭顿时陷入了困境。最终,老伴嫌弃她、女儿责怪她,她在家里抬不起头。学校创办"海田阿姨"家政服务员培训班后,她见同村人都积极报名,就也报名参加了学校组织的第二期培训班,并顺利地取得了"海田阿姨"家政服务员培训证书。通过培训,了解了家政服务的职业道德、操作技能及有关工作要求后,觉得自己可以根据自己的年龄、性格特点进入这一行业,尤其适合照顾老年人。为此通过联系介绍,就开始上岗了。这一做不打紧,还真让她做出了一点成效,被她照顾的老年人对她的工作都很满意,她不仅工作细致、吃苦耐劳,还能烧一手当地菜。想雇她的人络绎不绝,为此她不仅收入有保障,平时也没有闲工夫参与赌博了,这样一来,不仅老伴满意、女儿高兴,就连她自己都说,现在家庭很和谐,回到家里大家都高兴,这一切都得益于"海田阿姨"培训班。

4.凸显了培训品牌效应

学校仅就初级家政服务员培训,近几年就组织了 9 期培训班,参训学员 380 多人,"海田阿姨"服务质量得到了社会认可。2011 年,宁波晚报刊登了《镇海澥浦走出一群"海田阿姨"》;2012 年,《宁波日报》刊登了《"海田阿姨"镇海澥浦的"土特产"》,杭州日报报道了《宁波"海田阿姨"为啥俏》,东南商报报道了《为农民做实事最快乐》等,使"海田阿姨"的影响力逐步扩大。近几年在区内组织的家政类技能大赛中,6 人荣获一等奖,11 人荣获二等奖,20 人荣获三等奖。

由于"海田阿姨"家政培训注重服务规范,严格标准化,专门建立了标准体系,在注重服务保障标准同时,强化服务提供标准建设,保证了所培训的学员在职业道德、专业技能、社交礼仪等方面有较好提升,产生了良好的影响。一是辐射到区域内各镇、街道,如与区妇联、区家政协会开展多种形式的联合办学。区妇联、家政协会借助学校品牌优势,学校则充分利用网络优势扩大队伍,使"海田阿姨"培训模式得到拓展,"海田阿姨"式的家政服务队伍得到不断壮大,通过区域资源共享及依托"互联网+"进一步做大了"海田阿姨"这一品牌。二是海"田阿姨"的区域影响力越来越大。近几年慕名来校及邀请学校做经验交流的场次达 40 多次,培训标准与服务输出到本省的杭州、舟山、嘉兴、湖州、绍兴、温州、丽水、台州等地,四川巴中的学校也慕名联系加盟合作。因其培训机制、管理方法、后续跟踪服务及培训标准都具有可复制性,成果已被广泛推广应用。

5.促进了学校内涵发展

"海田阿姨"经过多年品牌建设的实践探索,不仅品牌效果得以突显,而且学校内涵得到了提升。一是把"海田阿姨"家政服务标准化的培训管理内化到学校其他各类培训中,使学校各类培训管理都上了一个大台阶。二是通过品牌培育,为促进并提升区域内农村女性的就业创造条件,也带动了区域内服务业的发展。政府也把这项工作作为一项"惠民"工程给予了高度关注,每年都安排部分资金开展评先评优,推动了这一项目的更好提升。三是通过这一实践,形成了一系列研究成果,省、市级课题、实验项目及论文获奖成果有 10 多项,开发了配套的自编教材及微视频。

四、创新与启示

该项成果与其他成果相比较有三个明显的创新点。

1. 建立了培训质量市场跟踪机制

成校服务社会一般以培训为主,培训结束则服务终止。而"海田阿姨"家政服务则是将培训、推介、后续跟踪与管理有机结合,为便于管理,学校还专门成立"海田阿姨"家政服务工作室,在缺乏权威组织、没有行政管辖前提下,采取民间组织形式对学员独立建档、工作回访、小组长联谊及建立"海田阿姨网"等措施,使"海田阿姨"的管理逐步规范化、制度化,学员都有归属感。为了引导"海田阿姨"们向"诚信、规范、专业"的优质服务方向发展,每年还安排资金用于评优评先,促使家政服务人员自觉提升职业品德和业务素质。这套机制为家政服务市场的有序发展提供了理论支撑与实践范例。

2. 建立了一套培训服务标准体系

学校建立了一套培训服务标准体系,将家政服务培训专门作为项目进行研究。通过标准制定,一方面为项目的特色发展奠定了基础、同时也为"海田阿姨"家政服务培训逐步向规范化、标准化方向发展提供了保证,成果已通过验收,形成标准 60 个,其中国标 16 个,校标 44 个,为提升"海田阿姨"职业素养、规范家政服务市场发展提供了参考标准。

3. 探索了以品牌合作加盟扩大供给的创新举措

通过"海田阿姨"培训品牌的培育,在促进当地女性规范就业、提高被服务家庭满意度的过程中,既带动了本区家政服务业服务质量的提升,也吸引了省内大多数从事家政服务培训的学校前来学习,从而以品牌的理念、标准的要求开展培训的模式得到了很好传播,"海田阿姨"培训品牌的区域影响进一步扩大,不仅在市内辐射,还逐步向省内外辐射。为家政服务产业提升、规范发展发挥了积极作用。

当然,为了满足家政市场需求,促进家政服务业规范、高效、优质服务还需要做许多工作。一是要正确引导,转变人们的思想和观念,从思想根源上为家政服务从业人员创造良好环境。二是要加强对家政服务从业人员的规范培训。家政服务行业的迅猛发展对家政服务员的综合素质提出了更高的要求,这也是雇主最关心的问题。三是要构建制度化、规范化的家政服务培训、输送管理体系。目前家政服务还是处于初级阶段,培训输送机制尚不规范,有些还是家政服务企业自行组织的上岗前以针对技能为主的适应性培训,缺乏系统性和规范性。四是要充分发挥政府职能,引导并推进家政服务市场化、产业化发展。家政服务业的规范成熟离不开政府的推动,这就需要充分发挥政府的职能,加大政策扶持和工作支持力度。

五、工作展望

家政服务作为一项服务民生、服务百姓的实事工程,未来必然是一项热门而紧缺的行业。作为一个新兴产业,观念上转变是为农村女性、下岗失业人员、进城务工人员提供就业机会和工作的基础。同时培训上规范是家政服务培训品牌创建的基本保证。家政服务行业的迅猛发展对家政服务员的综合素质提出了更高的要求,也是雇主们最关心的问题。再者,制度上管理是家政服务培训的关键环节。家政服务作为一种职业必须实行规范化管理。既要建立安全可靠的输送体系,还要有高水平的管理人才队伍,更要有切实可行的规章制度。职能上开拓是家政服务培训的发展要求。要真正促使发展,政府各有关部门必须全力介入,加大引导、管理和规范力度,这样才能保证家政服务业符合社会需求、健康发展。

总之,家政服务是一项长期的"多赢"工程。一方面,为广大家庭提供了家政、护理、保洁、家教、家庭管理等方面的服务;另一方面,也是响应党和政府号召,解决再就业问题的主要渠道之一,是未来服务业的一个新兴行业。所以有必要继续研究,为有序推动家政服务行业的健康发展发挥积极作用。

第五节　江北区老年教育

一、案例背景

(一)人口老龄化趋势明显

我国人口老龄化发展态势严峻,预计到 2050 年,我国老年人口将由 1.94 亿人增长到 4.83 亿人,老龄人口占全部人口的 34.1％ ,是世界上人口老龄化速度最快的国家之一。发达国家长时期、分阶段出现的老龄问题将在我国短期内同步呈现、集中爆发,并将给经济社会发展带来全面、深刻、持久的影响。

江北区作为宁波地域面积最广的中心城区,根据 2015 年统计年鉴辖区内 60 岁以上人口已经达到 5.4 万人,老龄化率达 22.29％,预计 2020 年将达到 24.3 ％,已进入人口老龄化的快速发展期,且未来人口老龄化形势将更加严峻,"未富先老""未备先老"的特征日益凸显,对社会经济发展带来重大挑战。

(二)老年教育需求迫切

江北区就本区老年人文化程度、生活现状和学习需求问题,选取了城区街道 4 个社区,涉农街道 4 个社区,4 个村进行了小样本调查,发放问卷 660 份,收回有效问卷 634 份。调查结果显示:

①老年人口的文化程度不高,高中及以上学历仅占 10.7％。

②老年人口的休闲生活比较单一,主要活动是看电视,养生保健活动主要是散步,在课程内容的选择上首先关注的是医学保健类,舞蹈健身类和摄影类也相对较多。

③被调查人中已在老年大学就读的有 91 人,占 14.4％,所占比例较小;有就读意向的有 312 人(含已经就读并愿意继续就读的人员),占 49.2％,其中涉农街道老年人的求学热情高过城区街道。

随着城镇化脚步的加快,越来越多的老年人希望能丰富自己的业余生活,特别是农村的老年人,愿意更多地加入老年教育的队伍中来。但"到哪学""找谁学"成了困扰该群体的主要问题。

（三）区域老年教育现状

1.区级老年大学设施简陋,教学资源不足

江北区老年大学于 2011 年 9 月开办,由江北区教育局主办,学校占地面积 1820 平方米,由原来的一所小学改造而成,有教室 11 间,教室面积较小。目前有学员 1118 人,已基本坐满。学员大多为企事业单位退休人员,有一定的文化基础。学员分布情况如表 4-5 所示(以 2015 年为例)。

表 4-5　2015 年江北区老年大学学员分布情况

类别	人数/人	占学员总比例/%	各街道人数/人				
			城区街道	甬江街道	庄桥街道	洪塘街道	慈城镇
医学保健类	34	3.04%	22	8	0	0	4
书画类	61	5.46%	41	7	10	0	3
器乐类	80	7.16%	44	13	13	2	8
声乐类	328	29.34%	163	54	56	16	39
舞蹈健身类	396	35.42%	185	75	67	32	37
摄影类	219	19.59%	119	39	31	11	19
合计/人	1118		574	196	177	61	110
所占比例			51.34%	17.53%	15.83%	5.46%	9.84%

从学员人数构成看,城区街道略高于涉农街道,主要原因在于江北区老年大学处于江北中心区域,城区老年人就读相对便捷;从就读学科来看,舞蹈健身类与声乐类较多,占 64.76%。

2.街道(镇)老年学校教育尚未全面形成

除慈城镇立足街道实际情况,利用慈城成校的资源于 2014 年 9 月开办了老年教育班以外,其他街道(镇)尚未系统性地建立老年教育机构及场所。

3.老年社会教育形式多样化初现

老年教育包括老年学校教育,也包括老年社会(社区)教育。各街道(镇)、社区(村)利用社区教育中心、市(村)民学校等阵地开展草根化、生活化、多样化的讲座、培训、活动,如健康养生讲座、太极拳培训、丝网花制作等,但都缺乏系统的规划。

（四）老年教育存在问题

1.老年教育资源匮乏

教学场所不适应老年人口快速增长的学习需求,全区仅有一所老年大学,且起步较晚,面积小,设施差,街道(镇)仅一个老年教学分校,资源布局不均衡。

2.老年教育意识淡薄

区域工作中未将老年教育工作列入政府重要工作,市民缺乏终身学习意识,对自己的老年生活没有规划,很多人在聊天、看电视、搓麻将中度过。同时人们还存在一个误区,认为老年大学就是老干部教育、围墙内的学校教育,是少数人享受的教育,客观上造成了对老年教育的误解。

3.老年教育管理体制不顺,多方合力没有形成

据了解,浙江省内绝大多数地区的老年大学均由老干部局主管,且形成了由组织部长担任校长,财政局、民政局、文广新局、老龄委等相关部门领导为成员的校务委员会,各部门合力,共同办好老年教育。而江北区老年大学归属教育部门主管,长期处于单打独斗状态。

4.老年教育内容和形式较为单一

课程设置上以文体健身类为主,缺乏文化气息浓厚的高层次课程。教学形式上以班级教学为主,缺乏团队式、互动式等新型教学模式。

5.老年教育师资匮乏

一是课时经费较低,难以招到优秀的师资;二是宁波市区域内各老年学校对教师的福利待遇不同,致使福利差的学校留不住教师;三是缺乏对老年教育专业师资的挖掘,学校基本靠个人的人脉关系聘请教师;四是很多有一技之长的人才缺乏为老年教育事业做贡献的意识,不愿意投身老年教育事业。

6.学习资源缺乏有效整合利用

江北区老年教育采用老年大学的办学模式,缺乏对各类教育资源的整合和利用,社会力量参与不足,对团队学习和个性化学习关注度不够。

（五）老年教育的机遇

2016年,江北区委区政府高度重视区域经济社会和谐发展,将大力发展老年教育提升至前所未有的战略高度,由区委组织部部长担任书记,副区长担任校长,联合教育局、老干部局、财政局等部门成立了江北区老年大学校务委员

会,在各部门的思维碰撞中,酝酿并出台了《江北区关于发展老年教育的实施办法》,根据公平公正、普惠全体的原则,确定了江北区老年教育的主要目标:通过3~5年努力,建立广覆盖、低门槛的老年教育三级服务网络,使江北区域内有就读意愿的老年人都能就近入读老年大学,老年教育的满意率达到90%(由第三方机构调查)。江北区老年大学达到市规范化建设标准,街道(镇)老年大学分校达到标准化要求,社区(村)老年大学教学点具有较强的吸引力。

二、主要做法

(一)健全管理机制

建立了党委领导、政府统筹,区、街道(镇)分级管理,区教育局牵头,区级各部门共同参与的老年教育管理体制。成立了江北区老年大学校务委员会,由区组织部部长任江北区老年大学书记,分管区长任校长,各街道(镇)及相关部门负责同志任校务委员会成员。明确了各成员单位的职责,建立了校务委员会成员单位联络员队伍及制度。制定了年度"老年教育工作推进计划表",将任务单、时间表分解落实到各级职能部门。制定了《江北区老年教育考核评估办法》,将老年教育工作考评列入各职能单位年度工作目标考核中。积极鼓励社会力量办学,探索试点混合办学模式,并在审批、税收和师资建设等方面给予支持和帮助。

(二)优化资源布局

构建区级老年大学—街道(镇)老年大学分校—社区(村)老年大学教学点三级教育网络,"广覆盖、保基本",将老年大学资源布局引向基层。一是打造区级龙头,发挥示范引领作用,建设区老年大学和长青高级学院两个区级学校。根据学校所处地域,两大学校除开班招生外,区老年大学辐射带动4个城区街道老年教育,承担资源整合、师资培训和指导评估的工作;长青高级学院辐射带动4个涉农街道(镇)老年教育,承担课程开发、宣传推广的工作。二是盘活现有资源,利用成人学校、文化活动中心、居家养老中心等场地资源,开办街道(镇)老年大学分校。三是优化基础布点、解决入学"最后一公里"的问题。按照"成熟一个,挂牌一个"的原则,在条件相对成熟的社区(村)开设老年大学教学点,作为区、街道(镇)两级老年教育资源以外的有力补充,真正把老年大学办在了家门口。

（三）开放办学体系

通过购买服务、项目合作、"养教一体"等模式，引导和鼓励社会力量参与办学。一是政府购买服务，引导社会力量参与。甬江、孔浦等街道通过购买服务的方式和第三方教育机构签订委托办学协议。二是利用高校资源，采用合作办学模式。文教街道与辖区内的宁波市广播电视大学老年教育中心签订合作办学协议。三是探索"养教一体"的模式。洪塘街道与民政局联手，在社会福利院、老年疗养院设立教学点，推进养老服务和老年教育的一体化探索。四是项目合作。社会公益组织宁波康乐老年俱乐部在江北区长青高级学院注册成立，以江北为基地服务江北区和全市的老年人。

（四）壮大师资力量

整合政府、社会资源，建立老年教育师资库，重点发挥志愿者的优势，专业课教师与通识课教师互为补充，化解师资短缺的困难。一是党政机关、事业单位率先启动。区委组织部在区老年大学试点成立了虚拟党委——"长青党委"。通过组织发动，充分发挥学员中党员的先锋模范作用，建立了一支志愿宣传社会主义核心价值观的学员教师队伍。区直机关党工委在机关事业单位中招募热心公益、具有专长的人员担任老年大学志愿教师，弥补了师资的不足。出台了《老年大学志愿者服务管理方案》，明确并细化了志愿者的招募机制、反馈机制、激励机制和退出机制等，保障了志愿者服务品质。二是广开途径，与高等院校、社会力量、区内企业等合作，充分挖掘专业团队的志愿者力量，为老年人提供针对性教育服务。如互联社区志愿者联盟团队、为齿喝彩俱乐部志愿服务团队、安心金融志愿服务团队、溶熔融志愿服务队、法治在线服务队等。三是动员街道、社区爱心人士参与老年教育志愿服务。江北区涌现了诸如孙家丽园"布约而同"创办人陈建蒙书记、"草根教授"何荣华、84岁高龄的"清风书画社"创办者袁裕良老师等热心人士。在这些人的带领下，老年学员们结伴相约，教学相长。同时这些学员在学习之余，反哺社会，积极加入化解社区矛盾、参与社区综合治理、创建和谐社区、建设品质城区的队伍中。

（五）践行智慧教育

建设"互联网＋"的老年教育平台，为老年人提供更便捷的就学服务。一是打造"空中课堂",通过丰富在线课程,利用终身学习网、"乐学江北"微信公众平台、江北有线电视台等平台不定期推送各类课程,满足老年人在线学习的需求。二是绘制"江北终身学习地图"。把全区老年教育三级教育网络都纳入"学习地图",并实现基于位置的各个学校、教学点的在线导航、课程推荐和在线报名的功能,老年人可以在智能手机上实现一键选课、一键报名。三是打造"老年教育智慧卡"。向全区所有老年大学学员发放智慧卡,实施上下课刷卡管理,实现高效管理。四是打造"江北长青"微信公众号。"江北长青"微信公众号作为江北区老年大学的宣传窗口,重点推介"家门口的老年大学",教师、志愿者、学员风采与心声,精彩课堂展示等,老年人通过扫码关注,可将自己在老年大学的快乐学习生活分享到朋友圈。

(六)强化宣传效益

积极宣传老年教育成果,不断改善老年教育氛围。一是丰富精神文明建设内容。积极开展"美丽师生"评选,"寻找最美老同志"等活动,树立典型,形成示范。二是完善两大活动载体。6月,作为"江北区老年大学毕业汇报月",组织开展盛大的毕业典礼和汇报演出。10月,作为"江北区老年教育教学成果展示活动月",举办老年学员的作品展示、文艺演出、文体比赛、社校联动等活动。通过组织两大活动,彰显区域老年教育成果。三是建立全方位立体化宣传格局。充分利用"江北发布""江北教育发布"、江北区政府网、江北教育网、江北有线,以及各纸质媒体及时发布招生公告,做好办学成果宣传报道工作。组织开展江北区老年大学 Logo 设计大赛,使人人知晓,人人参与。设计制作招生海报和《桑榆未晚,为霞满天》指导手册,在村(居)委会窗口、居民楼道里投放,广泛宣传,深入推广。拍摄制作《圆江北老年人的大学梦》宣传片,在各社区文化广场 LED 屏滚动播放。与《宁波老年》签订合作协议,重点推送各类老年教育信息。

三、工作成效

(一)老年教育资源快速增量

教学资源布局方面,截至 2016 年 9 月,增加了 1 所区级老年大学(长青高级学院),7 所街道(镇)分校,35 个社区(村)教学点。招生人数从 2015 年的 1289 人,增加到 5225 人,同比增长 305％,其中农村学员 3741 人,占 72％;班级数从 2015 年的 47 个班,增加到 178 个班,同比增长 279%,其中农村班级 126个,占 71%。区—街道(镇)—社区(村)老年教育三级服务网络初步成型,城乡发展不均衡的局面被一举打破,更多的农村老年人走出家门,走进学校。师资队伍方面,区直机关党工委在机关事业单位中招募了 142 名具有专长的志愿者,带课程走进课堂,实现了即召即用。初步形成了专业教师为主,志愿教师为辅,专业课程奠基,通识课程补充的办学格局。

(二)多方参与的局面初步打开

宁波大学的学生团体,以 3～5 名大学生组成一个教学团队,利用课余时间在农村区域实行包班教学,并在各教学点挂牌成立老年教育志愿服务实践基地,吸引更多的大学生参与志愿服务;宁波蓝野医疗有限公司成立"为齿喝彩"志愿者团队,定期走进各教学点开设牙齿护理保健公开课;区内多家银行和非银机构牵手成立金融知识志愿者团队,义务为老年人讲授预防金融诈骗和理财等通识课程;成立公益组织,发动企业家、社会爱心人士成立宁波市首家以服务老年人为主的"长青公益基金会",通过树立标杆,让更多企业参与到老年教育公益活动中;与民办教育机构启华培训学校合作,街道(镇)提供场地设施,培训学校提供优质师资,共同担负招生、管理等一系列工作;与宁波广播电视大学合作,街道(镇)负责宣传招生,电大负责教学管理;与养老地产星健兰庭、市福利院、市老年疗养院、慈城镇敬老院等就养老服务和老年教育达成合作,在养老机构内开办老年大学。

(三)管理模式进一步优化

一是专业机构参与办学,实现教育资源利用最大化。5 个街道(镇)尝试购买服务模式办学,在专业结构指导和街道(镇)协同管理下,采用在线报名、滚动办班、菜单式课程等一系列灵活的模式,既在短时间内形成了规模效应,又有效降低了生均培养成本。二是采用"刷卡"制,促进管理科学化。在全区各老年大学学校、教学点布点安装了 50 套刷卡系统,发放了 5000 张智慧卡,通过上下课刷卡,在后台对老年学员的身份信息和考勤信息数据大数据分析,有效促进教育教学的高效管理和精准施策。

(四)宣传工作开创新局面

2016 年 4 月之后,"江北发布""江北教育发布"、江北区政府网、江北教育网、江北有线,以及各纸质媒体累计报道江北区老年教育工作新闻80余篇,《宁波老年》《宁波晚报》上还进行了专题报道,有效地扩大了江北老年教育的影响面。9月,举办了隆重的老年大学开学典礼,400余名老年大学学员代表和70余名老年教育工作者参加了典礼,受到了媒体的高度关注,江北区推进老年教育的做法也得到了市领导的高度评价。

四、创新与启示

江北区在全省率先提出了"使江北区域内有就读意愿的老年人都能就近入读老年大学"这一发展目标,以先进理念指导创新实践。

(一)建立低门槛、广覆盖、普参与的老年教育网络

将江北老年教育纳入大文化和大教育体系,制定前瞻性的发展目标,政府保基本、促公平,各部门协同制定发展规划,逐步建立以区老年大学、长青高级学院为引领,各街道(镇)老年教学分校为骨干,各社区(村)老年教学点为基础的社会化、开放性、包容性的三级老年教育服务网络,打破了以往一个区只有一所老年大学的模式,根据试点先行、逐步推进的原则,做实、做强、做优老年教育,把老年大学办到家门口,使面广量大的普通老年人就地、就近、便捷地接受教育、参与学习。

(二)整合社会资源,建立老年教育开放共享机制

积极整合区域内各类公共文化资源,建立老年教育校外实践基地、老年教育志愿服务基地等,以老年人需求为宗旨,为老年教育提供特色资源和专业服务,组织开展各种形式的培训和学习活动。

(三)创新办学模式,加快老年教育发展步伐

推动政府与社会资本合作,采用政府购买服务的方式,充分发挥民营机构的积极能动性。尝试开展养教结合的办学模式,不断扩大老年教育阵地。多渠道聘请老年教育兼职教师、志愿者,解决师资匮乏问题,组织开展志愿送教活动。专业课程与通识课程相结合,扩大老年学员的知识面,增强其多方面的兴趣。

(四)挖掘多元渠道,试行老年教育学分管理制度

老年学员既可以在学校内学习,也可以在校外实践基地学习,还可以利用有线电视点播系统、微信公众平台、江北终身学校网等进行在线学习。学分实行线上线下同步积分制度,老年学员只要修满规定学分就可以申请毕业,进入高一阶段的学习,同时多余的积分可以兑换书籍、学习券、公益服务等,使老年学员学有所得。

从江北区的实践情况看,随着老龄化进程加速,老年教育的需求必然呈增强态势,既要吸引老年人参与终身教育,又要创造条件接纳老年人参与终身教育,是政府部门作为资源和服务供给侧必须解决的问题。同时,随着社会对老年人生活的关注度日渐提高,在给我们带来工作压力的同时,也带来了开创新局面的契机。首先,对于地域较广阔的地区,构建合理的教育资源布局体系尤为重要,量的扩充是推进老年教育事业、满足老年人发展需求的基础。其次,还需通过大力发动社会各类资源参与,创新办学模式、改善办学条件、优化师资配置、改良课程结构、提升老年教育品质和内涵,并逐步打造一批具有代表性的老年教育机构。此外,要顺应现代互联网技术越来越深入地进入人们生活的发展趋势,充分利用互联网技术和媒介,开辟线上老年教育阵地,完善"在校集中学、在家自己学"的条件,保障每位老年人都有学习的机会、学习的渠道。

调研篇

第五章　宁波学习型城市建设调查统计分析

第一节　调查问卷设计思路和样本选择说明

一、调查问卷设计思路[①]

为了深入了解宁波学习型城市建设的现状,研究小组采用了问卷调查的方法。调查问卷分两类,第一类是针对居民的调查问卷,主要调查居民对宁波市学习型城市建设的知晓度、参与度、满意度、期待和要求。居民卷分三部分,第一部分是调查对象的基本信息,包括居住地、性别、年龄、文化程度、职业、收入、居住情况7个方面的信息;第二部分是调查居民参与学习型城市建设的基本情况及其评价,包括居民对学习型城市建设的知晓度、参与度和满意度3个维度共计18道选择题;第三部分是调查居民对学习型城市建设的期待和要求,包括3道选择题和1道开放题。第二类是针对教育行政机关的调查问卷(数据普查),主要调查各地开展学习型城市建设的实践情况和相关组织管理状况。第一部分为选择题,主要调查各地教育行政部门对当地学习型城市建设总体情况的主观判断,包括领导机构设置、经费、学习资源、改革方向、总体满意状况5个方面的内容。第二部分为填空题,主要调查当地学习型城市建设工作开展中的

---

① 为了调查宁波学习型城市建设现状及市民对宁波学习型城市建设的满意度,研究小组在华东师范大学叶忠海教授研究团队的帮助下设计了调查问卷,在问卷数据分析中也得到了叶忠海教授研究团队的指导。

一些客观统计数据,包括:当地的社区总数、家庭数、中小学数、职业教育机构数、企事业单位数、社会组织总数等相关学习型城市建设基本情况的统计,公共教育资源向社会开放程度的统计,社会组织参与教育和学习活动状况的统计,学习型组织创建状况的统计,社区居民学习活动参与状况的统计,终身学习文化营造状况的统计,社区学习平台建设状况的统计,社区学习机构和载体状况的统计。第二部分填空题涉及 8 个方面的内容,共 46 道填空题。第三部分为开放题,主要是调查当地在学习型城市建设中的特色和创新、瓶颈和难点、建议和要求等。

此两份问卷是通过借鉴以往关于学习型城市研究的问卷样本,结合宁波学习型城市建设的特殊情况设计的。居民卷涵盖了居民对学习型城市建设的认知度、参与度、满意度、自身学习现状、对当前学习型城市的看法和评价,以及对未来学习型城市建设的建议。教育行政机关卷涵盖了众多有关宁波学习型城市建设的统计数据,是对宁波学习型城市建设基本状况的汇总。本次调查可以说是一次较为科学的学习型城市建设现状的调查。

二、样本选择情况说明

问卷采用随机调查的方式,样本覆盖宁波 11 个县(市、区)的城乡居民。为了使调查结果可信度更高,本次问卷调查(居民卷)的样本达到 13000 个以上。关于教育行政机关的问卷调查,除了发放给宁波市的 11 个县(市、区)教育局相关科室外,还对 50 个具有代表性的街道(乡、镇)进行了问卷调查,这样可以从不同的途径获得统计数据并相互印证,使最终的统计结果可信度更高。

三、问卷发放与回收

本次调查问卷共发放居民卷 13000 份,回收 10860 份,有效回收率为83.54%。发放教育行政机关问卷调查 61 份,其中县(市、区)教育局 11 份,回收 11 份,有效回收率为 100%;发放街道(乡、镇)50 份,回收 45 份,有效回收率为 90.00%。所有回收的问卷统一采用 SPSS 进行分析处理,在研究后期,还通过个别访谈、座谈会等形式补充调查,以丰富、完善、验证相关结论。

第二节　基本情况分析

调查中,我们重点选择了六个维度来衡量宁波学习型城市建设的现状,这六个维度分别是:居民对学习型城市建设的知晓度,居民对学习型城市建设的参与度,居民对学习型城市建设的满意度,终身学习品牌创建情况,学习资源建设及社会开放情况,居民的期待和要求。

一、调查对象基本情况

1.性别构成

性别构成方面,男女比例适当,女性略多于男性,详见表 5-1。

表 5-1　调查对象性别构成

性别	人数/人	占总人数比例/%
男	4479	41.24
女	6025	55.48
未填	356	3.28
总计	10860	100.00

2.年龄构成

本次调查对象的年龄结构较为合理,覆盖各个年龄段,以 18～50 岁的青壮年人群居多,占到 73.50%,详见表 5-2。

表 5-2　调查对象年龄构成

年龄	人数/人	占总人数比例/%
18 岁以下	845	7.78
18～35 岁	4401	40.53
36～50 岁	3580	32.97
51～60 岁	1245	11.46
60 岁以上	714	6.57
未填	75	0.69
总计	10860	100.00

3. 文化程度

调查有效样本中,学历层次分布合理,初中、高中(中专)及大专学历居多,占有效样本的 75.30%,详见表 5-3。

表 5-3 调查对象学历

学历	人数	占总人数比例/%
本科及以上	1615	14.87
大专	2805	25.83
高中(中专)	2684	24.72
初中	2688	24.75
小学及以下	933	8.59
未填	135	1.24
总计	10860	100.00

4. 职业类别

本次调查对象的职业分布较广,涉及各种职业状态的居民。企业职工所占比例最大(28.49%),在校学生、机关事业单位工作人员及自由职业者次之,农民也有较高的比例(9.88%),详见表 5-4。

表 5-4 调查对象职业类别

职业类别	人数/人	占总人数比例/%
机关事业单位工作人员	1471	13.55
在校学生	1977	18.21
企业职工	3094	28.49
农民	1073	9.88
社会团体工作人员	500	4.60
自由职业者	1465	13.49
待业失业人员	148	1.36
其他	930	8.56
未填	202	1.86
总计	10860	100.00

5. 月收入

调查有效样本涉及各个收入层次的居民。其中,中低收入者(月收入在8000 元及以下)所占比例最大,占到 91.27%,详见表 5-5。

表 5-5　调查对象月收入

月收入	人数/人	占总人数比例/%
2000 元以下	3071	28.28
2000～5000 元	5227	48.13
5001～8000 元	1614	14.86
8001～11000 元	296	2.73
11000 元以上	153	1.41
未填	499	4.59
总计	10860	100.00

6.居住情况

本次调查的有效样本中,以常住居民为多,占 84.38%;城乡常住居民的样本数量差别不大;临时居民占较少比例,详见表 5-6。

表 5-6　调查对象居住情况

居住情况	人数/人	占总人数比例/%
城镇常住居民	4813	44.32
城镇临时居民	1171	10.78
农村常住居民	4350	40.06
农村临时居民	296	2.72
未填	230	2.12
总计	10860	100.00

7.居住地

从调查对象的居住地分布来看,样本涵盖了 11 个县(市、区),地区分布总体较为均衡,江北、江东、海曙三个老城区的样本数量稍少一些,这跟所在区域的总人口数较少有一定的关系,详见表 5-7。

表 5-7　调查对象居住地情况

居住地	人数/人	占总人数比例/%
江北	599	5.52
江东	140	1.29
海曙	280	2.58
镇海	823	7.58
北仑	1081	9.95

续表

居住地	人数/人	占总人数比例/%
鄞州	1556	14.33
慈溪	1982	18.25
余姚	1236	11.38
奉化	896	8.25
宁海	1113	10.25
象山	652	6.00
未填	502	4.62
总计	10860	100.00%

二、居民对学习型城市建设的知晓度

居民的知晓度是深化学习型城市建设的前提条件之一。了解居民的知晓度是学习型城市建设贯彻"以人为本"的科学发展观的重要体现。问卷中,我们将"您知道本社区(村)的社区学校(或居民学校、村民学校)在哪里吗?"(以下称问题7)"您觉得创建学习型城市和您的关系如何?"(以下称问题8)"您是否认同'终身学习成为一种生活方式'的理念?"(以下称问题9)这三个问答题作为判断居民知晓度的依据。

从调查统计数据可知,有80.38%受调查对象知道本社区(村)的社区学校(或居民学校、村民学校)的具体位置,18.53%的调查对象不知道具体位置,见表5-8。同时,我们发现,对社区学校的知晓度在人群中的分布机会也有较大差别。总体来说,居民文化程度越高,知道社区学校的比例越高;居民居住情况越稳定,知晓社区学校的比例越高;城镇居民对社区学校的知晓度高于农村。性别、年龄、职业、月收入、居住地的差别对社区学校的知晓度影响不大。(详见表5-9至表5-15)

表5-8 关于问题7的调查统计

选项	人数/人	占总人数比例/%
知道	8729	80.38
不知道	2012	18.53
未填	119	1.10

表 5-9　关于问题 7 调查结果的性别因素分析

选项	基本信息		人数/人	占同性别比例/%	占总人数比例/%
知道	性别	男	3624	80.91	33.37
		女	4871	80.85	44.85
不知道	性别	男	814	18.17	7.50
		女	1121	18.61	10.32

表 5-10　关于问题 7 调查结果的年龄因素分析

选项	基本信息		人数/人	占同年龄段比例/%	占总人数比例/%
知道	年龄	18 岁以下	646	76.45	5.95
		18～35 岁	3525	80.10	32.46
		36～50 岁	2987	83.44	27.50
		51～60 岁	1019	81.85	9.38
		60 岁以上	523	73.25	4.82
不知道	年龄	18 岁以下	195	23.08	1.80
		18～35 岁	864	19.63	7.96
		36～50 岁	571	15.95	5.26
		51～60 岁	208	16.71	1.92
		60 岁以上	169	23.67	1.56

表 5-11　关于问题 7 调查结果的文化程度因素分析

选项	基本信息		人数/人	占同文化程度比例/%	占总人数比例/%
知道	文化程度	小学及以下	613	65.70	5.64
		初中	2101	78.16	19.35
		高中(中专)	2230	83.08	20.53
		大专	2308	82.28	21.25
		本科及以上	1400	86.69	12.89
不知道	文化程度	小学及以下	308	33.01	2.84
		初中	554	20.61	5.10
		高中(中专)	436	16.24	4.01
		大专	487	17.36	4.48
		本科及以上	212	13.13	1.95

表 5-12　关于问题 7 调查结果的职业因素分析

选项		基本信息	人数/人	占同职业类型比例/%	占总人数比例/%
知道	职业	机关事业单位工作人员	1317	89.53	12.13
		在校学生	1415	71.57	13.03
		企业职工	2602	84.10	23.96
		农民	804	74.93	7.40
		社会团体工作人员	447	89.40	4.12
		自由职业者	1146	78.23	10.55
		待业失业人员	103	69.59	0.95
		其他	765	82.26	7.04
不知道	职业	机关事业单位工作人员	150	10.20	1.38
		在校学生	554	28.02	5.10
		企业职工	471	15.22	4.34
		农民	250	23.30	2.30
		社会团体工作人员	50	10.00	0.46
		自由职业者	308	21.02	2.84
		待业失业人员	45	30.41	0.41
		其他	162	17.42	1.49

表 5-13　关于问题 7 调查结果的月收入因素分析

选项		基本信息	人数/人	占同月收入水平比例/%	占总人数比例/%
知道	月收入	2000 元以下	2282	74.31	21.01
		2000~5000 元	4371	83.62	40.25
		5001~8000 元	1347	83.46	12.40
		8001~11000 元	238	80.41	2.19
		11000 元以上	128	83.66	1.18
不知道	月收入	2000 元以下	767	24.98	7.06
		2000~5000 元	823	15.75	7.58
		5001~8000 元	256	15.86	2.36
		8001~11000 元	56	18.92	0.52
		11000 元以上	25	16.34	0.23

表 5-14　关于问题 7 调查结果的居住情况因素分析

选项	基本信息		人数/人	占同居住情况比例/%	占总人数比例/%
知道	居住情况	城镇常住居民	4131	85.83	38.04
		城镇临时居民	823	70.28	7.58
		农村常住居民	3425	78.74	31.54
		农村临时居民	205	69.26	1.89
不知道	居住情况	城镇常住居民	663	13.78	6.10
		城镇临时居民	338	28.86	3.11
		农村常住居民	892	20.51	8.21
		农村临时居民	85	28.72	0.78

表 5-15　关于问题 7 调查结果的居住地因素分析

选项	基本信息		人数/人	占同居住地比例/%	占总人数比例/%
知道	居住地	江北	406	67.78	3.74
		江东	90	64.29	0.83
		海曙	231	82.50	2.13
		镇海	659	80.07	6.07
		北仑	973	90.01	8.96
		鄞州	1254	80.59	11.55
		慈溪	1549	78.15	14.26
		余姚	990	80.10	9.12
		奉化	755	84.26	6.95
		宁海	920	82.66	8.47
		象山	541	82.98	4.98
不知道	居住地	江北	189	31.55	1.74
		江东	48	34.29	0.44
		海曙	48	17.14	0.44
		镇海	157	19.08	1.46
		北仑	106	9.81	0.98
		鄞州	275	17.67	2.53

续表

选项	基本信息		人数/人	占同居住地 比例/%	占总人数 比例/%
不知道	居住地	慈溪	396	19.98	3.65
		余姚	233	18.85	2.15
		奉化	138	15.40	1.27
		宁海	180	16.17	1.66
		象山	111	17.02	1.02

如表 5-16 所示,在回答学习型城市建设与自己的关联性问题时,绝大多数居民认为创建学习型城市与自身有关系,占调查总数的 81.60%;仅 17.24% 的调查对象认为创建学习型城市与自身没有关系。这说明宁波居民对学习型城市的建设整体上是非常关心的,并意识到自己是学习型城市建设中的一员。从各个具体因素来分析,结论如下。

表 5-16　关于问题 8 的调查统计

选项	人数/人	占总人数比例/%
有关系	8862	81.60
没关系	1872	17.24
未填	126	1.16

1)性别因素方面,男性和女性中认为"创建学习型城市和自己有关系"的比例相差不大。(见表 5-17)

2)年龄因素方面,18~50 岁年龄段的居民认为"创建学习型城市和自己有关系"的比例明显高于其他年龄段,60 岁以上的比例最低。(见表 5-18)

3)文化程度因素方面,居民文化程度越高,认为"创建学习型城市和自己有关系"的比例越高。(见表 5-19)

4)职业因素方面,机关事业单位工作人员、社会团体工作人员及企业职工认为"创建学习型城市和自己有关系"的比例显著高于其他职业群体,而农民与待业失业人员的比例则相对较低。(见表 5-20)

5)月收入因素方面,居民月收入越高,认为"创建学习型城市和自己有关系"的比例越高。(见表 5-21)

6)居住情况因素方面,认为"创建学习型城市和自己有关系"的比例,常住居民明显高于临时居民,城镇居民明显高于农村居民,具体排序为:城镇常住居民>农村常住居民>城镇临时居民>农村临时居民。(见表5-22)

7)居住地因素方面,各地认为"创建学习型城市和自己有关系"的比例(最低为77.40)远远大于认为无关的比例,镇海区和海曙区认为"创建学习型城市和自己有关系""比例略高于其他地区,分别为89.50和86.80。(见表5-23)

表5-17 关于问题8调查结果的性别因素分析

选项	基本信息		人数/人	占同性别比例/%	占总人数比例/%
有关系	性别	男	3602	80.42	33.17
		女	5026	83.42	46.28
没关系	性别	男	847	18.91	7.80
		女	950	15.77	8.75

表5-18 关于问题8调查结果的年龄因素分析

选项	基本信息		人数/人	占同年龄段比例/%	占总人数比例/%
有关系	年龄	18岁以下	681	80.59	6.27
		18~35岁	3715	84.41	34.21
		36~50岁	2989	83.49	27.52
		51~60岁	963	77.35	8.87
		60岁以上	488	68.35	4.49
没关系	年龄	18岁以下	160	18.93	1.47
		18~35岁	669	15.20	6.16
		36~50岁	565	15.78	5.20
		51~60岁	263	21.12	2.42
		60岁以上	208	29.13	1.92

表 5-19　关于问题 8 调查结果的文化程度因素分析

选项	基本信息		人数/人	占同文化程度比例/%	占总人数比例/%
有关系	文化程度	小学及以下	586	62.81	5.40
		初中	2049	76.23	18.87
		高中(中专)	2199	81.93	20.25
		大专	2466	87.91	22.71
		本科及以上	1494	92.51	13.76
没关系	文化程度	小学及以下	337	36.12	3.10
		初中	602	22.40	5.54
		高中(中专)	468	17.44	4.31
		大专	334	11.91	3.08
		本科及以上	118	7.31	1.09

表 5-20　关于问题 8 调查结果的职业因素分析

选项	基本信息		人数/人	占同职业类型比例/%	占总人数比例/%
有关系	职业	机关事业单位工作人员	1361	92.52	12.53
		在校学生	1601	80.98	14.74
		企业职工	2649	85.62	24.39
		农民	725	67.57	6.68
		社会团体工作人员	436	87.20	4.01
		自由职业者	1110	75.77	10.22
		待业失业人员	108	72.97	0.99
		其他	756	81.29	6.96
没关系	职业	机关事业单位工作人员	103	7.00	0.95
		在校学生	365	18.46	3.36
		企业职工	425	13.74	3.91
		农民	326	30.38	3.00
		社会团体工作人员	60	12.00	0.55
		自由职业者	349	23.82	3.21
		待业失业人员	40	27.03	0.37
		其他	170	18.28	1.57

表 5-21 关于问题 8 调查结果的月收入因素分析

选项	基本信息		人数/人	占同月收入水平比例/%	占总人数比例/%
有关系	月收入	2000 元以下	2349	76.49	21.63
		2000~5000 元	4379	83.78	40.32
		5001~8000 元	1392	86.25	12.82
		8001~11000 元	260	87.84	2.39
		11000 元以上	137	89.54	1.26
没关系	月收入	2000 元以下	703	22.89	6.47
		2000~5000 元	808	15.46	7.44
		5001~8000 元	215	13.32	1.98
		8001~11000 元	35	11.82	0.32
		11000 元以上	16	10.46	0.15

表 5-22 关于问题 8 调查结果的居住情况因素分析

选项	基本信息		人数/人	占同居住情况比例/%	占总人数比例/%
有关系	居住情况	城镇常住居民	4297	89.28	39.57
		城镇临时居民	851	72.67	7.84
		农村常住居民	3354	77.10	30.88
		农村临时居民	216	72.97	1.99
没关系	居住情况	城镇常住居民	498	10.35	4.59
		城镇临时居民	311	26.56	2.86
		农村常住居民	956	21.98	8.80
		农村临时居民	76	25.68	0.70

表 5-23　关于问题 8 调查结果的居住地因素分析

选项	基本信息		人数/人	占同居住地比例/%	占总人数比例/%
有关系	居住地	江北	502	83.80	4.80
		江东	111	79.30	1.10
		海曙	243	86.80	2.30
		镇海	734	89.50	7.10
		北仑	921	85.30	8.90
		鄞州	1245	80.30	12.00
		慈溪	1574	79.60	15.10
		余姚	1026	83.30	9.90
		奉化	686	77.40	6.60
		宁海	892	80.10	8.60
		象山	539	82.70	5.20
没关系	居住地	江北	93	15.50	0.90
		江东	28	20.00	0.30
		海曙	35	12.50	0.30
		镇海	84	10.20	0.80
		北仑	155	14.40	1.50
		鄞州	276	17.80	2.70
		慈溪	387	19.60	3.70
		余姚	198	16.10	1.90
		奉化	197	22.20	1.90
		宁海	206	18.50	2.00
		象山	111	17.00	1.10

　　如表 5-24 所示,有 74.13% 的受调查者认同"终身学习成为一种生活方式"的理念,有 2.37%"不认同",22.33%"不清楚"或"还没考虑"过这个问题。这充分说明宁波居民普遍具有终身学习理念,也从侧面反映了宁波学习型城市建设的宣传工作做得较好,居民素质较高。

表 5-24　关于问题 9 的调查统计

选项	人数/人	占总人数比例/%
认同	8050	74.18%
不清楚	1452	13.37%
还没考虑	973	8.96%
不认同	257	2.37%
未选	128	1.18%

从政府对学习型城市建设的认同度来看,11 个县(市、区)中,有 10 个成立了学习型社会建设领导小组或社区教育领导小组等相关领导机构,占比 90.91%;受调查的 45 个街道、乡(镇)中,有 44 个成立了学习型社会建设领导小组或社区教育领导小组等相关领导机构,占比 97.78%。可见,宁波市地方政府比较重视学习型城市的建设,对学习型城市建设能为当地社会经济发展奠定基础这个判断达成了较高的共识,较为认同学习型城市建设的重要意义。

三、居民对学习型城市建设的参与度

学习型城市建设是推进学习型社会建设和实现终身教育目标的重要途径。社区居民对学习型城市建设的参与度,是学习型城市建设成功与否的重要标志。问卷中,我们将"您是否参加过社区学院(校)的学习活动?"(以下称"问题 11")、"您是否参加过社区团队的学习活动?"(以下简称"问题 12")、"在学习型城市创建活动中,您是否参加过志愿者活动?"(以下称"问题 18")这三个问题作为判断居民参与度的依据。

如表 5-25 所示,60.64%的居民参加过社区学院(校)学习活动,37.84%的居民没有参加过。从各个具体因素来分析,结论如下。

表 5-25　关于问题 11 的调查统计

选项	人数/人	占总人数比例/%
参加过	6585	60.64%
没参加	4109	37.84%
未选	166	1.53%

1) 性别因素方面,男性和女性参加过社区学院(校)学习活动的比例基本持平。(见表 5-26)

2) 年龄因素方面,各年龄段内的比例并无较明显的差别。18～50 岁人群占总人数的比例最高,约占 44.37％。(见表 5-27)

3) 文化程度因素方面,文化程度越高参与度越高。(见表 5-28)

4) 职业因素方面,机关事业单位工作人员和社会团体工作人员参与度最高,但企业职工占总人数比例最大。(见表 5-29)

5) 月收入因素方面,5000 元以下的居民中参加活动的占总人数比例(45.92％)最高,说明了中低收入者对提高自身素质的迫切需求。(见表 5-30)

6) 居住情况因素方面,常住居民社区学习的参与度高于临时居民,城镇居民高于农村居民。依次为:城镇常住居民＞农村常住居民＞城市临时居民＞农村临时居民。(见表 5-31)

7) 居住地因素方面,北仑与镇海参与比例较高,其他各居住地参与度差别不大。江东、江北由于样本量较小,不具有典型性。(见表 5-32)

表 5-26　关于问题 11 调查结果的性别因素分析

选项	基本信息		人数/人	占同性别比例/%	占总人数比例/%
参加过	性别	男	2735	61.06	25.18
		女	3658	60.71	33.68
没参加	性别	男	1694	37.82	15.60
		女	2294	38.07	21.12

表 5-27　关于问题 12 调查结果的年龄因素分析

选项	基本信息		人数/人	占同年龄段比例/%	占总人数比例/%
参加过	年龄	18 岁以下	521	61.66	4.80
		18～35 岁	2602	59.12	23.96
		36～50 岁	2217	61.93	20.41
		51～60 岁	806	64.74	7.42
		60 岁以上	421	58.96	3.88

续表

选项	基本信息		人数/人	占同年龄段 比例/%	占总人数 比例/%
没参加	年龄	18 岁以下	315	37.28	2.90
		18～35 岁	1762	40.04	16.22
		36～50 岁	1331	37.18	12.26
		51～60 岁	414	33.25	3.81
		60 岁以上	267	37.39	2.46

表 5-28　关于问题 12 调查结果的文化程度因素分析

选项	基本信息		人数/人	占同文化程度 比例/%	占总人数 比例/%
参加过	文化程度	小学及以下	451	48.34	4.15
		初中	1480	55.06	13.63
		高中(中专)	1662	61.92	15.30
		大专	1807	64.42	16.64
		本科及以上	1135	70.28	10.45
没参加	文化程度	小学及以下	471	50.48	4.34
		初中	1157	43.04	10.65
		高中(中专)	995	37.07	9.16
		大专	971	34.62	8.94
		本科及以上	473	29.29	4.36

表 5-29　关于问题 12 调查结果的职业因素分析

选项	基本信息		人数/人	占同职业类型 比例/%	占总人数 比例/%
参加过	职业	机关事业单位工作人员	1103	74.98	10.16
		在校学生	1141	57.71	10.51
		企业职工	1834	59.28	16.89
		农民	613	57.13	5.64
		社会团体工作人员	371	74.20	3.42

续表

选项	基本信息		人数/人	占同职业类型比例/%	占总人数比例/%
参加过	职业	自由职业者	767	52.35	7.06
		待业失业人员	70	47.30	0.64
		其他	594	63.87	5.47
没参加	职业	机关事业单位工作人员	348	23.66	3.20
		在校学生	817	41.33	7.52
		企业职工	1221	39.46	11.24
		农民	443	41.29	4.08
		社会团体工作人员	124	24.80	1.14
		自由职业者	684	46.69	6.30
		待业失业人员	76	51.35	0.70
		其他	327	35.16	3.01

表 5-30 关于问题 12 调查结果的月收入因素分析

选项	基本信息		人数/人	占同月收入水平比例/%	占总人数比例/%
参加过	月收入	2000 元以下	1783	58.06	16.42
		2000～5000 元	3204	61.30	29.50
		5001～8000 元	1045	64.75	9.62
		8001～11000 元	196	66.22	1.80
		11000 元以上	94	61.44	0.87
没参加	月收入	2000 元以下	1256	40.90	11.57
		2000～5000 元	1966	37.61	18.10
		5001～8000 元	552	34.20	5.08
		8001～11000 元	98	33.11	0.90
		11000 元以上	59	38.56	0.54

表 5-31　关于问题 12 调查结果的居住情况因素分析

选项	基本信息		人数/人	占同居住情况比例/%	占总人数比例/%
参加过	居住情况	城镇常住居民	3235	67.21	29.79
		城镇临时居民	638	54.48	5.87
		农村常住居民	2477	56.94	22.81
		农村临时居民	121	40.88	1.11
没参加	居住情况	城镇常住居民	1531	31.81	14.10
		城镇临时居民	515	43.98	4.74
		农村常住居民	1829	42.05	16.84
		农村临时居民	173	58.45	1.59

表 5-32　关于问题 12 调查结果的居住地因素分析

选项	基本信息		人数/人	占同居住地比例/%	占总人数比例/%
参加过	居住地	江北	275	45.91	2.53
		江东	56	40.00	0.52
		海曙	162	57.86	1.49
		镇海	573	69.62	5.28
		北仑	780	72.16	7.18
		鄞州	944	60.67	8.69
		慈溪	1195	60.29	11.00
		余姚	789	63.83	7.27
		奉化	472	52.68	4.35
		宁海	722	64.87	6.65
		象山	367	56.29	3.38
没参加	居住地	江北	319	53.26	2.94
		江东	83	59.29	0.76
		海曙	116	41.43	1.07
		镇海	243	29.53	2.24
		北仑	289	26.73	2.66

续表

选项	基本信息		人数/人	占同居住地比例/%	占总人数比例/%
没参加	居住地	鄞州	578	37.15	5.32
		慈溪	753	37.99	6.93
		余姚	439	35.52	4.04
		奉化	412	45.98	3.79
		宁海	362	32.52	3.33
		象山	280	42.94	2.58

如表 5-33 所示，针对问题 12"您是否参加过社区团队的学习活动？"，受调查的居民中，参加过社区团队学习活动的比例为 54.50%，44.02% 的受调查者没参加过。

表 5-33　关于问题 12 的调查统计

选项	人数/人	占总人数比例/%
参加过	5919	54.50
没参加	4781	44.02
未选	160	1.47

如表 5-34 所知，针以问题 18"在学习型城市创建活动中，您是否参加过志愿者活动？"，仅有 46.86% 的受调查者参加过志愿者活动，有 50.16% 的受调查者明确表示没参加过。可见，居民参加志愿者活动的积极性不高，参与水平较低。从各个具体因素来分析，结论如下。

表 5-34　关于问题 18 的调查统计

选项	人数/人	占总人数比例/%
参加过	5089	46.86%
没参加	5447	50.16%
未选	324	2.98%

1）性别因素方面，男性和女性无较大差别。（见表 5-35）

2）年龄因素方面，不同年龄段的比例差别不大，60 岁以上的比例略低。（见表 5-36）

3）文化程度因素方面，文化程度越高，参加过活动的比例越高。（见表 5-37）

4）职业因素方面,社会团体工作人员和机关事业单位工作人员的比例较高,农民和待业失业人员较低。(见表5-38)

5）月收入因素方面,不同收入水平的居民差别不大,但从数据中可看到,5001~11000元的人群参加志愿者活动的比例最高,2000~5000元人群所占总人数比例最高。(见表5-39)

（6）居住情况因素方面,常住居民高于临时居民,城镇居民高于农村居民,依次为:城镇常住居民＞城镇临时居民＞农村常住居民＞农村临时居民。这里尤其需要指出的是,城镇临时居民虽然占总人数比例低,但其参加志愿者活动的比例相当高(45.00％)。(见表5-40)

7）居住地因素方面,北仑、海曙居民参与志愿者活动的比例最高。(见表5-41)

表 5-35　关于问题 18 调查结果的性别因素分析

选项	基本信息		人数/人	占同性别比例/%	占总人数比例/%
参加过	性别	男	2132	47.60	19.63
		女	2796	46.41	25.75
没参加	性别	男	2226	49.70	20.50
		女	3078	51.09	28.34

表 5-36　关于问题 18 调查结果的年龄因素分析

选项	基本信息		人数/人	占同年龄段比例/%	占总人数比例/%
参加过	年龄	18 岁以下	411	48.64	3.78
		18~35 岁	2159	49.06	19.88
		36~50 岁	1646	45.98	15.16
		51~60 岁	583	46.83	5.37
		60 岁以上	272	38.10	2.50
没参加	年龄	18 岁以下	412	48.76	3.79
		18~35 岁	2152	48.90	19.82
		36~50 岁	1856	51.84	17.09
		51~60 岁	613	49.24	5.64
		60 岁以上	394	55.18	3.63

表 5-37　关于问题 18 调查结果的文化程度因素分析

选项	基本信息		人数/人	占同文化程度比例/%	占总人数比例/%
参加过	文化程度	小学及以下	304	32.58	2.80
		初中	1051	39.10	9.68
		高中(中专)	1277	47.58	11.76
		大专	1466	52.26	13.50
		本科及以上	943	58.39	8.68
没参加	文化程度	小学及以下	592	63.45	5.45
		初中	1551	57.70	14.28
		高中(中专)	1342	50.00	12.36
		大专	1276	45.49	11.75
		本科及以上	643	39.81	5.92

表 5-38　关于问题 18 调查结果的职业因素分析

选项	基本信息		人数/人	占同职业类型比例/%	占总人数比例/%
参加过	职业	机关事业单位工作人员	896	60.91	8.25
		在校学生	1013	51.24	9.33
		企业职工	1267	40.95	11.67
		农民	378	35.23	3.48
		社会团体工作人员	331	66.20	3.05
		自由职业者	589	40.20	5.42
		待业失业人员	56	37.84	0.52
		其他	478	51.40	4.40
没参加	职业	机关事业单位工作人员	535	36.37	4.93
		在校学生	907	45.88	8.35
		企业职工	1742	56.30	16.04
		农民	664	61.88	6.11
		社会团体工作人员	153	30.60	1.41
		自由职业者	848	57.88	7.81
		待业失业人员	89	60.14	0.82
		其他	435	46.77	4.01

表 5-39　关于问题 18 调查结果的月收入因素分析

选项	基本信息		人数/人	占同月收入水平比例/%	占总人数比例/%
参加过	月收入	2000 元以下	1412	45.98	13.00
		2000~5000 元	2441	46.70	22.48
		5001~8000 元	811	50.25	7.47
		8001~11000 元	161	54.39	1.48
		11000 元以上	75	49.02	0.69
没参加	月收入	2000 元以下	1574	51.25	14.49
		2000~5000 元	2657	50.83	24.47
		5001~8000 元	764	47.34	7.03
		8001~11000 元	128	43.24	1.18
		11000 元以上	74	48.37	0.68

表 5-40　关于问题 18 调查结果的居住情况因素分析

选项	基本信息		人数/人	占同居住情况比例/%	占总人数比例/%
参加过	居住情况	城镇常住居民	2598	53.98	23.92
		城镇临时居民	527	45.00	4.85
		农村常住居民	1782	40.97	16.41
		农村临时居民	95	32.09	0.87
没参加	居住情况	城镇常住居民	2112	43.88	19.45
		城镇临时居民	597	50.98	5.50
		农村常住居民	2468	56.74	22.73
		农村临时居民	189	63.85	1.74

表 5-41　关于问题 18 调查结果的居住地因素分析

选项	基本信息		人数/人	占同居住地比例/%	占总人数比例/%
参加过	居住地	江北	245	40.90	2.26
		江东	51	36.43	0.47
		海曙	160	57.14	1.47
		镇海	321	39.00	2.96

续表

选项	基本信息		人数/人	占同居住地比例/%	占总人数比例/%
参加过	居住地	北仑	662	61.24	6.10
		鄞州	730	46.92	6.72
		慈溪	945	47.68	8.70
		余姚	669	54.13	6.16
		奉化	314	35.04	2.89
		宁海	507	45.55	4.67
		象山	250	38.34	2.30
没参加	居住地	江北	340	56.76	3.13
		江东	87	62.14	0.80
		海曙	113	40.36	1.04
		镇海	487	59.17	4.48
		北仑	403	37.28	3.71
		鄞州	756	48.59	6.96
		慈溪	977	49.29	9.00
		余姚	541	43.77	4.98
		奉化	560	62.50	5.16
		宁海	545	48.97	5.02
		象山	395	60.58	3.64

另外,从 11 个县(市、区)的数据统计汇总来看,2013 年和 2014 年,宁波市分别有 60.05 万人和 62.12 万人参加终身学习活动周,参与人数分别占宁波市常住人口(760 万人)的 7.90% 和 8.17 %;2013 年和 2014 年,宁波市参与社区学院(校)学习的人数分别为 343922 人、348732 人,分别占常住人口的 4.53 %、4.59%;2013 年和 2014 年,分别有 1117272 人次、1024174 人次上图书馆学习,分别占常住人口(7605689 - 1359198 = 6246491,缺鄞州的统计数据)的 17.89%、16.40%;2013 年和 2014 年,分别有 1324917 人次、1351946 人次参观博物馆,分别占常住人口(7605689-2733162=4872527,缺江北、江东、鄞州、宁海的统计数据)的 27.19%、27.75%;2013 年和 2014 年,分别有 1475869 人次、1459676 人次进入体育场活动,分别占常住人口(7605689-373742-366648=6865299,缺海曙、江东的统计数据)的 21.50%、21.26%。

四、居民对学习型城市建设的满意度

居民满意度是学习型城市建设效果的衡量尺度之一。问卷中,我们将居民对学习型城市建设的总体满意度和"您对自己所在区域提供的教育服务满意吗?"(以下称"问题22")这两个问答题作为衡量居民对学习型城市建设满意度的标准。

如表 5-42 所示,学习型城市建设的总体满意度为 54.94%,不满意度为 45.06%。从各个因素来分析,结论如下。

表 5-42　对学习型城市建设总体满意度的调查统计

选项	人数/人	占总人数比例/%
满意	5967	54.94%
不满意	4893	45.06%

1)性别因素方面,大体上男性和女性对学习型城市建设的满意度差不多。(见表 5-43)

2)年龄因素方面,50 岁以下的人对学习型城市建设的满意度相对较高,50 岁以上的人对学习型城市建设的满意度相对较低。(见表 5-44)

3)文化程度因素方面,大专、本科及以上学历的人对学习型城市建设的满意度较高,其他人群对学习型城市建设的满意度相对较低。(见表 5-45)

4)月收入因素方面,总体来看,月收入越高的居民对学习型城市建设的满意度越高。因月收入 11000 元以上的样本数量较少,无法客观反映实际情况。(见表 5-46)

5)职业因素方面,社会团体工作人员、机关事业单位工作人员、在校学生对学习型城市建设的总体满意度高于其他人群,而待业失业人员和农民对学习型城市建设的满意度较低。(见表 5-47)

6)居住情况因素方面,城镇居民对学习型城市建设的总体满意度明显高于农村居民,常住居民高于临时居民,依次为:城镇常住居民＞城镇临时居民＞农村常住居民＞农村临时居民。(见表 5-48)

7)居住地因素方面,北仑、镇海、慈溪等对学习型城市建设的满意度相对较高。由于江东、海曙样本量不够,无法客观反映实际情况。(见表 5-49)

表 5-43　对学习型城市建设总体满意度调查结果的性别因素分析

选项	基本信息		人数/人	占同性别比例/%	占总人数比例/%
满意	性别	男	2466	55.06	22.71
		女	3337	55.39	30.73
不满意	性别	男	2013	44.94	18.54
		女	2688	44.61	24.75

表 5-44　对学生型城市建设总体满意度调查结果的年龄因素分析

选项	基本信息		人数/人	占同年龄段水平比例/%	占总人数比例/%
满意	年龄	18 岁以下	506	59.88	4.66
		18～35 岁	2472	56.17	22.76
		36～50 岁	1978	55.25	18.21
		51～60 岁	622	49.96	5.73
		60 岁以上	361	50.56	3.32
不满意	年龄	18 岁以下	339	40.12	3.12
		18～35 岁	1929	43.83	17.76
		36～50 岁	1602	44.75	14.75
		51～60 岁	623	50.04	5.74
		60 岁以上	353	49.44	3.25

表 5-45　对学生型城市建设总体满意度调查结果的文化程度因素分析

选项	基本信息		人数/人	占同文化程度水平比例/%	占总人数比例/%
满意	文化程度	小学及以下	474	50.80	4.36
		初中	1358	50.52	12.50
		高中(中专)	1427	53.17	13.14
		大专	1615	57.58	14.87
		本科及以上	1031	63.84	9.49
不满意	文化程度	小学及以下	459	49.20	4.23
		初中	1330	49.48	12.25
		高中(中专)	1257	46.83	11.57
		大专	1190	42.42	10.96
		本科及以上	584	36.16	5.38

表 5-46　对学习型城市建设总体满意度调查结果的月收入因素分析

选项	基本信息		人数/人	占同月收入水平比例/%	占总人数比例/%
满意	月收入	2000 元以下	1630	53.08	15.01
		2000～5000 元	2861	54.74	26.34
		5001～8000 元	964	59.73	8.88
		8001～11000 元	185	62.50	1.70
		11000 元以上	85	55.56	0.78
不满意	月收入	2000 元以下	1441	46.92	13.27
		2000～5000 元	2366	45.26	21.79
		5001～8000 元	650	40.27	5.99
		8001～11000 元	111	37.50	1.02
		11000 元以上	68	44.44	0.63

表 5-47　对学习型城市建设总体满意度调查结果的职业因素分析

选项	基本信息		人数/人	占同职业类型比例/%	占总人数比例/%
满意	职业	机关事业单位工作人员	943	64.11	8.68
		在校学生	1148	58.07	10.57
		企业职工	1568	50.68	14.44
		农民	467	43.52	4.30
		社会团体工作人员	327	65.40	3.01
		自由职业者	774	52.83	7.13
		待业失业人员	61	41.22	0.56
		其他	591	63.55	5.44
不满意	职业	机关事业单位工作人员	528	35.89	4.86
		在校学生	829	41.93	7.63
		企业职工	1526	49.32	14.05
		农民	606	56.48	5.58
		社会团体工作人员	173	34.60	1.59
		自由职业者	691	47.17	6.36
		待业失业人员	87	58.78	0.80
		其他	339	36.45	3.12

表 5-48 对学习型城市建设总体满意度调查结果的居住情况因素分析

选项	基本信息		人数/人	占同居住情况比例/%	占总人数比例/%
满意	居住情况	城镇常住居民	2964	61.58	27.29
		城镇临时居民	603	51.49	5.55
		农村常住居民	2149	49.40	19.79
		农村临时居民	142	47.97	1.31
不满意	居住情况	城镇常住居民	1849	38.42	17.03
		城镇临时居民	568	48.51	5.23
		农村常住居民	2201	50.60	20.27
		农村临时居民	154	52.03	1.42

表 5-49 对学习型城市建设总体满意度调查结果的居住地因素分析

选项	基本信息		人数/人	占同居住地比例/%	占总人数比例/%
满意	居住地	江北	278	46.41	2.56
		江东	59	42.14	0.54
		海曙	168	60.00	1.55
		镇海	512	62.21	4.71
		北仑	694	64.20	6.39
		鄞州	852	54.76	7.85
		慈溪	1189	59.99	10.95
		余姚	730	59.06	6.72
		奉化	311	34.71	2.86
		宁海	596	53.55	5.49
		象山	380	58.28	3.50
不满意	居住地	江北	321	53.59	2.96
		江东	81	57.86	0.75
		海曙	112	40.00	1.03
		镇海	311	37.79	2.86

选项	基本信息		人数/人	占同居住地比例/%	占总人数比例/%
不满意	居住地	北仑	387	35.80	3.56
		鄞州	704	45.24	6.48
		慈溪	793	40.01	7.30
		余姚	506	40.94	4.66
		奉化	585	65.29	5.39
		宁海	517	46.45	4.76
		象山	272	41.72	2.50

如表 5-50 所示,针对问题 22"您对自己所在区域提供的教育服务满意吗?",所有受调查者中,有 59.41% 的人认可自己所在区域提供的教育服务("满意""比较满意"),5.05% 的人表示不认可("不太满意""不满意")。另外有 28.80% 的人认为"一般"。特别需要指出的是,本小节中满意度的正向指标主要关注"满意"和"比较满意"这两个指标。从各个具体因素来分析,结论如下。

表 5-50　关于问题 22 的调查统计

选项	人数/人	占总人数比例/%
满意	3141	28.92%
比较满意	3311	30.49%
一般	3128	28.80%
不太满意	340	3.13%
不满意	208	1.92%
未选	732	6.74%

1) 性别因素方面,不同性别对区域教育服务的满意度差别不大,满意比例分别为男性 59.76%、女性 59.69%。(见表 5-51)

2) 年龄因素方面,满意度从高到低排序依次为:18 周岁以下人群(34.32% + 27.34% = 61.66%)、36～50 岁人群(31.84% + 29.55% = 61.39%)、51～60 岁人群(31.65% + 29.08% = 60.73%)、18～35 岁人群(25.52% + 32.31% = 57.83%),最低的是 60 岁以上人群(25.63% + 31.09% = 56.72%)。从现有数

据可以看到,超过50％的人对自己所在区域提供的教育服务满意。(见表5-52)

3) 文化程度因素方面,满意度差别不大,但不满意人群中,文化程度越高,选择比例越低。(见表5-53)

4) 职业因素方面,机关事业单位工作人员(35.55％＋33.11％＝68.66％)和社会团体工作人员(35.40％＋32.80％＝68.20％)的满意度偏高,待业失业人员(22.97％＋25.00％＝47.97％)和农民(26.47％＋28.89％＝55.36％)的满意度略低。(见表5-54)

5) 月收入因素方面,月收入为8001～11000元的人群中认为满意的比例最高(41.22％＋28.38％＝69.60％);值得注意的是,认为不满意的人群中,比例最高和次高的分别是月收入11000元以上和8001～11000元的,虽然整体比例不是很高,但也应该引起关注。(见表5-55)

6) 居住情况因素方面,城镇常住居民(33.45％＋32.66％＝66.11％)满意度最高,农村常住居民次之(25.40％＋29.59％＝54.99％),城镇临时居民(25.79％＋26.64％＝52.43％)和农村临时居民(23.99％＋27.03％＝51.02％)偏低。不满意比例最高的是农村临时居民(5.07％＋4.73％＝9.5％)。(见表5-56)

7) 居住地因素方面,对自己所在区域提供的教育服务满意度最高的是北仑(72.25％)和海曙(69.28％),满意度较低的是奉化(46.21％)和江北(47.75％)。(见表5-57)

表 5-51　关于问题 22 调查结果的性别因素分析

选项	基本信息		人数/人	占同性别比例/%	占总人数比例/%
满意	性别	男	1347	30.07	12.40
		女	1723	28.60	15.87
比较满意	性别	男	1330	29.69	12.25
		女	1873	31.09	17.25
一般	性别	男	1261	28.15	11.61
		女	1770	29.38	16.30
不太满意	性别	男	157	3.51	1.45
		女	171	2.84	1.57

选项	基本信息		人数/人	占同性别比例/%	占总人数比例/%
不满意	性别	男	89	1.99	0.82
		女	115	1.91	1.06

表 5-52　关于问题 22 调查结果的年龄因素分析

选项	基本信息		人数/人	占同年龄段比例/%	占总人数比例/%
满意	年龄	18 岁以下	290	34.32	2.67
		18～35 岁	1123	25.52	10.34
		36～50 岁	1140	31.84	10.50
		51～60 岁	394	31.65	3.63
		60 岁以上	183	25.63	1.69
比较满意	年龄	18 岁以下	231	27.34	2.13
		18～35 岁	1422	32.31	13.09
		36～50 岁	1058	29.55	9.74
		51～60 岁	362	29.08	3.33
		60 岁以上	222	31.09	2.04
一般	年龄	18 岁以下	223	26.39	2.05
		18～35 岁	1365	31.02	12.57
		36～50 岁	988	27.60	9.10
		51～60 岁	339	27.23	3.12
		60 岁以上	199	27.87	1.83
不太满意	年龄	18 岁以下	23	2.72	0.21
		18～35 岁	167	3.79	1.54
		36～50 岁	94	2.63	0.87
		51～60 岁	35	2.81	0.32
		60 岁以上	20	2.80	0.18
不满意	年龄	18 岁以下	20	2.37	0.18
		18～35 岁	86	1.95	0.79
		36～50 岁	74	2.07	0.68
		51～60 岁	12	0.96	0.11
		60 岁以上	15	2.10	0.14

表 5-53　关于问题 22 调查结果的文化程度因素分析

选项	基本信息		人数/人	占同文化程度比例/%	占总人数比例/%
满意	文化程度	小学及以下	266	28.51	2.45
		初中	781	29.06	7.19
		高中(中专)	756	28.17	6.96
		大专	778	27.74	7.16
		本科及以上	538	33.31	4.95
比较满意	文化程度	小学及以下	234	25.08	2.15
		初中	764	28.42	7.03
		高中(中专)	813	30.29	7.49
		大专	903	32.19	8.31
		本科及以上	560	34.67	5.16
一般	文化程度	小学及以下	282	30.23	2.60
		初中	787	29.28	7.25
		高中(中专)	795	29.62	7.32
		大专	856	30.52	7.88
		本科及以上	383	23.72	3.53
不太满意	文化程度	小学及以下	34	3.64	0.31
		初中	80	2.98	0.74
		高中(中专)	87	3.24	0.80
		大专	89	3.17	0.82
		本科及以上	45	2.79	0.41
不满意	文化程度	小学及以下	29	3.11	0.27
		初中	64	2.38	0.59
		高中(中专)	61	2.27	0.56
		大专	31	1.11	0.29
		本科及以上	22	1.36	0.20

表 5-54　关于问题 22 调查结果的职业因素分析

选项	基本信息		人数/人	占同职业类型比例/%	占总人数比例/%
满意	职业	机关事业单位工作人员	523	35.55	4.82
		在校学生	507	25.64	4.67
		企业职工	870	28.12	8.01
		农民	284	26.47	2.62
		社会团体工作人员	177	35.40	1.63
		自由职业者	377	25.73	3.47
		待业失业人员	34	22.97	0.31
		其他	335	36.02	3.08
比较满意	职业	机关事业单位工作人员	487	33.11	4.48
		在校学生	630	31.87	5.80
		企业职工	900	29.09	8.29
		农民	310	28.89	2.85
		社会团体工作人员	164	32.80	1.51
		自由职业者	446	30.44	4.11
		待业失业人员	37	25.00	0.34
		其他	280	30.11	2.58
一般	职业	机关事业单位工作人员	303	20.60	2.79
		在校学生	619	31.31	5.70
		企业职工	968	31.29	8.91
		农民	336	31.31	3.09
		社会团体工作人员	103	20.60	0.95
		自由职业者	461	31.47	4.24
		待业失业人员	54	36.49	0.50
		其他	231	24.84	2.13
不太满意	职业	机关事业单位工作人员	46	3.13	0.42
		在校学生	68	3.44	0.63
		企业职工	107	3.46	0.99

续表

选项		基本信息	人数/人	占同职业类型比例/%	占总人数比例/%
不太满意	职业	农民	32	2.98	0.29
		社会团体工作人员	18	3.60	0.17
		自由职业者	39	2.66	0.36
		待业失业人员	4	2.70	0.04
		其他	23	2.47	0.21
不满意	职业	机关事业单位工作人员	20	1.36	0.18
		在校学生	39	1.97	0.36
		企业职工	56	1.81	0.52
		农民	18	1.68	0.17
		社会团体工作人员	10	2.00	0.09
		自由职业者	36	2.46	0.33
		待业失业人员	7	4.73	0.06
		其他	18	1.94	0.17

表 5-55 关于问题 22 调查结果的月收入因素分析

选项		基本信息	人数/人	占同月收入水平比例/%	占总人数比例/%
满意	月收入	2000 元以下	884	28.79	8.14
		2000～5000 元	1464	28.01	13.48
		5001～8000 元	493	30.55	4.54
		8001～11000 元	122	41.22	1.12
		11000 元以上	40	26.14	0.37
比较满意	月收入	2000 元以下	885	28.82	8.15
		2000～5000 元	1636	31.30	15.06
		5001～8000 元	531	32.90	4.89
		8001～11000 元	84	28.38	0.77
		11000 元以上	49	32.03	0.45
一般	月收入	2000 元以下	953	31.03	8.78
		2000～5000 元	1531	29.29	14.10

续表

选项	基本信息		人数/人	占同月收入水平比例/%	占总人数比例/%
一般	月收入	5001~8000 元	408	25.28	3.76
		8001~11000 元	60	20.27	0.55
		11000 元以上	37	24.18	0.34
不太满意	月收入	2000 元以下	98	3.19	0.90
		2000~5000 元	152	2.91	1.40
		5001~8000 元	57	3.53	0.52
		8001~11000 元	9	3.04	0.08
		11000 元以上	10	6.54	0.09
不满意	月收入	2000 元以下	61	1.99	0.56
		2000~5000 元	93	1.78	0.86
		5001~8000 元	31	1.92	0.29
		8001~11000 元	10	3.38	0.09
		11000 元以上	7	4.58	0.06

表 5-56　关于问题 22 调查结果的居住情况因素分析

选项	基本信息		人数/人	占同居住情况比例/%	占总人数比例/%
满意	居住情况	城镇常住居民	1610	33.45	14.83
		城镇临时居民	302	25.79	2.78
		农村常住居民	1105	25.40	10.17
		农村临时居民	71	23.99	0.65
比较满意	居住情况	城镇常住居民	1572	32.66	14.48
		城镇临时居民	312	26.64	2.87
		农村常住居民	1287	29.59	11.85
		农村临时居民	80	27.03	0.74
一般	居住情况	城镇常住居民	1170	24.31	10.77
		城镇临时居民	379	32.37	3.49
		农村常住居民	1448	33.29	13.33
		农村临时居民	91	30.74	0.84

续表

选项	基本信息		人数/人	占同居住情况比例/%	占总人数比例/%
不太满意	居住情况	城镇常住居民	117	2.43	1.08
		城镇临时居民	63	5.38	0.58
		农村常住居民	136	3.13	1.25
		农村临时居民	15	5.07	0.14
不满意	居住情况	城镇常住居民	92	1.91	0.85
		城镇临时居民	22	1.88	0.20
		农村常住居民	76	1.75	0.70
		农村临时居民	14	4.73	0.13

表 5-57　关于问题 22 调查结果的居住地因素分析

选项	基本信息		人数/人	占同居住地比例/%	占总人数比例/%
满意	居住地	江北	121	20.20	1.11
		江东	43	30.71	0.40
		海曙	80	28.57	0.74
		镇海	173	21.02	1.59
		北仑	427	39.50	3.93
		鄞州	484	31.11	4.46
		慈溪	590	29.77	5.43
		余姚	359	29.05	3.31
		奉化	222	24.78	2.04
		宁海	245	22.01	2.26
		象山	230	35.28	2.12
比较满意	居住地	江北	165	27.55	1.52
		江东	37	26.43	0.34
		海曙	114	40.71	1.05
		镇海	326	39.61	3.00
		北仑	354	32.75	3.26
		鄞州	446	28.66	4.11

续表

选项	基本信息		人数/人	占同居住地比例/%	占总人数比例/%
比较满意	居住地	慈溪	627	31.63	5.77
		余姚	353	28.56	3.25
		奉化	192	21.43	1.77
		宁海	393	35.31	3.62
		象山	162	24.85	1.49
一般	居住地	江北	246	41.07	2.27
		江东	44	31.43	0.41
		海曙	63	22.50	0.58
		镇海	255	30.98	2.35
		北仑	215	19.89	1.98
		鄞州	443	28.47	4.08
		慈溪	548	27.65	5.05
		余姚	361	29.21	3.32
		奉化	358	39.96	3.30
		宁海	288	25.88	2.65
		象山	174	26.69	1.60
不太满意	居住地	江北	25	4.17	0.23
		江东	5	3.57	0.05
		海曙	10	3.57	0.09
		镇海	12	1.46	0.11
		北仑	12	1.11	0.11
		鄞州	45	2.89	0.41
		慈溪	54	2.72	0.50
		余姚	31	2.51	0.29
		奉化	39	4.35	0.36
		宁海	56	5.03	0.52
		象山	31	4.75	0.29

续表

选项	基本信息		人数/人	占同居住地比例/%	占总人数比例/%
不满意	居住地	江北	14	2.34	0.13
		江东	1	0.71	0.01
		海曙	3	1.07	0.03
		镇海	11	1.34	0.10
		北仑	4	0.37	0.04
		鄞州	23	1.48	0.21
		慈溪	31	1.56	0.29
		余姚	52	4.21	0.48
		奉化	26	2.90	0.24
		宁海	11	0.99	0.10
		象山	24	3.68	0.22

五、终身学习品牌创建情况

本书中的终身学习品牌是指利用人才、教育、科技、文化等资源,依托一定场所,面向社会,有计划地定期为广大居民提供终身学习服务,具有一定的学习规模,在一定区域内形成较大影响,并具有鲜明特色和一定引导、示范作用的公益性居民终身学习活动。终身学习品牌是一种无形资产,能够提高学习型城市建设的附加值,形成品牌效应。

如表 5-58 所示,针对问题 21(a)"宁波学习型城市创建中形成的品牌,您听说过的有哪些?",有 42.57% 的人听说过"终身学习活动周",39.10% 的人听说过"天一讲堂",34.99% 的人听说过"全民读书月"。从数据可以看出,"全民终身学习活动周"(42.57%)、"天一讲堂"(39.10%)和"全民读书月"(34.99%)在宁波居民中的影响比较大。

表 5-58 关于问题 21(a)调查统计

选项	人数/人	占总人数比例/%
全民终身学习活动周	4623	42.57
全民读书月	3800	34.99
天一讲堂	4246	39.10

续表

选项	人数/人	占总人数比例/%
中华慈孝节	2244	20.66
道德讲堂	3330	30.66
社科讲堂	1342	12.36
宁波社区教育讲师团"百课送基层进社区"	1948	17.94
81890 求助服务中心	2933	27.01

如表 5-59 所示,针对问题 21(b)"宁波学习型城市创建中形成的品牌,您参加或使用过的有哪些?",受调查的居民中有 21.14% 的人参加"全民过终身学习活动周",18.97% 的人参加过"全民读书月",16.63% 的人使用过"81890 求助服务中心",16.47% 的人参加过"道德讲堂",16.26% 参加过"天一讲堂"。从各个具体因素来分析,分析结果如下。

表 5-59　关于问题 21(b)的调查统计

选项	人数/人	占总人数比例/%
全民终身学习活动周	2296	21.14
全民读书月	2060	18.97
天一讲堂	1766	16.26
中华慈孝节	1063	9.79
道德讲堂	1789	16.47
社科讲堂	763	7.03
宁波社区教育讲师团"百课送基层进社区"	1005	9.25
81890 求助服务中心	1806	16.63

1) 性别因素方面,"全民终身学习活动周""全民读书月""社科讲堂""宁波社区教育讲师团'百课送基层进社区'"等品牌,男性的参与度高于女性;"天一讲堂""中华慈孝节""81890 求助服务中心"等品牌,女性的参与度高于男性;"道德讲堂"男女参与的比例相差不大。(见表 5-60)

2) 年龄因素方面,年龄越低,"全民读书月"的参与度高,呈现出与年龄成反比的趋势;"宁波社区教育讲师团'百课送基层进社区'"参与度最高的是 60 岁以上的人群(11.90%);"81890 求助服务中心"参与度最高的是 36～50 岁人群(19.83%),18～35 岁人群次之(16.56%)。从另一个角度来分析,青少年参与度最高的品牌是"全民读书月";18～35 岁人群参与度最高的是"全民读书月"(20.47%)和"天一讲堂"(20.18%);36～50 岁人群参与度最高的是"全民终身学习周"(23.10%);51 岁以上人群参与度最高的也是"全民终身学习周"(约

42.52%)。(见表5-61)

3) 文化程度因素方面,总体来说,大专及以上人群的参与度最高,文化程度低的人群参与度也低。值得一提的是,小学及以下文化程度人群的"全民终身学习活动周"的参与度很高(23.69%)。(见表5-62)

4) 职业因素方面,"全民终身学习周参与度"最高的是机关事业单位工作人员(28.55%);"全民读书月"参与度最高的是在校学生(26.20%);"天一讲堂"和"中华慈孝节"参与度最高的是在校学生(24.99%,15.53%);"道德讲堂"参与度较高的是社会团体工作人员和机关事业单位工作人员(28.60%,20.53%);机关事业单位工作人员、在校学生及社会团体工作人员对"社科讲堂"的参与度高于其他职业人群,在8%左右;"宁波社区教育讲师团'百课送基层进社区'"的参与度较高的是机关事业单位工作人员(11.83%)、社会团体工作人员(12.00%);"81890求助服务中心"使用最多的是企业职工(19.10%),自由职业者(18.77%)也较多。(见表5-63)

5) 月收入因素方面,高收入的阶层参与"全民终身学习周"和"全民读书月"的积极性较高;参与"天一讲堂"积极性最高的是8001~10000元人群(20.61%);"中华慈孝节"参与度最高的是11000元以上人群(26.14%);"道德讲堂"参与度最高的是8000~11000元人群(25.00%);5000~11000元人群参与"宁波社区教育讲师团'百课送基层进社区'"的参与度(12%左右)略高于其他人群;使用"81890求助服务中心"较多的也是5000~11000元人群(20%左右)。(见表5-64)

6) 居住情况因素方面,"全民终身学习周"常住居民(21%左右)的参与度高于临时居民(平均17.5%左右);"全民读书月"城镇居民(21%左右)高于农村居民(16.5%左右);"天一讲堂""中华慈孝节""道德讲堂""社科讲堂""宁波社区教育讲师团'百课送基层进社区'"等城镇居民的比例均高于农村居民。"81890求助服务中心"城镇常住居民使用较多(21.19%)。值得一提的是,"社科讲堂"临时居民的参与度比常住居民的参与度高。(见表5-65)

7) 居住地因素方面,"全民终身学习活动周"参与度较高的是宁海(27.22%)、北仑(26.83%)和鄞州(25.77%),奉化偏低(14.06%);"全民读书月"参与度最高的是慈溪(22.60%);"天一讲堂"参与度较高的是海曙、象山、江东、江北,其中海曙最高(28.21%);"中华慈孝节"参与度最高的是江北(19.20%);"道德讲堂"参与度最高的是余姚(27.02%);"社科讲堂"参与人数较多的是慈溪、余姚和鄞州,虽然百分比较小,但在被调查居民中人数超过 100 人以上;"宁波社区教育讲师团'百课送基层进社区'"参与度较高的是江北、镇海、北仑及象山(13%左右);使用"81890 求助服务中心"最多的是海曙区(42.14%)。(见表 5-66)

表 5-60 关于问题 21(b)调查结果的性别因素分析

选项	基本信息		人数/人	占同性别比例/%	占总人数比例/%
全民终身学习活动周	性别	男	1009	22.53	9.29
		女	1205	20.00	11.10
全民读书月	性别	男	884	19.74	8.14
		女	1127	18.71	10.38
天一讲堂	性别	男	709	15.83	6.53
		女	1014	16.83	9.34
中华慈孝节	性别	男	421	9.40	3.88
		女	612	10.16	5.64
道德讲堂	性别	男	741	16.54	6.82
		女	995	16.51	9.16
社科讲堂	性别	男	356	7.95	3.28
		女	385	6.39	3.55
宁波社区教育讲师团"百课送基层进社区"	性别	男	433	9.67	3.99
		女	536	8.90	4.94
81890 求助服务中心	性别	男	736	16.43	6.78
		女	1039	17.24	9.57

表 5-61 关于问题 21(b)调查结果的年龄因素分析

选项	基本信息		人数/人	占同年龄段比例/%	占总人数比例/%
全民终身学习活动周	年龄	18 岁以下	162	19.17	1.49
		18~35 岁	869	19.75	8.00
		36~50 岁	827	23.10	7.62
		51~60 岁	266	21.37	2.45
		60 岁以上	151	21.15	1.39
全民读书月	年龄	18 岁以下	216	25.56	1.99
		18~35 岁	901	20.47	8.30
		36~50 岁	659	18.41	6.07
		51~60 岁	183	14.70	1.69
		60 岁以上	97	13.59	0.89

续表

选项	基本信息		人数/人	占同年龄段 比例/%	占总人数 比例/%
天一讲堂	年龄	18 岁以下	157	18.58	1.45
		18～35 岁	888	20.18	8.18
		36～50 岁	515	14.39	4.74
		51～60 岁	146	11.73	1.34
		60 岁以上	52	7.28	0.48
中华慈孝节	年龄	18 岁以下	80	9.47	0.74
		18～35 岁	524	11.91	4.83
		36～50 岁	316	8.83	2.91
		51～60 岁	91	7.31	0.84
		60 岁以上	51	7.14	0.47
道德讲堂	年龄	18 岁以下	132	15.62	1.22
		18～35 岁	759	17.25	6.99
		36～50 岁	606	16.93	5.58
		51～60 岁	181	14.54	1.67
		60 岁以上	101	14.15	0.93
社科讲堂	年龄	18 岁以下	70	8.28	0.64
		18～35 岁	330	7.50	3.04
		36～50 岁	247	6.90	2.27
		51～60 岁	75	6.02	0.69
		60 岁以上	40	5.60	0.37
宁波社区教育讲师团 "百课送基层进社区"	年龄	18 岁以下	63	7.46	0.58
		18～35 岁	362	8.23	3.33
		36～50 岁	363	10.14	3.34
		51～60 岁	131	10.52	1.21
		60 岁以上	85	11.90	0.78
81890 求助服务中心	年龄	18 岁以下	77	9.11	0.71
		18～35 岁	729	16.56	6.71
		36～50 岁	710	19.83	6.54
		51～60 岁	174	13.98	1.60
		60 岁以上	113	15.83	1.04

表 5-62　关于问题 21(b)调查结果的文化程度因素分析

选项	基本信息		人数/人	占同文化程度 比例/%	占总人数 比例/%
全民终身学习活动周	文化程度	小学及以下	221	23.69	2.03
		初中	519	19.31	4.78
		高中(中专)	496	18.48	4.57
		大专	574	20.46	5.29
		本科及以上	455	28.17	4.19
全民读书月	文化程度	小学及以下	126	13.50	1.16
		初中	406	15.10	3.74
		高中(中专)	497	18.52	4.58
		大专	626	22.32	5.76
		本科及以上	385	23.84	3.55
天一讲堂	文化程度	小学及以下	83	8.90	0.76
		初中	368	13.69	3.39
		高中(中专)	399	14.87	3.67
		大专	568	20.25	5.23
		本科及以上	333	20.62	3.07
中华慈孝节	文化程度	小学及以下	70	7.50	0.64
		初中	216	8.04	1.99
		高中(中专)	287	10.69	2.64
		大专	317	11.30	2.92
		本科及以上	161	9.97	1.48
道德讲堂	文化程度	小学及以下	114	12.22	1.05
		初中	388	14.43	3.57
		高中(中专)	434	16.17	4.00
		大专	488	17.40	4.49
		本科及以上	340	21.05	3.13
社科讲堂	文化程度	小学及以下	46	4.93	0.42
		初中	213	7.92	1.96

续表

选项	基本信息		人数/人	占同文化程度比例/%	占总人数比例/%
社科讲堂	文化程度	高中（中专）	226	8.42	2.08
		大专	179	6.38	1.65
		本科及以上	92	5.70	0.85
宁波社区教育讲师团"百课送基层进社区"	文化程度	小学及以下	89	9.54	0.82
		初中	215	8.00	1.98
		高中（中专）	253	9.43	2.33
		大专	234	8.34	2.15
		本科及以上	203	12.57	1.87
81890求助服务中心	文化程度	小学及以下	95	10.18	0.87
		初中	398	14.81	3.66
		高中（中专）	420	15.65	3.87
		大专	525	18.72	4.83
		本科及以上	356	22.04	3.28

表 5-63　关于问题 21(b)调查结果的职业因素分析

选项	基本信息		人数/人	占同职业类型比例/%	占总人数比例/%
全民终身学习活动周	职业	机关事业单位工作人员	420	28.55	3.87
		在校学生	345	17.45	3.18
		企业职工	592	19.13	5.45
		农民	189	17.61	1.74
		社会团体工作人员	118	23.60	1.09
		自由职业者	360	24.57	3.31
		待业失业人员	29	19.59	0.27
		其他	190	20.43	1.75
全民读书月	职业	机关事业单位工作人员	373	25.36	3.43
		在校学生	518	26.20	4.77
		企业职工	508	16.42	4.68
		农民	119	11.09	1.10

续表

选项	基本信息		人数/人	占同职业类型比例/%	占总人数比例/%
全民读书月	职业	社会团体工作人员	122	24.40	1.12
		自由职业者	230	15.70	2.12
		待业失业人员	18	12.16	0.17
		其他	143	15.38	1.32
天一讲堂	职业	机关事业单位工作人员	272	18.49	2.50
		在校学生	494	24.99	4.55
		企业职工	438	14.16	4.03
		农民	98	9.13	0.90
		社会团体工作人员	79	15.80	0.73
		自由职业者	233	15.90	2.15
		待业失业人员	19	12.84	0.17
		其他	113	12.15	1.04
中华慈孝节	职业	机关事业单位工作人员	153	10.40	1.41
		在校学生	307	15.53	2.83
		企业职工	252	8.14	2.32
		农民	77	7.18	0.71
		社会团体工作人员	49	9.80	0.45
		自由职业者	124	8.46	1.14
		待业失业人员	14	9.46	0.13
		其他	74	7.96	0.68
道德讲堂	职业	机关事业单位工作人员	302	20.53	2.78
		在校学生	303	15.33	2.79
		企业职工	467	15.09	4.30
		农民	138	12.86	1.27
		社会团体工作人员	143	28.60	1.32
		自由职业者	207	14.13	1.91
		待业失业人员	13	8.78	0.12
		其他	190	20.43	1.75

续表

选项		基本信息	人数/人	占同职业类型比例/%	占总人数比例/%
社科讲堂	职业	机关事业单位工作人员	119	8.09	1.10
		在校学生	169	8.55	1.56
		企业职工	179	5.79	1.65
		农民	69	6.43	0.64
		社会团体工作人员	43	8.60	0.40
		自由职业者	110	7.51	1.01
		待业失业人员	7	4.73	0.06
		其他	50	5.38	0.46
宁波社区教育讲师团"百课送基层进社区"	职业	机关事业单位工作人员	174	11.83	1.60
		在校学生	158	7.99	1.45
		企业职工	274	8.86	2.52
		农民	91	8.48	0.84
		社会团体工作人员	60	12.00	0.55
		自由职业者	113	7.71	1.04
		待业失业人员	6	4.05	0.06
		其他	114	12.26	1.05
81890求助服务中心	职业	机关事业单位工作人员	252	17.13	2.32
		在校学生	234	11.84	2.15
		企业职工	591	19.10	5.44
		农民	121	11.28	1.11
		社会团体工作人员	81	16.20	0.75
		自由职业者	275	18.77	2.53
		待业失业人员	24	16.22	0.22
		其他	207	22.26	1.91

表 5-64　关于问题 21(b)调查结果的月收入因素分析

选项	基本信息		人数/人	占同月收入水平比例/%	占总人数比例/%
全民终身学习活动周	月收入	2000 元以下	608	19.80	5.60
		2000～5000 元	1087	20.80	10.01
		5001～8000 元	414	25.65	3.81
		8001～11000 元	67	22.64	0.62
		11000 元以上	41	26.80	0.38
全民读书月	月收入	2000 元以下	553	18.01	5.09
		2000～5000 元	918	17.56	8.45
		5001～8000 元	412	25.53	3.79
		8001～11000 元	71	23.99	0.65
		11000 元以上	40	26.14	0.37
天一讲堂	月收入	2000 元以下	519	16.90	4.78
		2000～5000 元	785	15.02	7.23
		5001～8000 元	300	18.59	2.76
		8001～11000 元	61	20.61	0.56
		11000 元以上	29	18.95	0.27
中华慈孝节	月收入	2000 元以下	323	10.52	2.97
		2000～5000 元	441	8.44	4.06
		5001～8000 元	171	10.59	1.57
		8001～11000 元	43	14.53	0.40
		11000 元以上	40	26.14	0.37
道德讲堂	月收入	2000 元以下	421	13.71	3.88
		2000～5000 元	921	17.62	8.48
		5001～8000 元	292	18.09	2.69
		8001～11000 元	74	25.00	0.68
		11000 元以上	25	16.34	0.23
社科讲堂	月收入	2000 元以下	203	6.61	1.87
		2000～5000 元	377	7.21	3.47

续表

选项	基本信息		人数/人	占同月收入水平比例/%	占总人数比例/%
社科讲堂	月收入	5001~8000 元	129	7.99	1.19
		8001~11000 元	20	6.76	0.18
		11000 元以上	10	6.54	0.09
宁波社区教育讲师团"百课送基层进社区"	月收入	2000 元以下	240	7.82	2.21
		2000~5000 元	492	9.41	4.53
		5001~8000 元	200	12.39	1.84
		8001~11000 元	36	12.16	0.33
		11000 元以上	10	6.54	0.09
81890 求助服务中心	月收入	2000 元以下	381	12.41	3.51
		2000~5000 元	977	18.69	9.00
		5001~8000 元	324	20.07	2.98
		8001~11000 元	63	21.28	0.58
		11000 元以上	29	18.95	0.27

表 5-65　关于问题 21(b)调查结果的居住情况因素分析

选项	基本信息		人数/人	占同居住情况比例/%	占总人数比例/%
全民终身学习活动周	居住情况	城镇常住居民	1037	21.55	9.55
		城镇临时居民	199	16.99	1.83
		农村常住居民	945	21.72	8.70
		农村临时居民	55	18.58	0.51
全民读书月	居住情况	城镇常住居民	1013	21.05	9.33
		城镇临时居民	249	21.26	2.29
		农村常住居民	714	16.41	6.57
		农村临时居民	51	17.23	0.47
天一讲堂	居住情况	城镇常住居民	873	18.14	8.04
		城镇临时居民	221	18.87	2.03
		农村常住居民	612	14.07	5.64
		农村临时居民	43	14.53	0.40

续表

选项	基本信息		人数/人	占同居住情况比例/%	占总人数比例/%
中华慈孝节	居住情况	城镇常住居民	489	10.16	4.50
		城镇临时居民	152	12.98	1.40
		农村常住居民	378	8.69	3.48
		农村临时居民	22	7.43	0.20
道德讲堂	居住情况	城镇常住居民	877	18.22	8.08
		城镇临时居民	199	16.99	1.83
		农村常住居民	644	14.80	5.93
		农村临时居民	43	14.53	0.40
社科讲堂	居住情况	城镇常住居民	363	7.54	3.34
		城镇临时居民	129	11.02	1.19
		农村常住居民	239	5.49	2.20
		农村临时居民	21	7.09	0.19
宁波社区教育讲师团"百课送基层进社区"	居住情况	城镇常住居民	477	9.91	4.39
		城镇临时居民	119	10.16	1.10
		农村常住居民	376	8.64	3.46
		农村临时居民	19	6.42	0.17
81890 求助服务中心	居住情况	城镇常住居民	1020	21.19	9.39
		城镇临时居民	161	13.75	1.48
		农村常住居民	563	12.94	5.18
		农村临时居民	43	14.53	0.40

表 5-66 关于问题 21(b)调查结果的居住地因素分析

选项	基本信息		人数/人	占同居住地比例/%	占总人数比例/%
全民终身学习活动周	居住地	江北	69	11.52	0.64
		江东	18	12.86	0.17
		海曙	39	13.93	0.36
		镇海	174	21.14	1.60
		北仑	290	26.83	2.67

续表

选项	基本信息		人数	占同居住地比例/%	占总人数比例/%
全民终身学习活动周	居住地	鄞州	401	25.77	3.69
		慈溪	437	22.05	4.02
		余姚	265	21.44	2.44
		奉化	126	14.06	1.16
		宁海	303	27.22	2.79
		象山	145	22.24	1.34
全民读书月	居住地	江北	96	16.03	0.88
		江东	16	11.43	0.15
		海曙	52	18.57	0.48
		镇海	101	12.27	0.93
		北仑	147	13.60	1.35
		鄞州	239	15.36	2.20
		慈溪	448	22.60	4.13
		余姚	229	18.53	2.11
		奉化	140	15.63	1.29
		宁海	133	11.95	1.22
		象山	100	15.34	0.92
天一讲堂	居住地	江北	127	21.20	1.17
		江东	30	21.43	0.28
		海曙	79	28.21	0.73
		镇海	152	18.47	1.40
		北仑	127	11.75	1.17
		鄞州	269	17.29	2.48
		慈溪	308	15.54	2.84
		余姚	191	15.45	1.76
		奉化	147	16.41	1.35
		宁海	147	13.21	1.35
		象山	144	22.09	1.33

选项	基本信息		人数/人	占同居住地比例/%	占总人数比例/%
中华慈孝节	居住地	江北	115	19.20	1.06
		江东	11	7.86	0.10
		海曙	19	6.79	0.17
		镇海	63	7.65	0.58
		北仑	45	4.16	0.41
		鄞州	129	8.29	1.19
		慈溪	207	10.44	1.91
		余姚	117	9.47	1.08
		奉化	96	10.71	0.88
		宁海	126	11.32	1.16
		象山	68	10.43	0.63
道德讲堂	居住地	江北	69	11.52	0.64
		江东	13	9.29	0.12
		海曙	38	13.57	0.35
		镇海	128	15.55	1.18
		北仑	180	16.65	1.66
		鄞州	213	13.69	1.96
		慈溪	347	17.51	3.20
		余姚	334	27.02	3.08
		奉化	141	15.74	1.30
		宁海	106	9.52	0.98
		象山	132	20.25	1.22
社科讲堂	居住地	江北	49	8.18	0.45
		江东	4	2.86	0.04
		海曙	15	5.36	0.14
		镇海	50	6.08	0.46
		北仑	63	5.83	0.58

续表

选项	基本信息		人数/人	占同居住地比例/%	占总人数比例/%
社科讲堂	居住地	鄞州	102	6.56	0.94
		慈溪	131	6.61	1.21
		余姚	106	8.58	0.98
		奉化	55	6.14	0.51
		宁海	62	5.57	0.57
		象山	62	9.51	0.57
宁波社区教育讲师团"百课送基层进社区"	居住地	江北	80	13.36	0.74
		江东	10	7.14	0.09
		海曙	25	8.93	0.23
		镇海	113	13.73	1.04
		北仑	148	13.69	1.36
		鄞州	177	11.38	1.63
		慈溪	228	11.50	2.10
		余姚	155	12.54	1.43
		奉化	77	8.59	0.71
		宁海	80	7.19	0.74
		象山	89	13.65	0.82
81890求助服务中心	居住地	江北	171	28.55	1.57
		江东	45	32.14	0.41
		海曙	118	42.14	1.09
		镇海	299	36.33	2.75
		北仑	258	23.87	2.38
		鄞州	284	18.25	2.62
		慈溪	379	19.12	3.49
		余姚	97	7.85	0.89
		奉化	103	11.50	0.95
		宁海	256	23.00	2.36
		象山	65	9.97	0.60

如表 5-66 所示,针对问题 21(c)"宁波学习型城市创建中形成的品牌,您对其中哪几个比较满意?",居民对"全民终身学习活动周"的满意度最高(29.68%),其次是"81890 求助服务中心"(27.04%),然后依次是"天一讲堂"(22.55%)、"道德讲堂"(22.46%)、"全民读书月"(22.27%)、"宁波社区教育讲师团'百课送基层进社区'"(15.92%)、"中华慈孝节"(13.24%)、"社科讲堂"(9.46%)。从各个具体因素来分析,结论如下。

表 5-67　关于问题 21(c)的调查统计

选项	人数/人	百分比
全民终身学习活动周	2341	29.68%
全民读书月	1757	22.27%
天一讲堂	1779	22.55%
中华慈孝节	1044	13.24%
道德讲堂	1772	22.46%
社科讲堂	746	9.46%
宁波社区教育讲师团"百课送基层进社区"	1256	15.92%
81890 求助服务中心	2133	27.04%

1) 性别因素方面,除了"社科讲堂"和"宁波社区教育讲师团'百课送基层进社区'",女性的满意度均高于男性。(见表 5-68)

2) 年龄因素方面,总体而言,满意度大致与年龄呈反比;但"宁波社区教育讲师团'百课送基层进社区'"和"81890 求助服务中心"满意度较高的是年龄高的人群。(见表 5-69)

3) 文化程度因素方面,总体而言,满意度大致与文程度正相关。(见表 5-70)

4) 职业因素方面,机关事业单位工作人员和自由职业者对"全民终身学习活动周"满意度最高(25.22%,24.51%);对"全民读书月""天一讲堂""中华慈孝节"和"社科讲堂"满意度最高的是在校学生(24.89%,24.63%,10.72%,9.36%);"道德讲堂"最受社会团体工作人员欢迎(25.00%);对"81890 求助服务中心"满意度较高的是待业失业人员(24.32%)。(见表 5-71)

5) 月收入因素方面,总体而言,不同月收入群体对"全民终身学习活动周"和"全民读书月"的满意度差别不大;关于"中华慈孝节",大致呈现收入越高满意度越高的趋势;对"道德讲堂"满意度最高的是月收入 8001~11000 元人群(21.28%);对"81890 求助服务中心"评价较高的为月收入 2000~11000 元的人群(均在 21% 以上)。这里特别要指出的是月收入 11000 元以上人群,由于样本数量明显偏少,因此无法反映该群体的真实情况。(见表 5-72)

6) 居住情况因素方面,关于"全民终身学习活动周"的满意度,农村居民的满意度(约 22%)略高于城镇居民(约 21%),满意度最低的是城镇临时居民(18.53%);关于"全民读书月",常住居民的满意度高于临时居民;关于"天一讲堂",城镇居民的满意度(约 18%)高于农村居民(约 14%);关于"中华慈孝节",农村居民的满意度略高于城镇居民,其中农村临时居民的满意度最高(12.50%);"社科讲堂"和"宁波社区教育讲师团'百课送基层进社区'"最受城镇临时居民欢迎(8.97%,14.52%);"81890 求助服务中心"最受城镇常住居民的欢迎(24.23%)。(见表 5-73)

7) 居住地因素方面,对"全民终身学习活动周"的满意度最高的是宁海(27.22%)、北仑(26.83%)、鄞州(25.77%)、慈溪(22.05%);对"全民读书月"的满意度最高的是慈溪(22.60%);对"天一讲堂"的满意度较高的是海曙、江东、江北和象山,其中海曙最高,达到 28.21%;对"中华慈孝节"的满意度最高的是江北(19.20%);对"道德讲堂"满意度最高的是余姚(27.02%);对"81890 求助服务中心"满意度最高的是海曙(42.14%)。(见表 5-74)

表 5-68　关于问题 21(c)调查结果的性别因素分析

选项	基本信息		人数/人	占同性别比例/%	占总人数比例/%
全民终身学习活动周	性别	男	967	21.59	8.90
		女	1310	21.74	12.06
全民读书月	性别	男	667	14.89	6.14
		女	1052	17.46	9.69
天一讲堂	性别	男	670	14.96	6.17
		女	1061	17.61	9.77
中华慈孝节	性别	男	426	9.51	3.92
		女	601	9.98	5.53
道德讲堂	性别	男	704	15.72	6.48
		女	1017	16.88	9.36
社科讲堂	性别	男	351	7.84	3.23
		女	377	6.26	3.47
宁波社区教育讲师团"百课送基层进社区"	性别	男	533	11.90	4.91
		女	679	11.27	6.25
81890 求助服务中心	性别	男	869	19.40	8.00
		女	1223	20.30	11.26

表 5-69 关于问题 21(c)调查结果的年龄因素分析

选项	基本信息		人数/人	占同年龄段比例/%	占总人数比例/%
全民终身学习活动周	年龄	18 岁以下	187	22.13	1.72
		18~35 岁	980	22.27	9.02
		36~50 岁	783	21.87	7.21
		51~60 岁	240	19.28	2.21
		60 岁以上	142	19.89	1.31
全民读书月	年龄	18 岁以下	210	24.85	1.93
		18~35 岁	840	19.09	7.73
		36~50 岁	517	14.44	4.76
		51~60 岁	115	9.24	1.06
		60 岁以上	67	9.38	0.62
天一讲堂	年龄	18 岁以下	172	20.36	1.58
		18~35 岁	889	20.20	8.19
		36~50 岁	526	14.69	4.84
		51~60 岁	131	10.52	1.21
		60 岁以上	56	7.84	0.52
中华慈孝节	年龄	18 岁以下	89	10.53	0.82
		18~35 岁	475	10.79	4.37
		36~50 岁	357	9.97	3.29
		51~60 岁	75	6.02	0.69
		60 岁以上	46	6.44	0.42
道德讲堂	年龄	18 岁以下	142	16.80	1.31
		18~35 岁	783	17.79	7.21
		36~50 岁	577	16.12	5.31
		51~60 岁	174	13.98	1.60
		60 岁以上	88	12.32	0.81
社科讲堂	年龄	18 岁以下	75	8.88	0.69
		18~35 岁	331	7.52	3.05

续表

选项	基本信息		人数/人	占同年龄段 比例/%	占总人数 比例/%
社科讲堂	年龄	36～50岁	238	6.65	2.19
		51～60岁	62	4.98	0.57
		60岁以上	36	5.04	0.33
宁波社区教育讲师团 "百课送基层进社区"	年龄	18岁以下	89	10.53	0.82
		18～35岁	529	12.02	4.87
		36～50岁	389	10.87	3.58
		51～60岁	158	12.69	1.45
		60岁以上	88	12.32	0.81
81890求助服务中心	年龄	18岁以下	91	10.77	0.84
		18～35岁	903	20.52	8.31
		36～50岁	775	21.65	7.14
		51～60岁	211	16.95	1.94
		60岁以上	150	21.01	1.38

表 5-70　关于问题 21(c)调查结果的文化程度因素分析

选项	基本信息		人数/人	占同文化程度 比例/%	占总人数 比例/%
全民终身学习活动周	文化程度	小学及以下	219	23.47	2.02
		初中	556	20.68	5.12
		高中(中专)	541	20.16	4.98
		大专	614	21.89	5.65
		本科及以上	392	24.27	3.61
全民读书月	文化程度	小学及以下	118	12.65	1.09
		初中	347	12.91	3.20
		高中(中专)	401	14.94	3.69
		大专	567	20.21	5.22
		本科及以上	307	19.01	2.83
天一讲堂	文化程度	小学及以下	90	9.65	0.83
		初中	355	13.21	3.27

续表

选项	基本信息		人数/人	占同文化程度 比例/%	占总人数 比例/%
天一讲堂	文化程度	高中（中专）	385	14.34	3.55
		大专	588	20.96	5.41
		本科及以上	349	21.61	3.21
中华慈孝节	文化程度	小学及以下	71	7.61	0.65
		初中	256	9.52	2.36
		高中（中专）	263	9.80	2.42
		大专	273	9.73	2.51
		本科及以上	169	10.46	1.56
道德讲堂	文化程度	小学及以下	120	12.86	1.10
		初中	397	14.77	3.66
		高中（中专）	452	16.84	4.16
		大专	483	17.22	4.45
		本科及以上	302	18.70	2.78
社科讲堂	文化程度	小学及以下	58	6.22	0.53
		初中	197	7.33	1.81
		高中（中专）	196	7.30	1.80
		大专	195	6.95	1.80
		本科及以上	87	5.39	0.80
宁波社区教育讲师团 "百课送基层进社区"	文化程度	小学及以下	104	11.15	0.96
		初中	299	11.12	2.75
		高中（中专）	320	11.92	2.95
		大专	312	11.12	2.87
		本科及以上	209	12.94	1.92
81890 求助服务中心	文化程度	小学及以下	130	13.93	1.20
		初中	483	17.97	4.45
		高中（中专）	510	19.00	4.70
		大专	599	21.35	5.52
		本科及以上	396	24.52	3.65

表 5-71　关于问题 21(c)调查结果的职业因素分析

选项	基本信息		人数/人	占同职业类型比例/%	占总人数比例/%
全民终身学习活动周	职业	机关事业单位工作人员	371	25.22	3.42
		在校学生	408	20.64	3.76
		企业职工	613	19.81	5.64
		农民	201	18.73	1.85
		社会团体工作人员	105	21.00	0.97
		自由职业者	359	24.51	3.31
		待业失业人员	30	20.27	0.28
		其他	219	23.55	2.02
全民读书月	职业	机关事业单位工作人员	270	18.35	2.49
		在校学生	492	24.89	4.53
		企业职工	454	14.67	4.18
		农民	118	11.00	1.09
		社会团体工作人员	74	14.80	0.68
		自由职业者	194	13.24	1.79
		待业失业人员	18	12.16	0.17
		其他	117	12.58	1.08
天一讲堂	职业	机关事业单位工作人员	267	18.15	2.46
		在校学生	487	24.63	4.48
		企业职工	460	14.87	4.24
		农民	99	9.23	0.91
		社会团体工作人员	70	14.00	0.64
		自由职业者	199	13.58	1.83
		待业失业人员	20	13.51	0.18
		其他	155	16.67	1.43
中华慈孝节	职业	机关事业单位工作人员	148	10.06	1.36
		在校学生	212	10.72	1.95
		企业职工	304	9.83	2.80

续表

选项	基本信息		人数/人	占同职业类型比例/%	占总人数比例/%
中华慈孝节	职业	农民	91	8.48	0.84
		社会团体工作人员	31	6.20	0.29
		自由职业者	141	9.62	1.30
		待业失业人员	8	5.41	0.07
		其他	97	10.43	0.89
道德讲堂	职业	机关事业单位工作人员	269	18.29	2.48
		在校学生	357	18.06	3.29
		企业职工	470	15.19	4.33
		农民	129	12.02	1.19
		社会团体工作人员	125	25.00	1.15
		自由职业者	198	13.52	1.82
		待业失业人员	19	12.84	0.17
		其他	173	18.60	1.59
社科讲堂	职业	机关事业单位工作人员	106	7.21	0.98
		在校学生	185	9.36	1.70
		企业职工	171	5.53	1.57
		农民	55	5.13	0.51
		社会团体工作人员	32	6.40	0.29
		自由职业者	122	8.33	1.12
		待业失业人员	6	4.05	0.06
		其他	49	5.27	0.45
宁波社区教育讲师团"百课送基层进社区"	职业	机关事业单位工作人员	205	13.94	1.89
		在校学生	243	12.29	2.24
		企业职工	306	9.89	2.82
		农民	107	9.97	0.99
		社会团体工作人员	74	14.80	0.68
		自由职业者	168	11.47	1.55
		待业失业人员	9	6.08	0.08
		其他	119	12.80	1.10

续表

选项	基本信息		人数/人	占同职业类型比例/%	占总人数比例/%
81890 求助服务中心	职业	机关事业单位工作人员	307	20.87	2.83
		在校学生	294	14.87	2.71
		企业职工	665	21.49	6.12
		农民	166	15.47	1.53
		社会团体工作人员	94	18.80	0.87
		自由职业者	319	21.77	2.94
		待业失业人员	36	24.32	0.33
		其他	225	24.19	2.07

表 5-72　关于问题 21(c)调查结果的月收入因素分析

选项	基本信息		人数/人	占同月收入水平比例/%	占总人数比例/%
全民终身学习活动周	月收入	2000 元以下	704	22.92	6.48
		2000～5000 元	1077	20.60	9.92
		5001～8000 元	382	23.67	3.52
		8001～11000 元	64	21.62	0.59
		11000 元以上	42	27.45	0.39
全民读书月	月收入	2000 元以下	508	16.54	4.68
		2000～5000 元	813	15.55	7.49
		5001～8000 元	275	17.04	2.53
		8001～11000 元	47	15.88	0.43
		11000 元以上	35	22.88	0.32
天一讲堂	月收入	2000 元以下	523	17.03	4.82
		2000～5000 元	793	15.17	7.30
		5001～8000 元	307	19.02	2.83
		8001～11000 元	60	20.27	0.55
		11000 元以上	29	18.95	0.27
中华慈孝节	月收入	2000 元以下	280	9.12	2.58
		2000～5000 元	509	9.74	4.69

续表

选项	基本信息		人数/人	占同月收入水平比例/%	占总人数比例/%
中华慈孝节	月收入	5001～8000 元	148	9.17	1.36
		8001～11000 元	41	13.85	0.38
		11000 元以上	20	13.07	0.18
道德讲堂	月收入	2000 元以下	474	15.43	4.36
		2000～5000 元	876	16.76	8.07
		5001～8000 元	267	16.54	2.46
		8001～11000 元	63	21.28	0.58
		11000 元以上	23	15.03	0.21
社科讲堂	月收入	2000 元以下	212	6.90	1.95
		2000～5000 元	319	6.10	2.94
		5001～8000 元	141	8.74	1.30
		8001～11000 元	22	7.43	0.20
		11000 元以上	12	7.84	0.11
宁波社区教育讲师团"百课送基层进社区"	月收入	2000 元以下	340	11.07	3.13
		2000～5000 元	590	11.29	5.43
		5001～8000 元	228	14.13	2.10
		8001～11000 元	36	12.16	0.33
		11000 元以上	12	7.84	0.11
81890求助服务中心	月收入	2000 元以下	537	17.49	4.94
		2000～5000 元	1098	21.01	10.11
		5001～8000 元	354	21.93	3.26
		8001～11000 元	69	23.31	0.64
		11000 元以上	26	16.99	0.24

表 5-73　关于问题 21(c)调查结果的居住情况因素分析

选项	基本信息		人数/人	占同居住情况比例/%	占总人数比例/%
全民终身学习活动周	居住情况	城镇常住居民	1053	21.88	9.70
		城镇临时居民	217	18.53	2.00
		农村常住居民	967	22.23	8.90
		农村临时居民	64	21.62	0.59
全民读书月	居住情况	城镇常住居民	841	17.47	7.74
		城镇临时居民	163	13.92	1.50
		农村常住居民	687	15.79	6.33
		农村临时居民	39	13.18	0.36
天一讲堂	居住情况	城镇常住居民	876	18.20	8.07
		城镇临时居民	204	17.42	1.88
		农村常住居民	633	14.55	5.83
		农村临时居民	44	14.86	0.41
中华慈孝节	居住情况	城镇常住居民	453	9.41	4.17
		城镇临时居民	115	9.82	1.06
		农村常住居民	424	9.75	3.90
		农村临时居民	37	12.50	0.34
道德讲堂	居住情况	城镇常住居民	799	16.60	7.36
		城镇临时居民	190	16.23	1.75
		农村常住居民	715	16.44	6.58
		农村临时居民	46	15.54	0.42
社科讲堂	居住情况	城镇常住居民	299	6.21	2.75
		城镇临时居民	105	8.97	0.97
		农村常住居民	301	6.92	2.77
		农村临时居民	18	6.08	0.17
宁波社区教育讲师团"百课送基层进社区"	居住情况	城镇常住居民	565	11.74	5.20
		城镇临时居民	170	14.52	1.57
		农村常住居民	472	10.85	4.35
		农村临时居民	37	12.50	0.34

续表

选项	基本信息		人数/人	占同居住情况比例/%	占总人数比例/%
81890 求助服务中心	居住情况	城镇常住居民	1166	24.23	10.74
		城镇临时居民	195	16.65	1.80
		农村常住居民	700	16.09	6.45
		农村临时居民	51	17.23	0.47

表 5-74　关于问题 21(c)调查结果的居住地因素分析

选项	基本信息		人数/人	占同居住地比例/%	占总人数比例/%
全民终身学习活动周	居住地	江北	69	11.52	0.64
		江东	18	12.86	0.17
		海曙	39	13.93	0.36
		镇海	174	21.14	1.60
		北仑	290	26.83	2.67
		鄞州	401	25.77	3.69
		慈溪	437	22.05	4.02
		余姚	265	21.44	2.44
		奉化	126	14.06	1.16
		宁海	303	27.22	2.79
		象山	145	22.24	1.34
全民读书月	居住地	江北	96	16.03	0.88
		江东	16	11.43	0.15
		海曙	52	18.57	0.48
		镇海	101	12.27	0.93
		北仑	147	13.60	1.35
		鄞州	239	15.36	2.20
		慈溪	448	22.60	4.13
		余姚	229	18.53	2.11
		奉化	140	15.63	1.29
		宁海	133	11.95	1.22
		象山	100	15.34	0.92

续表

选项	基本信息		人数/人	占同居住地比例/%	占总人数比例/%
天一讲堂	居住地	江北	127	21.20	1.17
		江东	30	21.43	0.28
		海曙	79	28.21	0.73
		镇海	152	18.47	1.40
		北仑	127	11.75	1.17
		鄞州	269	17.29	2.48
		慈溪	308	15.54	2.84
		余姚	191	15.45	1.76
		奉化	147	16.41	1.35
		宁海	147	13.21	1.35
		象山	144	22.09	1.33
中华慈孝节	居住地	江北	115	19.20	1.06
		江东	11	7.86	0.10
		海曙	19	6.79	0.17
		镇海	63	7.65	0.58
		北仑	45	4.16	0.41
		鄞州	129	8.29	1.19
		慈溪	207	10.44	1.91
		余姚	117	9.47	1.08
		奉化	96	10.71	0.88
		宁海	126	11.32	1.16
		象山	68	10.43	0.63
道德讲堂	居住地	江北	69	11.52	0.64
		江东	13	9.29	0.12
		海曙	38	13.57	0.35
		镇海	128	15.55	1.18
		北仑	180	16.65	1.66

续表

选项	基本信息		人数/人	占同居住地 比例/%	占总人数 比例/%
道德讲堂	居住地	鄞州	213	13.69	1.96
		慈溪	347	17.51	3.20
		余姚	334	27.02	3.08
		奉化	141	15.74	1.30
		宁海	106	9.52	0.98
		象山	132	20.25	1.22
社科讲堂	居住地	江北	49	8.18	0.45
		江东	4	2.86	0.04
		海曙	15	5.36	0.14
		镇海	50	6.08	0.46
		北仑	63	5.83	0.58
		鄞州	102	6.56	0.94
		慈溪	131	6.61	1.21
		余姚	106	8.58	0.98
		奉化	55	6.14	0.51
		宁海	62	5.57	0.57
		象山	62	9.51	0.57
宁波社区教育讲师团 "百课送基层进社区"	居住地	江北	80	13.36	0.74
		江东	10	7.14	0.09
		海曙	25	8.93	0.23
		镇海	113	13.73	1.04
		北仑	148	13.69	1.36
		鄞州	177	11.38	1.63
		慈溪	228	11.50	2.10
		余姚	155	12.54	1.43
		奉化	77	8.59	0.71
		宁海	80	7.19	0.74
		象山	89	13.65	0.82

续表

选项	基本信息		人数/人	占同居住地比例/%	占总人数比例/%
81890求助服务中心	居住地	江北	171	28.55	1.57
		江东	45	32.14	0.41
		海曙	118	42.14	1.09
		镇海	299	36.33	2.75
		北仑	258	23.87	2.38
		鄞州	284	18.25	2.62
		慈溪	379	19.12	3.49
		余姚	97	7.85	0.89
		奉化	103	11.50	0.95
		宁海	256	23.00	2.36
		象山	65	9.97	0.60

综上，"全民终身学习活动周"作为一个终身学习品牌是非常成功的。居民对其的知晓度、参与度和满意度都是最高的。把"全民终身学习活动周"的成功经验予以发扬是发挥终身学习活动品牌效应的必要步骤，是建设学习型城市的必要一环。如何让其他终身学习品牌突破地域限制，扩大其知名度和影响力，是我们下一步应该深入思考的。

六、学习资源建设及其社会开放情况

本书中的学习资源是指在学习过程中可被学习者利用的一切要素，主要包括支持学习的人、财、物、信息等一切内外部的软件和硬件支持条件。问卷中，我们将"您目前主要的学习途径有哪些?"(以下称"问题15")"近年来您关注的学习内容是什么?"(以下称"问题16")和"您认为您周围可供利用的教育和学习资源充足吗?"(以下称"问题20")这三个问题作为判断学习型城市资源建设情况的依据。

如表5-75所示，针对问题15"您目前主要的学习途径有哪些?"，被调查的居民中，有56.92%的人主要通过报纸、书籍、电视自学等途径进行学习，有36.51%的人通过网络学习，有30.62%的人选择学校教育。从各个具体因素来分析，结论如下。

表 5-75　关于问题 15 的调查统计

选项	人数/人	占总人数比例/%
专项培训	3005	27.67%
学校教育	3325	30.62%
各类讲座	2658	24.48%
通过报纸、书籍、电视自学	6182	56.92%
网络学习	3965	36.51%
通过学习团队学习	1056	9.72%
其他	1306	12.03%
未选	199	1.83%

1）性别因素方面，女性比男性更偏向于学校教育，且女性更倾向于各类讲座、网络学习和通过学习团队学习。（见表 5-76）

2）年龄因素方面，选择专项培训的主要是 18～50 岁人群；18 岁以下的人倾向于选择学校教育；60 岁以上的人比较喜欢各类讲座；年龄越高，越喜欢通过报纸、书籍、电视自学；网络学习较受 18～50 岁人群欢迎；通过学习团队学习尚未被广泛接受，选择这种学习途径的人很少。（见表 5-77）

3）文化程度因素方面，文化程度越高，进行学习的可能性越大，选择某种学习途径的比例越大。（见表 5-78）

4）职业因素方面，通过报纸、书籍、电视自学的认可度最高，基本在 50% 以上（在校学生除外）；选择专项培训、各类讲座比例较高的人群是机关事业单位工作人员（45.41%，40.79%）、社会团体工作人员（33.40%，30.40%）、企业职工（31.00%，21.98%）；农民和待业失业人员选择专项培训的比例偏低（15.56%，20.95%）；机关事业单位工作人员（47.52%）、企业职工（42.60%）、社会团体工作人员（38.40%）等把网络学习作为主要学习途径之一；通过学习团队学习并未得到广泛推广，机关事业单位工作人员、社会团体工作人员和在校学生的数据略高于其他人群（约 13%），但在企业职工中绝对人数较多。（见表 5-79）

5）月收入因素方面，通过报纸、书籍、电视自学的学习途径为所有人群所接受，且接受度很高，都达到 50% 以上；收入较高的人群还倾向于网络学习和专项培训。（见表 5-80）

6）居住情况因素方面，城镇居民选择通过专项培训、学校教育和各类讲座学习的比例高于农村居民;通过报纸、书籍、电视自学和网络学习的常住居民高于临时居民,临时居民选择通过学习团队学习的比例高于常住居民。(见表 5-81)

7)居住地因素方面,选择专项培训比例最高的是镇海、鄞州、江东;选择学校教育比例最高的是鄞州、慈溪、余姚;选择各类讲座的比例较高的是北仑、海曙和象山;对网络学习的认可度较高的是海曙、镇海、慈溪;对通过学习团队学习认可度比较高的是慈溪和江东。(见表 5-82)

表 5-76 关于问题 15 调查结果的性别因素分析

选项	基本信息		人数/人	占同性别比例/%	占总人数比例/%
专项培训	性别	男	1252	27.95	11.53
		女	1680	27.88	15.47
学校教育	性别	男	1169	26.10	10.76
		女	2023	33.58	18.63
各类讲座	性别	男	1053	23.51	9.70
		女	1471	24.41	13.55
通过报纸、书籍、电视自学	性别	男	2538	56.66	23.37
		女	3372	55.97	31.05
网络学习	性别	男	1549	34.58	14.26
		女	2263	37.56	20.84
通过学习团队学习	性别	男	413	9.22	3.80
		女	589	9.78	5.42
其他	性别	男	579	12.93	5.33
		女	658	10.92	6.06

表 5-77 关于问题 15 调查结果的年龄因素分析

选项	基本信息		人数/人	占同年龄段比例/%	占总人数比例/%
专项培训	年龄	18 岁以下	198	23.43	1.82
		18~35 岁	1334	30.31	12.28
		36~50 岁	1105	30.87	10.17
		51~60 岁	277	22.25	2.55
		60 岁以上	78	10.92	0.72

续表

选项	基本信息		人数/人	占同年龄段比例/%	占总人数比例/%
学校教育	年龄	18 岁以下	603	71.36	5.55
		18～35 岁	1788	40.63	16.46
		36～50 岁	619	17.29	5.70
		51～60 岁	170	13.65	1.57
		60 岁以上	75	10.50	0.69
各类讲座	年龄	18 岁以下	128	15.15	1.18
		18～35 岁	1085	24.65	9.99
		36～50 岁	900	25.14	8.29
		51～60 岁	312	25.06	2.87
		60 岁以上	189	26.47	1.74
通过报纸、书籍、电视自学	年龄	18 岁以下	315	37.28	2.90
		18～35 岁	2351	53.42	21.65
		36～50 岁	2143	59.86	19.73
		51～60 岁	784	62.97	7.22
		60 岁以上	459	64.29	4.23
网络学习	年龄	18 岁以下	219	25.92	2.02
		18～35 岁	2000	45.44	18.42
		36～50 岁	1324	36.98	12.19
		51～60 岁	267	21.45	2.46
		60 岁以上	82	11.48	0.76
通过学习团队学习	年龄	18 岁以下	94	11.12	0.87
		18～35 岁	486	11.04	4.48
		36～50 岁	300	8.38	2.76
		51～60 岁	88	7.07	0.81
		60 岁以上	66	9.24	0.61
其他	年龄	18 岁以下	72	8.52	0.66
		18～35 岁	438	9.95	4.03
		36～50 岁	436	12.18	4.01
		51～60 岁	198	15.90	1.82
		60 岁以上	133	18.63	1.22

表 5-78 关于问题 15 调查结果的文化程度因素分析

选项	基本信息		人数/人	占同文化程度比例/%	占总人数比例/%
专项培训	文化程度	小学及以下	152	16.29	1.40
		初中	558	20.76	5.14
		高中(中专)	691	25.75	6.36
		大专	873	31.12	8.04
		本科及以上	710	43.96	6.54
学校教育	文化程度	小学及以下	157	16.83	1.45
		初中	590	21.95	5.43
		高中(中专)	779	29.02	7.17
		大专	1141	40.68	10.51
		本科及以上	570	35.29	5.25
各类讲座	文化程度	小学及以下	161	17.26	1.48
		初中	495	18.42	4.56
		高中(中专)	588	21.91	5.41
		大专	719	25.63	6.62
		本科及以上	637	39.44	5.87
通过报纸、书籍、电视自学	文化程度	小学及以下	456	48.87	4.20
		初中	1349	50.19	12.42
		高中(中专)	1547	57.64	14.24
		大专	1608	57.33	14.81
		本科及以上	1048	64.89	9.65
网络学习	文化程度	小学及以下	94	10.08	0.87
		初中	555	20.65	5.11
		高中(中专)	1000	37.26	9.21
		大专	1273	45.38	11.72
		本科及以上	959	59.38	8.83
通过学习团队学习	文化程度	小学及以下	61	6.54	0.56
		初中	187	6.96	1.72

续表

选项	基本信息		人数/人	占同文化程度 比例/%	占总人数 比例/%
通过学习团队学习	文化程度	高中(中专)	214	7.97	1.97
		大专	315	11.23	2.90
		本科及以上	250	15.48	2.30
其他	文化程度	小学及以下	220	23.58	2.03
		初中	399	14.84	3.67
		高中(中专)	303	11.29	2.79
		大专	210	7.49	1.93
		本科及以上	147	9.10	1.35

表 5-79　关于问题 15 调查结果的职业因素分析

选项	基本信息		人数/人	占同职业类型 比例/%	占总人数 比例/%
专项培训	职业	机关事业单位工作人员	668	45.41	6.15
		在校学生	391	19.78	3.60
		企业职工	959	31.00	8.83
		农民	167	15.56	1.54
		社会团体工作人员	167	33.40	1.54
		自由职业者	354	24.16	3.26
		待业失业人员	31	20.95	0.29
		其他	225	24.19	2.07
学校教育	职业	机关事业单位工作人员	448	30.46	4.13
		在校学生	1483	75.01	13.66
		企业职工	593	19.17	5.46
		农民	125	11.65	1.15
		社会团体工作人员	140	28.00	1.29
		自由职业者	246	16.79	2.27
		待业失业人员	26	17.57	0.24
		其他	165	17.74	1.52

续表

选项	基本信息		人数/人	占同职业类型 比例/%	占总人数 比例/%
各类讲座	职业	机关事业单位工作人员	600	40.79	5.52
		在校学生	351	17.75	3.23
		企业职工	680	21.98	6.26
		农民	234	21.81	2.15
		社会团体工作人员	152	30.40	1.40
		自由职业者	253	17.27	2.33
		待业失业人员	30	20.27	0.28
		其他	289	31.08	2.66
通过报纸、 书籍、 电视自学	职业	机关事业单位工作人员	923	62.75	8.50
		在校学生	879	44.46	8.09
		企业职工	1808	58.44	16.65
		农民	632	58.90	5.82
		社会团体工作人员	308	61.60	2.84
		自由职业者	789	53.86	7.27
		待业失业人员	78	52.70	0.72
		其他	574	61.72	5.29
网络学习	职业	机关事业单位工作人员	699	47.52	6.44
		在校学生	656	33.18	6.04
		企业职工	1318	42.60	12.14
		农民	147	13.70	1.35
		社会团体工作人员	192	38.40	1.77
		自由职业者	452	30.85	4.16
		待业失业人员	29	19.59	0.27
		其他	376	40.43	3.46
通过学习 团队学习	职业	机关事业单位工作人员	196	13.32	1.80
		在校学生	248	12.54	2.28
		企业职工	262	8.47	2.41

续表

选项	基本信息		人数/人	占同职业类型 比例/%	占总人数 比例/%
通过学习 团队学习	职业	农民	49	4.57	0.45
		社会团体工作人员	66	13.20	0.61
		自由职业者	95	6.48	0.87
		待业失业人员	10	6.76	0.09
		其他	98	10.54	0.90
其他	职业	机关事业单位工作人员	108	7.34	0.99
		在校学生	142	7.18	1.31
		企业职工	320	10.34	2.95
		农民	195	18.17	1.80
		社会团体工作人员	50	10.00	0.46
		自由职业者	232	15.84	2.14
		待业失业人员	26	17.57	0.24
		其他	182	19.57	1.68

表 5-80　关于问题 15 调查结果的月收入因素分析

选项	基本信息		人数/人	占同月收入水平 比例/%	占总人数 比例/%
专项培训	月收入	2000 元以下	650	21.17	5.99
		2000～5000 元	1537	29.41	14.15
		5001～8000 元	580	35.94	5.34
		8001～11000 元	111	37.50	1.02
		11000 元以上	46	30.07	0.42
学校教育	月收入	2000 元以下	1288	41.94	11.86
		2000～5000 元	1201	22.98	11.06
		5001～8000 元	397	24.60	3.66
		8001～11000 元	73	24.66	0.67
		11000 元以上	49	32.03	0.45
各类讲座	月收入	2000 元以下	597	19.44	5.50
		2000～5000 元	1317	25.20	12.13

续表

选项	基本信息/人		人数/人	占同月收入水平 比例/%	占总人数 比例/%
各类讲座	月收入	5001~8000 元	501	31.04	4.61
		8001~11000 元	111	37.50	1.02
		11000 元以上	44	28.76	0.41
通过报纸、书籍、 电视自学	月收入	2000 元以下	1568	51.06	14.44
		2000~5000 元	3046	58.27	28.05
		5001~8000 元	1010	62.58	9.30
		8001~11000 元	174	58.78	1.60
		11000 元以上	94	61.44	0.87
网络学习	月收入	2000 元以下	777	25.30	7.15
		2000~5000 元	2034	38.91	18.73
		5001~8000 元	753	46.65	6.93
		8001~11000 元	150	50.68	1.38
		11000 元以上	77	50.33	0.71
通过学习团队学习	月收入	2000 元以下	260	8.47	2.39
		2000~5000 元	450	8.61	4.14
		5001~8000 元	197	12.21	1.81
		8001~11000 元	47	15.88	0.43
		11000 元以上	19	12.42	0.17
其他	月收入	2000 元以下	416	13.55	3.83
		2000~5000 元	609	11.65	5.61
		5001~8000 元	166	10.29	1.53
		8001~11000 元	34	11.49	0.31
		11000 元以上	17	11.11	0.16

表 5-81　关于问题 15 调查结果的居住情况因素分析

选项	基本信息		人数/人	占同居住情况 比例/%	占总人数 比例/%
专项培训	居住情况	城镇常住居民	1581	32.85	14.56
		城镇临时居民	304	25.96	2.80
		农村常住居民	1006	23.13	9.26
		农村临时居民	52	17.57	0.48
学校教育	居住情况	城镇常住居民	1582	32.87	14.57
		城镇临时居民	388	33.13	3.57
		农村常住居民	1172	26.94	10.79
		农村临时居民	79	26.69	0.73
各类讲座	居住情况	城镇常住居民	1446	30.04	13.31
		城镇临时居民	246	21.01	2.27
		农村常住居民	846	19.45	7.79
		农村临时居民	42	14.19	0.39
通过报纸、书籍、 电视自学	居住情况	城镇常住居民	2897	60.19	26.68
		城镇临时居民	534	45.60	4.92
		农村常住居民	2429	55.84	22.37
		农村临时居民	143	48.31	1.32
网络学习	居住情况	城镇常住居民	2036	42.30	18.75
		城镇临时居民	335	28.61	3.08
		农村常住居民	1397	32.11	12.86
		农村临时居民	97	32.77	0.89
通过学习团队学习	居住情况	城镇常住居民	4195	87.16	38.63
		城镇临时居民	1059	90.44	9.75
		农村常住居民	3898	89.61	35.89
		农村临时居民	276	93.24	2.54
其他	居住情况	城镇常住居民	460	9.56	4.24
		城镇临时居民	155	13.24	1.43
		农村常住居民	588	13.52	5.41
		农村临时居民	57	19.26	0.52

表 5-82　关于问题 15 调查结果的居住地因素分析

选项	基本信息		人数/人	占同居住地比例/%	占总人数比例/%
专项培训	居住地	江北	166	27.71	1.53
		江东	54	38.57	0.50
		海曙	68	24.29	0.63
		镇海	334	40.58	3.08
		北仑	277	25.62	2.55
		鄞州	479	30.78	4.41
		慈溪	504	25.43	4.64
		余姚	343	27.75	3.16
		奉化	164	18.30	1.51
		宁海	323	29.02	2.97
		象山	159	24.39	1.46
学校教育	居住地	江北	177	29.55	1.63
		江东	45	32.14	0.41
		海曙	74	26.43	0.68
		镇海	224	27.22	2.06
		北仑	219	20.26	2.02
		鄞州	590	37.92	5.43
		慈溪	665	33.55	6.12
		余姚	405	32.77	3.73
		奉化	208	23.21	1.92
		宁海	354	31.81	3.26
		象山	193	29.60	1.78
各类讲座	居住地	江北	102	17.03	0.94
		江东	29	20.71	0.27
		海曙	79	28.21	0.73
		镇海	205	24.91	1.89
		北仑	429	39.69	3.95

续表

选项	基本信息		人数/人	占同居住地比例/%	占总人数比例/%
各类讲座	居住地	鄞州	347	22.30	3.20
		慈溪	505	25.48	4.65
		余姚	295	23.87	2.72
		奉化	127	14.17	1.17
		宁海	223	20.04	2.05
		象山	175	26.84	1.61
通过报纸、书籍、电视自学	居住地	江北	307	51.25	2.83
		江东	82	58.57	0.76
		海曙	193	68.93	1.78
		镇海	496	60.27	4.57
		北仑	657	60.78	6.05
		鄞州	806	51.80	7.42
		慈溪	1129	56.96	10.40
		余姚	695	56.23	6.40
		奉化	527	58.82	4.85
		宁海	557	50.04	5.13
		象山	380	58.28	3.50
网络学习	居住地	江北	22	3.67	0.20
		江东	63	45.00	0.58
		海曙	134	47.86	1.23
		镇海	392	47.63	3.61
		北仑	346	32.01	3.19
		鄞州	579	37.21	5.33
		慈溪	783	39.51	7.21
		余姚	484	39.16	4.46
		奉化	239	26.67	2.20
		宁海	238	21.38	2.19
		象山	267	40.95	2.46

续表

选项	基本信息		人数/人	占同居住地比例/%	占总人数比例/%
通过学习团队学习	居住情况	江北	63	10.52	0.58
		江东	18	12.86	0.17
		海曙	19	6.79	0.17
		镇海	77	9.36	0.71
		北仑	64	5.92	0.59
		鄞州	153	9.83	1.41
		慈溪	263	13.27	2.42
		余姚	135	10.92	1.24
		奉化	71	7.92	0.65
		宁海	82	7.37	0.76
		象山	53	8.13	0.49
其他	居住情况	江北	79	13.19	0.73
		江东	17	12.14	0.16
		海曙	30	10.71	0.28
		镇海	78	9.48	0.72
		北仑	129	11.93	1.19
		鄞州	156	10.03	1.44
		慈溪	225	11.35	2.07
		余姚	164	13.27	1.51
		奉化	131	14.62	1.21
		宁海	120	10.78	1.10
		象山	80	12.27	0.74

如表 5-83 所示,针对问题 16"近年来您关注的学习内容是什么?",在所调查的居民中,有 39.99% 的居民关注的学习内容是专业知识和技能,有 33.15% 的人关注保健养生,20.41% 的人关注生活休闲。

表 5-83　关于问题 16 的调查结果

选项	人数/人	占总人数比例/%
保健养生	3600	33.15
专业知识和技能	4343	39.99
文化修养	2393	22.03
生活休闲	2216	20.41
时政新闻	1540	14.18
金融投资	822	7.57
其他	768	7.07

如表 5-84 所示,针对问题 20"您认为您周围可供利用珠教育和学习资源充足吗?",26.48% 的受调查者认为"充足",30.14% 的人认为"比较充足",30.80% 的人认为"一般",11.81% 的人认为"比较少"或"少"。从各个具体因素来分析,结论如下。

表 5-84　关于问题 20 的调查统计

选项	人数/人	占总人数比例/%
充足	2876	26.48
比较充足	3273	30.14
一般	3345	30.80
比较少	822	7.57
少	461	4.24
未选	83	0.76

1)性别因素方面,区分度不大。(见表 5-85)

2)年龄因素方面,18 周岁以下人群中有 40.12% 认为资源充足,其余人群无明显区分。(见表 5-86)

3)文化程度因素方面,本科及以上人群认为"充足"和"比较充足"的比例略高于其他人群。(见表 5-87)

4)职业因素方面,机关事业单位工作人员、在校学生、社会团体工作人员认为充足(含"充足"和"比较充足")的比例高于其他人群。(见表 5-88)

5)月收入因素方面,不同月收入群体对此无明显区分。(见表 5-89)

6）居住情况因素方面，城镇的资源略优于农村。（见表5-90）

7）居住地因素方面，认为资源充足比例最高的是北仑（42.65％），其次是鄞州（32.39％）、海曙（30.00％）；认为比较充足比例最高的是宁海（37.65％），其次是海曙（37.14％）、鄞州31.30％、北仑（29.32％）。（见表5-91）

表 5-85　关于问题 20 调查结果的性别因素分析

选项	基本信息		人数/人	占同性别比例/%	占总人数比例/%
充足	性别	男	1214	27.10	11.18
		女	1556	25.83	14.33
比较充足	性别	男	1321	29.49	12.16
		女	1833	30.42	16.88
一般	性别	男	1344	30.01	12.38
		女	1883	31.25	17.34
比较少	性别	男	334	7.46	3.08
		女	451	7.49	4.15
少	性别	男	209	4.67	1.92
		女	230	3.82	2.12

表 5-86　关于问题 20 调查结果的文化程度因素分析

选项	基本信息		人数/人	占同文化程度比例/%	占总人数比例/%
充足	文化程度	小学及以下	262	28.08	2.41
		初中	660	24.55	6.08
		高中(中专)	665	24.78	6.12
		大专	736	26.24	6.78
		本科及以上	512	31.70	4.71
比较充足	文化程度	小学及以下	207	22.19	1.91
		初中	715	26.60	6.58
		高中(中专)	818	30.48	7.53
		大专	933	33.26	8.59
		本科及以上	543	33.62	5.00

续表

选项	基本信息		人数/人	占同文化程度比例/%	占总人数比例/%
一般	文化程度	小学及以下	292	31.30	2.69
		初中	842	31.32	7.75
		高中(中专)	846	31.52	7.79
		大专	882	31.44	8.12
		本科及以上	434	26.87	4.00
比较少	文化程度	小学及以下	72	7.72	0.66
		初中	234	8.71	2.15
		高中(中专)	227	8.46	2.09
		大专	176	6.27	1.62
		本科及以上	94	5.82	0.87
少	文化程度	小学及以下	84	9.00	0.77
		初中	182	6.77	1.68
		高中(中专)	100	3.73	0.92
		大专	52	1.85	0.48
		本科及以上	29	1.80	0.27

表 5-87　关于问题 20 调查结果的年龄因素分析

选项	基本信息		人数/人	占同年龄段比例/%	占总人数比例/%
充足	年龄	18 岁以下	339	40.12	3.12
		18~35 岁	1101	25.02	10.14
		36~50 岁	943	26.34	8.68
		51~60 岁	306	24.58	2.82
		60 岁以上	154	21.57	1.42
比较充足	年龄	18 岁以下	260	30.77	2.39
		18~35 岁	1424	32.36	13.11
		36~50 岁	1011	28.24	9.31
		51~60 岁	345	27.71	3.18
		60 岁以上	197	27.59	1.81

续表

选项	基本信息		人数/人	占同年龄段比例/%	占总人数比例/%
一般	年龄	18 岁以下	186	22.01	1.71
		18～35 岁	1376	31.27	12.67
		36～50 岁	1105	30.87	10.17
		51～60 岁	405	32.53	3.73
		60 岁以上	240	33.61	2.21
比较少	年龄	18 岁以下	42	4.97	0.39
		18～35 岁	327	7.43	3.01
		36～50 岁	299	8.35	2.75
		51～60 岁	88	7.07	0.81
		60 岁以上	47	6.58	0.43
少	年龄	18 岁以下	12	1.42	0.11
		18～35 岁	144	3.27	1.33
		36～50 岁	186	5.20	1.71
		51～60 岁	72	5.78	0.66
		60 岁以上	42	5.88	0.39

表 5-88 关于问题 20 调查结果的职业因素分析

选项	基本信息		人数/人	占同职业类型比例/%	占总人数比例/%
充足	职业	机关事业单位工作人员	488	33.17	4.49
		在校学生	639	32.32	5.88
		企业职工	735	23.76	6.77
		农民	200	18.64	1.84
		社会团体工作人员	152	30.40	1.40
		自由职业者	315	21.50	2.90
		待业失业人员	32	21.62	0.29
		其他	258	27.74	2.38
比较充足	职业	机关事业单位工作人员	549	37.32	5.06
		在校学生	626	31.66	5.76

续表

选项	基本信息		人数/人	占同职业类型比例/%	占总人数比例/%
比较充足	职业	企业职工	831	26.86	7.65
		农民	268	24.98	2.47
		社会团体工作人员	183	36.60	1.69
		自由职业者	451	30.78	4.15
		待业失业人员	35	23.65	0.32
		其他	267	28.71	2.46
一般	职业	机关事业单位工作人员	330	22.43	3.04
		在校学生	575	29.08	5.29
		企业职工	1083	35.00	9.97
		农民	344	32.06	3.17
		社会团体工作人员	125	25.00	1.15
		自由职业者	481	32.83	4.43
		待业失业人员	51	34.46	0.47
		其他	283	30.43	2.61
比较少	职业	机关事业单位工作人员	67	4.55	0.62
		在校学生	82	4.15	0.76
		企业职工	290	9.37	2.67
		农民	92	8.57	0.85
		社会团体工作人员	22	4.40	0.20
		自由职业者	144	9.83	1.33
		待业失业人员	16	10.81	0.15
		其他	74	7.96	0.68
少	职业	机关事业单位工作人员	26	1.77	0.24
		在校学生	37	1.87	0.34
		企业职工	113	3.65	1.04
		农民	142	13.23	1.31
		社会团体工作人员	13	2.60	0.12
		自由职业者	58	3.96	0.53
		待业失业人员	13	8.78	0.12
		其他	4	0.43	0.04

表 5-89 关于问题 20 调查结果的月收入因素分析

选项	基本信息		人数/人	占同月收入水平比例/%	占总人数比例/%
充足	月收入	2000 元以下	879	28.62	8.09
		2000~5000 元	1239	23.70	11.41
		5001~8000 元	459	28.44	4.23
		8001~11000 元	99	33.45	0.91
		11000 元以上	42	27.45	0.39
比较充足	月收入	2000 元以下	820	26.70	7.55
		2000~5000 元	1663	31.82	15.31
		5001~8000 元	537	33.27	4.94
		8001~11000 元	80	27.03	0.74
		11000 元以上	32	20.92	0.29
一般	月收入	2000 元以下	923	30.06	8.50
		2000~5000 元	1668	31.91	15.36
		5001~8000 元	441	27.32	4.06
		8001~11000 元	77	26.01	0.71
		11000 元以上	56	36.60	0.52
比较少	月收入	2000 元以下	228	7.42	2.10
		2000~5000 元	406	7.77	3.74
		5001~8000 元	112	6.94	1.03
		8001~11000 元	26	8.78	0.24
		11000 元以上	14	9.15	0.13
少	月收入	2000 元以下	175	5.70	1.61
		2000~5000 元	196	3.75	1.80
		5001~8000 元	52	3.22	0.48
		8001~11000 元	13	4.39	0.12
		11000 元以上	9	5.88	0.08

表 5-90　关于问题 20 调查结果的居住情况因素分析

选项	基本信息		人数/人	占同居住情况比例/%	占总人数比例/%
充足	居住情况	城镇常住居民	1533	31.85	14.12
		城镇临时居民	282	24.08	2.60
		农村常住居民	941	21.63	8.66
		农村临时居民	49	16.55	0.45
比较充足	居住情况	城镇常住居民	1528	31.75	14.07
		城镇临时居民	367	31.34	3.38
		农村常住居民	1221	28.07	11.24
		农村临时居民	70	23.65	0.64
一般	居住情况	城镇常住居民	1281	26.62	11.80
		城镇临时居民	372	31.77	3.43
		农村常住居民	1513	34.78	13.93
		农村临时居民	113	38.18	1.04
比较少	居住情况	城镇常住居民	299	6.21	2.75
		城镇临时居民	99	8.45	0.91
		农村常住居民	360	8.28	3.31
		农村临时居民	31	10.47	0.29
少	居住情况	城镇常住居民	129	2.68	1.19
		城镇临时居民	37	3.16	0.34
		农村常住居民	258	5.93	2.38
		农村临时居民	25	8.45	0.23

表 5-91　关于问题 20 调查结果的居住地因素分析

选项	基本信息		人数/人	占同居住地比例/%	占总人数比例/%
充足	居住地	江北	144	24.04	1.33
		江东	39	27.86	0.36
		海曙	84	30.00	0.77
		镇海	108	13.12	0.99
		北仑	461	42.65	4.24

续表

选项	基本信息		人数/人	占同居住地比例/%	占总人数比例/%
充足	居住地	鄞州	504	32.39	4.64
		慈溪	519	26.19	4.78
		余姚	299	24.19	2.75
		奉化	157	17.52	1.45
		宁海	237	21.29	2.18
		象山	152	23.31	1.40
比较充足	居住地	江北	158	26.38	1.45
		江东	31	22.14	0.29
		海曙	104	37.14	0.96
		镇海	238	28.92	2.19
		北仑	317	29.32	2.92
		鄞州	487	31.30	4.48
		慈溪	596	30.07	5.49
		余姚	431	34.87	3.97
		奉化	145	16.18	1.34
		宁海	419	37.65	3.86
		象山	194	29.75	1.79
一般	居住地	江北	213	35.56	1.96
		江东	53	37.86	0.49
		海曙	61	21.79	0.56
		镇海	337	40.95	3.10
		北仑	234	21.65	2.15
		鄞州	410	26.35	3.78
		慈溪	628	31.69	5.78
		余姚	365	29.53	3.36
		奉化	353	39.40	3.25
		宁海	333	29.92	3.07
		象山	190	29.14	1.75

续表

选项	基本信息		人数/人	占同居住地 比例/%	占总人数 比例/%
比较少	居住地	江北	56	9.35	0.52
		江东	14	10.00	0.13
		海曙	16	5.71	0.15
		镇海	106	12.88	0.98
		北仑	50	4.63	0.46
		鄞州	90	5.78	0.83
		慈溪	131	6.61	1.21
		余姚	63	5.10	0.58
		奉化	102	11.38	0.94
		宁海	73	6.56	0.67
		象山	65	9.97	0.60
少	居住地	江北	22	3.67	0.20
		江东	2	1.43	0.02
		海曙	9	3.21	0.08
		镇海	24	2.92	0.22
		北仑	9	0.83	0.08
		鄞州	37	2.38	0.34
		慈溪	62	3.13	0.57
		余姚	68	5.50	0.63
		奉化	134	14.96	1.23
		宁海	24	2.16	0.22
		象山	45	6.90	0.41

　　另外,在学习资源建设方面,调查发现,宁波市 2013 年、2014 年开通终身学习网络(提供网上学习资源和网上学习服务)的居委会数分别为 2627 个、2742个(缺鄞州、余姚统计数据);各级各类培训机构数分别为 777 个、825 个;各级各类培训机构的学生数分别为 219446 人、238997 人。截至 2014 年,宁波市共有公共图书馆 12 个;群艺馆、文化馆 12 个;博物馆、纪念馆 18 个(据统计年鉴);

截至 2016 年 4 月 1 日 14:00,"终身学习网"注册人数已经达到 894615 人。

在学习资源的社会开放程度方面,宁波市 2013 年、2014 年面向社会开放的中、小学校分别有 478 所、484 所,分别占宁波市中、小学总数(587－51＝536(所),589－51＝538(所),缺象山统计数据)的 89.18％、89.96％;2013 年、2014 年面向社会开放的职业教育机构分别有 159 家、170 家(缺余姚统计数据);其他面向社会开放的公共教育资源数分别为 740 个、775 个(缺象山统计数据)。

七、居民的期望和要求

从表 5-92 可以看出,针对问题 23"您认为居民在学习型城市中应该承担什么角色?",73.04％的受调查者选择"参与者", 67.46％选择"学习者", 20.61％认为是"评估者",20.06％认为是"策划者",14.30％认为是"管理者"。从各个具体因素来分析,结论如下。

表 5-92　关于问题 23 的调查统计

选项	人数/人	占总人数比例/％
参与者	7932	73.04
学习者	7326	67.46
策划者	2178	20.06
决策者	1257	11.57
管理者	1553	14.30
评估者	2238	20.61
其他	673	6.20
未选	347	3.20

1)性别因素方面,关于参与者和学习者角色,女性选择略多于男性;男性选择策划者和决策者的比例多于女性;选择管理者和评估者的比例相差不大。(见表 5-93)

2)年龄因素方面,年龄越小,选择策划者和决策者比例越大;选择管理者比例最大的是 18～35 岁的年龄段。(见表 5-94)

3)文化程度因素方面,文化程度越高,认同承担各类角色(管理者除外)的百分比越高;参与者、学习者、评估者是不同文化程度群体普遍选择的角色。(见表 5-95)

(4) 职业因素方面,选择参与者比例最高的是机关事业单位工作人员(81.71%),其次是企业职工(76.83%)和社会团体工作人员(75.80%),农民(63.09%)和待业失业人员选择比例(64.19%)较低;选择学习者比例较高的是在校学生(71.12%)和企业职工(71.07%),其次是机关事业单位工作人员(70.36%),农民(59.37%)和待业失业人员(52.03%)选择比例偏低;选择策划者比例较高的是机关事业单位工作人员(26.65%)和在校学生(25.39%);在校学生是各个职业人群中相对比较愿意担当决策者的人群(17.80%);选择管理者比例较高的是在校学生(21.60%)和机关事业单位工作人员(16.86%);各个职业人群认为应该承担评估者角色的比例相对较高,特别是机关事业单位工作人员(26.51%)、学生(23.98%)、社会团体工作人员(23.40%)及企业职工(21.01%)。(见表5-96)

5) 月收入因素方面,月收入较高的人群相对更愿意承担策划者、决策者、管理者和评估者等角色;选择参与者和学习者角色的比例相当。(见表5-97)

6) 居住情况因素方面,参与者、学习者和评估者这三个角色,常住居民选择的比例高于临时居民;策划者、决策者和管理者这三个角色,总体上,城镇居民选择的比例高于农村居民。值得一提的是,对于决策者这个角色,城镇临时居民选择的比例高达15.97%,高于其他类型的居民,而对于管理者这个角色,农村临时居民选择比例最高(17.57%)。(见表5-98)

7) 居住地因素方面,选择参与者这一角色的群体,海曙、镇海等高达80%以上;学习者角色,镇海高达81.41%,远远高于其他区,且镇海选择策划者的比例(29.77%)也高于其他区;决策者角色,海曙(16.07%)与镇海(15.31%)略高于其他区;管理者角色,海曙(22.86%)远高于其他区;评估者角色,总体上老三区比例更高些,特别是海曙(32.14%)。(见表5-99)

表 5-93　关于问题 23 调查结果的性别因素调查

选项	基本信息		人数/人	占同性别比例/%	占总人数比例/%
参与者	性别	男	3248	72.52	29.91
		女	4479	74.34	41.24
学习者	性别	男	2953	65.93	27.19
		女	4176	69.31	38.45

续表

选项	基本信息		人数/人	占同性别 比例/%	占总人数 比例/%
策划者	性别	男	922	20.58	8.49
		女	1204	19.98	11.09
决策者	性别	男	548	12.23	5.05
		女	673	11.17	6.20
管理者	性别	男	637	14.22	5.87
		女	872	14.47	8.03
评估者	性别	男	934	20.85	8.60
		女	1255	20.83	11.56
其他	性别	男	305	6.81	2.81
		女	337	5.59	3.10

表 5-94　关于问题 23 调查结果的年龄因素分析

选项	基本信息		人数/人	占同年龄段 比例/%	占总人数 比例/%
参与者	年龄	18 岁以下	602	71.24	5.54
		18~35 岁	3298	74.94	30.37
		36~50 岁	2681	74.89	24.69
		51~60 岁	853	68.51	7.85
		60 岁以上	473	66.25	4.36
学习者	年龄	18 岁以下	566	66.98	5.21
		18~35 岁	3141	71.37	28.92
		36~50 岁	2425	67.74	22.33
		51~60 岁	761	61.12	7.01
		60 岁以上	407	57.00	3.75
策划者	年龄	18 岁以下	195	23.08	1.80
		18~35 岁	1001	22.74	9.22
		36~50 岁	714	19.94	6.57
		51~60 岁	186	14.94	1.71
		60 岁以上	76	10.64	0.70

续表

选项	基本信息		人数/人	占同年龄段 比例/%	占总人数 比例/%
决策者	年龄	18 岁以下	130	15.38	1.20
		18~35 岁	588	13.36	5.41
		36~50 岁	357	9.97	3.29
		51~60 岁	110	8.84	1.01
		60 岁以上	65	9.10	0.60
管理者	年龄	18 岁以下	131	15.50	1.21
		18~35 岁	726	16.50	6.69
		36~50 岁	482	13.46	4.44
		51~60 岁	128	10.28	1.18
		60 岁以上	81	11.34	0.75
评估者	年龄	18 岁以下	191	22.60	1.76
		18~35 岁	1048	23.81	9.65
		36~50 岁	718	20.06	6.61
		51~60 岁	181	14.54	1.67
		60 岁以上	94	13.17	0.87
其他	年龄	18 岁以下	53	6.27	0.49
		18~35 岁	224	5.09	2.06
		36~50 岁	218	6.09	2.01
		51~60 岁	110	8.84	1.01
		60 岁以上	62	8.68	0.57

表 5-95　关于问题 23 调查结果的文化程度因素分析

选项	基本信息		人数/人	占同文化程度 比例/%	占总人数 比例/%
参与者	文化程度	小学及以下	594	63.67	5.47
		初中	1747	64.99	16.09
		高中(中专)	1951	72.69	17.97
		大专	2187	77.97	20.14
		本科及以上	1382	85.57	12.73

续表

选项	基本信息		人数/人	占同文化程度比例/%	占总人数比例/%
学习者	文化程度	小学及以下	483	51.77	4.45
		初中	1600	59.52	14.73
		高中(中专)	1811	67.47	16.68
		大专	2188	78.00	20.15
		本科及以上	1256	77.77	11.57
策划者	文化程度	小学及以下	100	10.72	0.92
		初中	431	16.03	3.97
		高中(中专)	475	17.70	4.37
		大专	687	24.49	6.33
		本科及以上	472	29.23	4.35
决策者	文化程度	小学及以下	74	7.93	0.68
		初中	279	10.38	2.57
		高中(中专)	305	11.36	2.81
		大专	354	12.62	3.26
		本科及以上	232	14.37	2.14
管理者	文化程度	小学及以下	84	9.00	0.77
		初中	356	13.24	3.28
		高中(中专)	348	12.97	3.20
		大专	449	16.01	4.13
		本科及以上	306	18.95	2.82
评估者	文化程度	小学及以下	118	12.65	1.09
		初中	409	15.22	3.77
		高中(中专)	474	17.66	4.36
		大专	696	24.81	6.41
		本科及以上	529	32.76	4.87
其他	文化程度	小学及以下	113	12.11	1.04
		初中	212	7.89	1.95
		高中(中专)	157	5.85	1.45
		大专	136	4.85	1.25
		本科及以上	50	3.10	0.46

表 5-96　关于问题 23 调查结果的职业因素分析

选项		基本信息	人数/人	占同职业类别比例/%	占总人数比例/%
参与者	职业	机关事业单位工作人员	1202	81.71	11.07
		在校学生	1376	69.60	12.67
		企业职工	2377	76.83	21.89
		农民	677	63.09	6.23
		社会团体工作人员	379	75.80	3.49
		自由职业者	1024	69.90	9.43
		待业失业人员	95	64.19	0.87
		其他	705	75.81	6.49
学习者	职业	机关事业单位工作人员	1035	70.36	9.53
		在校学生	1406	71.12	12.95
		企业职工	2199	71.07	20.25
		农民	637	59.37	5.87
		社会团体工作人员	337	67.40	3.10
		自由职业者	917	62.59	8.44
		待业失业人员	77	52.03	0.71
		其他	623	66.99	5.74
策划者	职业	机关事业单位工作人员	392	26.65	3.61
		在校学生	502	25.39	4.62
		企业职工	616	19.91	5.67
		农民	115	10.72	1.06
		社会团体工作人员	93	18.60	0.86
		自由职业者	244	16.66	2.25
		待业失业人员	24	16.22	0.22
		其他	164	17.63	1.51
决策者	职业	机关事业单位工作人员	203	13.80	1.87
		在校学生	352	17.80	3.24
		企业职工	295	9.53	2.72

续表

选项	基本信息		人数/人	占同职业类型比例/%	占总人数比例/%
决策者	职业	农民	74	6.90	0.68
		社会团体工作人员	53	10.60	0.49
		自由职业者	162	11.06	1.49
		待业失业人员	9	6.08	0.08
		其他	85	9.14	0.78
管理者	职业	机关事业单位工作人员	248	16.86	2.28
		在校学生	427	21.60	3.93
		企业职工	401	12.96	3.69
		农民	98	9.13	0.90
		社会团体工作人员	63	12.60	0.58
		自由职业者	178	12.15	1.64
		待业失业人员	15	10.14	0.14
		其他	101	10.86	0.93
评估者	职业	机关事业单位工作人员	390	26.51	3.59
		在校学生	474	23.98	4.36
		企业职工	650	21.01	5.99
		农民	127	11.84	1.17
		社会团体工作人员	117	23.40	1.08
		自由职业者	275	18.77	2.53
		待业失业人员	20	13.51	0.18
		其他	163	17.53	1.50
其他	职业	机关事业单位工作人员	53	3.60	0.49
		在校学生	98	4.96	0.90
		企业职工	172	5.56	1.58
		农民	102	9.51	0.94
		社会团体工作人员	21	4.20	0.19
		自由职业者	99	6.76	0.91
		待业失业人员	10	6.76	0.09
		其他	102	10.97	0.94

表 5-97　关于问题 23 调查结果的月收入因素

选项	基本信息		人数/人	占同月收入水平比例/%	占总人数比例/%
参与者	月收入	2000 元以下	2170	70.66	19.98
		2000~5000 元	3841	73.48	35.37
		5001~8000 元	1243	77.01	11.45
		8001~11000 元	232	78.38	2.14
		11000 元以上	124	81.05	1.14
学习者	月收入	2000 元以下	1118	36.41	10.29
		2000~5000 元	1638	31.34	15.08
		5001~8000 元	489	30.30	4.50
		8001~11000 元	80	27.03	0.74
		11000 元以上	43	28.10	0.40
策划者	月收入	2000 元以下	552	17.97	5.08
		2000~5000 元	998	19.09	9.19
		5001~8000 元	418	25.90	3.85
		8001~11000 元	86	29.05	0.79
		11000 元以上	64	41.83	0.59
决策者	月收入	2000 元以下	351	11.43	3.23
		2000~5000 元	540	10.33	4.97
		5001~8000 元	224	13.88	2.06
		8001~11000 元	52	17.57	0.48
		11000 元以上	51	33.33	0.47
管理者	月收入	2000 元以下	441	14.36	4.06
		2000~5000 元	662	12.67	6.10
		5001~8000 元	280	17.35	2.58
		8001~11000 元	60	20.27	0.55
		11000 元以上	50	32.68	0.46
评估者	月收入	2000 元以下	569	18.53	5.24
		2000~5000 元	1037	19.84	9.55

续表

选项	基本信息		人数/人	占同月收入水平 比例/%	占总人数 比例/%
评估者	月收入	5001～8000元	406	25.15	3.74
		8001～11000元	96	32.43	0.88
		11000元以上	59	38.56	0.54
其他	月收入	2000元以下	238	7.75	2.19
		2000～5000元	317	6.06	2.92
		5001～8000元	74	4.58	0.68
		8001～11000元	14	4.73	0.13
		11000元以上	9	5.88	0.08

表 5-98　关于问题 23 调查结果的居住情况因素分析

选项	基本信息		人数/人	占同居住情况 比例/%	占总人数 比例/%
参与者	居住情况	城镇常住居民	3862	80.24	35.56
		城镇临时居民	703	60.03	6.47
		农村常住居民	3083	70.87	28.39
		农村临时居民	182	61.49	1.68
学习者	居住情况	城镇常住居民	3475	72.20	32.00
		城镇临时居民	698	59.61	6.43
		农村常住居民	2878	66.16	26.50
		农村临时居民	177	59.80	1.63
策划者	居住情况	城镇常住居民	1124	23.35	10.35
		城镇临时居民	296	25.28	2.73
		农村常住居民	678	15.59	6.24
		农村临时居民	47	15.88	0.43
决策者	居住情况	城镇常住居民	639	13.28	5.88
		城镇临时居民	187	15.97	1.72
		农村常住居民	380	8.74	3.50
		农村临时居民	27	9.12	0.25

续表

选项	基本信息		人数/人	占同居住情况比例/%	占总人数比例/%
管理者	居住情况	城镇常住居民	764	15.87	7.03
		城镇临时居民	184	15.71	1.69
		农村常住居民	526	12.09	4.84
		农村临时居民	52	17.57	0.48
评估者	居住情况	城镇常住居民	1182	24.56	10.88
		城镇临时居民	196	16.74	1.80
		农村常住居民	786	18.07	7.24
		农村临时居民	52	17.57	0.48
其他	居住情况	城镇常住居民	228	4.74	2.10
		城镇临时居民	76	6.49	0.70
		农村常住居民	328	7.54	3.02
		农村临时居民	24	8.11	0.22

表 5-99 关于问题 23 调查结果的居住地因素分析

选项	基本信息		人数/人	占同居住地比例/%	占总人数比例/%
参与者	居住地	江北	455	75.96	4.19
		江东	102	72.86	0.94
		海曙	233	83.21	2.15
		镇海	685	83.23	6.31
		北仑	845	78.17	7.78
		鄞州	1098	70.57	10.11
		慈溪	1402	70.74	12.91
		余姚	871	70.47	8.02
		奉化	600	66.96	5.52
		宁海	790	70.98	7.27
		象山	514	78.83	4.73

续表

选项	基本信息		人数/人	占同居住地比例/%	占总人数比例/%
学习者	居住地	江北	398	66.44	3.66
		江东	88	62.86	0.81
		海曙	215	76.79	1.98
		镇海	670	81.41	6.17
		北仑	676	62.53	6.22
		鄞州	1048	67.35	9.65
		慈溪	1285	64.83	11.83
		余姚	867	70.15	7.98
		奉化	603	67.30	5.55
		宁海	742	66.67	6.83
		象山	444	68.10	4.09
策划者	居住地	江北	125	20.87	1.15
		江东	35	25.00	0.32
		海曙	77	27.50	0.71
		镇海	245	29.77	2.26
		北仑	231	21.37	2.13
		鄞州	286	18.38	2.63
		慈溪	329	16.60	3.03
		余姚	285	23.06	2.62
		奉化	139	15.51	1.28
		宁海	177	15.90	1.63
		象山	136	20.86	1.25
决策者	居住地	江北	49	8.18	0.45
		江东	16	11.43	0.15
		海曙	45	16.07	0.41
		镇海	126	15.31	1.16
		北仑	129	11.93	1.19

续表

选项	基本信息		人数/人	占同居住地比例/%	占总人数比例/%
决策者	居住地	鄞州	163	10.48	1.50
		慈溪	194	9.79	1.79
		余姚	175	14.16	1.61
		奉化	79	8.82	0.73
		宁海	120	10.78	1.10
		象山	90	13.80	0.83
管理者	居住地	江北	100	16.69	0.92
		江东	20	14.29	0.18
		海曙	64	22.86	0.59
		镇海	129	15.67	1.19
		北仑	156	14.43	1.44
		鄞州	232	14.91	2.14
		慈溪	298	15.04	2.74
		余姚	145	11.73	1.34
		奉化	119	13.28	1.10
		宁海	115	10.33	1.06
		象山	104	15.95	0.96
评估者	居住地	江北	133	22.20	1.22
		江东	37	26.43	0.34
		海曙	90	32.14	0.83
		镇海	166	20.17	1.53
		北仑	231	21.37	2.13
		鄞州	314	20.18	2.89
		慈溪	391	19.73	3.60
		余姚	292	23.62	2.69
		奉化	131	14.62	1.21
		宁海	233	20.93	2.15
		象山	137	21.01	1.26

续表

选项	基本信息		人数/人	占同居住地比例/%	占总人数比例/%
其他	居住地	江北	28	4.67	0.26
		江东	10	7.14	0.09
		海曙	16	5.71	0.15
		镇海	32	3.89	0.29
		北仑	60	5.55	0.55
		鄞州	103	6.62	0.95
		慈溪	125	6.31	1.15
		余姚	88	7.12	0.81
		奉化	70	7.81	0.64
		宁海	51	4.58	0.47
		象山	48	7.36	0.44

对于"您认为如何保障居民参与学习型城市建设的主体性?"(以下称"问题24")这一问题,40.61%的人认为应该提高居民本身的参与意识和能力;37.35%的人认为应该保障居民的知情权和参与权;34.35%的人认为应该用法律保障居民参与学习型城市建设的主体性。(见表5-100)

表 5-100 关于问题 24 的调查统计

选项	人数/人	占总人数比例/%
法律保障	3730	34.35
实施居民听证、评估制度	2796	25.75
保障居民具有知情权和参与权	4056	37.35
提高居民本身的参与意识和能力	4410	40.61
其他	846	7.79

如表5-101所示,针对问题25"为满足每位居民的学习需要,您希望政府做些什么?",67.14%的人希望图书馆、体育馆等公共文化场所更好地向居民开放;55.70%的人希望政府配备更好的学习场所和设施;46.28%的人希望政府向居民开放各级各类学校的教育资源;40.77%的人希望政府能引导组织各种民间社团、学习团队。从各个具体因素来分析,结论如下。

表 5-101　关于问题 25 的调查统计

选项	人数/人	占总人数比例/%
图书馆、体育馆等公共文化场所更好地向居民开放	7291	67.14
配备更好的学习场所和设施	6049	55.70
引导组织各种民间社团、学习团队	4428	40.77
向居民开放各级各类学校的教育资源	5026	46.28
开设远程教育,便于家中学习	4037	37.17
提供学习咨询服务	3820	35.17
其他	562	5.17
未选	391	3.60

1) 性别因素方面,女性对政府能够建设和开放学习资源的期望度略高于男性。(见表 5-102)

2) 年龄因素方面,各个年龄阶段最希望的都是"图书馆、体育馆等公共文化场所更好地向居民开放"和"配备更好的学习场所和设施"。(见表 5-103)

3) 文化程度因素方面,文化程度越高,越希望政府能够建设和开放更便捷的学习资源。(见表 5-104)

4) 职业因素方面,机关事业单位工作人员的期望度高于其他职业人群,在校学生、企业职工及社会团体工作人员的期望度也高于其他职业人群。在配备更好的学习场所和设施方面,待业失业人员的期望度较高(57.43%),仅次于机关事业单位工作人员;提供学习咨询服务方面,社会团体工作人员的期望度偏低(31.20%),仅高于失业待业人员(25.68%)。(见表 5-105)

5) 月收入因素方面,总体上呈现月收入越高,对政府的期望度越高的特点。(见表 5-106)

6) 居住情况因素方面,按对政府的期望度排序,从高到低大致为:城镇常住居民＞农村常住居民＞城镇临时居民＞农村临时居民。在"开设远程教育,便于家中学习"方面,农村临时居民选择比例(37.50%)仅次于城镇常住居民(39.56%)。(见表 5-107)

7) 居住地因素方面,希望"图书馆、体育馆等公共文化场所更好地向居民开放",镇海(79.22%)、海曙(75.00%)和鄞州(73.33%)的百分比较高;希望"配备更好的学习场所和设施",镇海(62.70%)、海曙(61.07%)、江东(60.00%)略高于其他区;希望"引导组织各种民间社团、学习团队",海曙(45.71%)、江东

(43.57%)、象山(43.40%)的比例略高于其他区;希望"向居民开放各级各类学校的教育资源",镇海(56.62%)、海曙(54.29%)高于其他区;希望"开设远程教育,便于家中学习",海曙、江东、镇海百分比分别为 46.43%、44.29%、43.38%,略高于其他区;希望"提供学习咨询服务",海曙(45.00%)、宁海(40.79%)、江东(40.71%)略高于其他区。(见表5-108)

表 5-102　关于问题 25 调查结果的性别因素分析

选项	基本信息		人数/人	占同性别比例/%	占总人数比例/%
图书馆、体育馆等公共文化场所更好地向居民开放	性别	男	2938	65.59	27.05
		女	4161	69.06	38.31
配备更好的学习场所和设施	性别	男	2431	54.28	22.38
		女	3447	57.21	31.74
引导组织各种民间社团、学习团队	性别	男	1733	38.69	15.96
		女	2549	42.31	23.47
向居民开放各级各类学校的教育资源	性别	男	2004	44.74	18.45
		女	2864	47.54	26.37
开设远程教育,便于家中学习	性别	男	1604	35.81	14.77
		女	2329	38.66	21.45
提供学习咨询服务	性别	男	1478	33.00	13.61
		女	2233	37.06	20.56
其他	性别	男	254	5.67	2.34
		女	286	4.75	2.63

表 5-103　关于问题 25 调查结果的年龄因素分析

选项	基本信息		人数/人	占同年龄段比例/%	占总人数比例/%
图书馆、体育馆等公共文化场所更好地向居民开放	年龄	18 岁以下	592	70.06	5.45
		18~35 岁	3103	70.51	28.57
		36~50 岁	2425	67.74	22.33
		51~60 岁	720	57.83	6.63
		60 岁以上	417	58.40	3.84

续表

选项	基本信息		人数/人	占同年龄段比例/%	占总人数比例/%
配备更好的学习场所和设施	年龄	18 岁以下	474	56.09	4.36
		18~35 岁	2552	57.99	23.50
		36~50 岁	1989	55.56	18.31
		51~60 岁	663	53.25	6.10
		60 岁以上	348	48.74	3.20
引导组织各种民间社团、学习团队	年龄	18 岁以下	309	36.57	2.85
		18~35 岁	1931	43.88	17.78
		36~50 岁	1465	40.92	13.49
		51~60 岁	483	38.80	4.45
		60 岁以上	229	32.07	2.11
向居民开放各级各类学校的教育资源	年龄	18 岁以下	321	37.99	2.96
		18~35 岁	2220	50.44	20.44
		36~50 岁	1659	46.34	15.28
		51~60 岁	525	42.17	4.83
		60 岁以上	287	40.20	2.64
开设远程教育，便于家中学习	年龄	18 岁以下	314	37.16	2.89
		18~35 岁	1832	41.63	16.87
		36~50 岁	1337	37.35	12.31
		51~60 岁	371	29.80	3.42
		60 岁以上	174	24.37	1.60
提供学习咨询服务	年龄	18 岁以下	287	33.96	2.64
		18~35 岁	1593	36.20	14.67
		36~50 岁	1292	36.09	11.90
		51~60 岁	440	35.34	4.05
		60 岁以上	194	27.17	1.79
其他	年龄	18 岁以下	57	6.75	0.52
		18~35 岁	201	4.57	1.85
		36~50 岁	166	4.64	1.53
		51~60 岁	83	6.67	0.76
		60 岁以上	53	7.42	0.49

表 5-104 关于问题 25 调查结果的文化程度因素分析

选项	基本信息		人数/人	占同文化程度比例/%	占总人数比例/%
图书馆、体育馆等公共文化场所更好地向居民开放	文化程度	小学及以下	533	57.13	4.91
		初中	1598	59.45	14.71
		高中(中专)	1790	66.69	16.48
		大专	2052	73.16	18.90
		本科及以上	1249	77.34	11.50
配备更好的学习场所和设施	文化程度	小学及以下	399	42.77	3.67
		初中	1328	49.40	12.23
		高中(中专)	1459	54.36	13.43
		大专	1740	62.03	16.02
		本科及以上	1062	65.76	9.78
引导组织各种民间社团、学习团队	文化程度	小学及以下	285	30.55	2.62
		初中	960	35.71	8.84
		高中(中专)	1034	38.52	9.52
		大专	1270	45.28	11.69
		本科及以上	846	52.38	7.79
向居民开放各级各类学校的教育资源	文化程度	小学及以下	319	34.19	2.94
		初中	1070	39.81	9.85
		高中(中专)	1210	45.08	11.14
		大专	1427	50.87	13.14
		本科及以上	961	59.50	8.85
开设远程教育,便于家中学习	文化程度	小学及以下	218	23.37	2.01
		初中	852	31.70	7.85
		高中(中专)	998	37.18	9.19
		大专	1163	41.46	10.71
		本科及以上	776	48.05	7.15
提供学习咨询服务	文化程度	小学及以下	253	27.12	2.33
		初中	885	32.92	8.15

续表

选项	基本信息		人数/人	占同文化程度比例/%	占总人数比例/%
提供学习咨询服务	文化程度	高中(中专)	947	35.28	8.72
		大专	1060	37.79	9.76
		本科及以上	643	39.81	5.92
其他	文化程度	小学及以下	81	8.68	0.75
		初中	164	6.10	1.51
		高中(中专)	124	4.62	1.14
		大专	129	4.60	1.19
		本科及以上	62	3.84	0.57

表 5-105　关于问题 25 调查结果的职业因素分析

选项	基本信息		人数/人	占同职业类型比例/%	占总人数比例/%
图书馆、体育馆等公共文化场所更好地向居民开放	职业	机关事业单位工作人员	1100	74.78	10.13
		在校学生	1350	68.29	12.43
		企业职工	2165	69.97	19.94
		农民	601	56.01	5.53
		社会团体工作人员	329	65.80	3.03
		自由职业者	938	64.03	8.64
		待业失业人员	87	58.78	0.80
		其他	624	67.10	5.75
配备更好的学习场所和设施	职业	机关事业单位工作人员	909	61.79	8.37
		在校学生	1175	59.43	10.82
		企业职工	1716	55.46	15.80
		农民	552	51.44	5.08
		社会团体工作人员	261	52.20	2.40
		自由职业者	775	52.90	7.14
		待业失业人员	85	57.43	0.78
		其他	497	53.44	4.58

续表

选项		基本信息	人数/人	占同职业类型比例/%	占总人数比例/%
引导组织各种民间社团、学习团队	职业	机关事业单位工作人员	715	48.61	6.58
		在校学生	848	42.89	7.81
		企业职工	1239	40.05	11.41
		农民	358	33.36	3.30
		社会团体工作人员	217	43.40	2.00
		自由职业者	578	39.45	5.32
		待业失业人员	50	33.78	0.46
		其他	366	39.35	3.37
向居民开放各级各类学校的教育资源	职业	机关事业单位工作人员	759	51.60	6.99
		在校学生	933	47.19	8.59
		企业职工	1468	47.45	13.52
		农民	421	39.24	3.88
		社会团体工作人员	240	48.00	2.21
		自由职业者	656	44.78	6.04
		待业失业人员	57	38.51	0.52
		其他	420	45.16	3.87
开设远程教育,便于家中学习	职业	机关事业单位工作人员	642	43.64	5.91
		在校学生	797	40.31	7.34
		企业职工	1202	38.85	11.07
		农民	270	25.16	2.49
		社会团体工作人员	177	35.40	1.63
		自由职业者	524	35.77	4.83
		待业失业人员	46	31.08	0.42
		其他	325	34.95	2.99
提供学习咨询服务	职业	机关事业单位工作人员	548	37.25	5.05
		在校学生	700	35.41	6.45
		企业职工	1120	36.20	10.31

续表

选项	基本信息		人数/人	占同职业类型比例/%	占总人数比例/%
提供学习咨询服务	职业	农民	363	33.83	3.34
		社会团体工作人员	156	31.20	1.44
		自由职业者	532	36.31	4.90
		待业失业人员	38	25.68	0.35
		其他	310	33.33	2.85
其他	职业	机关事业单位工作人员	59	4.01	0.54
		在校学生	114	5.77	1.05
		企业职工	131	4.23	1.21
		农民	66	6.15	0.61
		社会团体工作人员	19	3.80	0.17
		自由职业者	87	5.94	0.80
		待业失业人员	8	5.41	0.07
		其他	66	7.10	0.61

表 5-106　关于问题 25 调查结果的月收入因素分析

选项	基本信息		人数/人	占同月收入水平比例/%	占总人数比例/%
图书馆、体育馆等公共文化场所更好地向居民开放	月收入	2000 元以下	1945	63.33	17.91
		2000~5000 元	3537	67.67	32.57
		5001~8000 元	1160	71.87	10.68
		8001~11000 元	208	70.27	1.92
		11000 元以上	121	79.08	1.11
配备更好的学习场所和设施	月收入	2000 元以下	1644	53.53	15.14
		2000~5000 元	2877	55.04	26.49
		5001~8000 元	989	61.28	9.11
		8001~11000 元	182	61.49	1.68
		11000 元以上	94	61.44	0.87
引导组织各种民间社团、学习团队	月收入	2000 元以下	1183	38.52	10.89
		2000~5000 元	2130	40.75	19.61

续表

选项	基本信息		人数/人	占同月收入水平比例/%	占总人数比例/%
引导组织各种民间社团、学习团队	月收入	5001～8000 元	743	46.03	6.84
		8001～11000 元	155	52.36	1.43
		11000 元以上	78	50.98	0.72
向居民开放各级各类学校的教育资源	月收入	2000 元以下	1264	41.16	11.64
		2000～5000 元	2484	47.52	22.87
		5001～8000 元	842	52.17	7.75
		8001～11000 元	158	53.38	1.45
		11000 元以上	95	62.09	0.87
开设远程教育，便于家中学习	月收入	2000 元以下	982	31.98	9.04
		2000～5000 元	1957	37.44	18.02
		5001～8000 元	734	45.48	6.76
		8001～11000 元	149	50.34	1.37
		11000 元以上	77	50.33	0.71
提供学习咨询服务	月收入	2000 元以下	1028	33.47	9.47
		2000～5000 元	1828	34.97	16.83
		5001～8000 元	611	37.86	5.63
		8001～11000 元	120	40.54	1.10
		11000 元以上	59	38.56	0.54
其他	月收入	2000 元以下	179	5.83	1.65
		2000～5000 元	252	4.82	2.32
		5001～8000 元	76	4.71	0.70
		8001～11000 元	15	5.07	0.14
		11000 元以上	8	5.23	0.07

表 5-107　关于问题 25 调查结果的居住情况因素分析

选项	基本信息		人数/人	占同居住情况比例/%	占总人数比例/%
图书馆、体育馆等公共文化场所更好地向居民开放	居住情况	城镇常住居民	3532	73.38	32.52
		城镇临时居民	700	59.78	6.45
		农村常住居民	2801	64.39	25.79
		农村临时居民	153	51.69	1.41
配备更好的学习场所和设施	居住情况	城镇常住居民	2868	59.59	26.41
		城镇临时居民	563	48.08	5.18
		农村常住居民	2404	55.26	22.14
		农村临时居民	134	45.27	1.23
引导组织各种民间社团、学习团队	居住情况	城镇常住居民	2077	43.15	19.13
		城镇临时居民	443	37.83	4.08
		农村常住居民	1747	40.16	16.09
		农村临时居民	91	30.74	0.84
向居民开放各级各类学校的教育资源	居住情况	城镇常住居民	2421	50.30	22.29
		城镇临时居民	492	42.02	4.53
		农村常住居民	1917	44.07	17.65
		农村临时居民	125	42.23	1.15
开设远程教育，便于家中学习	居住情况	城镇常住居民	1904	39.56	17.53
		城镇临时居民	405	34.59	3.73
		农村常住居民	1565	35.98	14.41
		农村临时居民	111	37.50	1.02
提供学习咨询服务	居住情况	城镇常住居民	1709	35.51	15.74
		城镇临时居民	362	30.91	3.33
		农村常住居民	1607	36.94	14.80
		农村临时居民	89	30.07	0.82
其他	居住情况	城镇常住居民	200	4.16	1.84
		城镇临时居民	83	7.09	0.76
		农村常住居民	238	5.47	2.19
		农村临时居民	25	8.45	0.23

表 5-108　关于问题 15 调查结果的居住地因素分析

选项	基本信息		人数/人	占同居住地 比例/%	占总人数 比例/%
图书馆、体育馆等 公共文化场所更好地 向居民开放	居住地	江北	415	69.28	3.82
		江东	102	72.86	0.94
		海曙	210	75.00	1.93
		镇海	652	79.22	6.00
		北仑	740	68.46	6.81
		鄞州	1141	73.33	10.51
		慈溪	1317	66.45	12.13
		余姚	741	59.95	6.82
		奉化	569	63.50	5.24
		宁海	675	60.65	6.22
		象山	436	66.87	4.01
配备更好的 学习场所和设施	居住地	江北	314	52.42	2.89
		江东	84	60.00	0.77
		海曙	171	61.07	1.57
		镇海	516	62.70	4.75
		北仑	604	55.87	5.56
		鄞州	838	53.86	7.72
		慈溪	1131	57.06	10.41
		余姚	665	53.80	6.12
		奉化	494	55.13	4.55
		宁海	611	54.90	5.63
		象山	368	56.44	3.39
引导组织各种民间 社团、学习团队	居住地	江北	232	38.73	2.14
		江东	61	43.57	0.56
		海曙	128	45.71	1.18
		镇海	344	41.80	3.17
		北仑	445	41.17	4.10

选项	基本信息		人数/人	占同居住地比例/%	占总人数比例/%
引导组织各种民间社团、学习团队	居住地	鄞州	633	40.68	5.83
		慈溪	828	41.78	7.62
		余姚	515	41.67	4.74
		奉化	305	34.04	2.81
		宁海	453	40.70	4.17
		象山	283	43.40	2.61
向居民开放各级各类学校的教育资源	居住地	江北	266	44.41	2.45
		江东	71	50.71	0.65
		海曙	152	54.29	1.40
		镇海	466	56.62	4.29
		北仑	544	50.32	5.01
		鄞州	709	45.57	6.53
		慈溪	913	46.06	8.41
		余姚	565	45.71	5.20
		奉化	337	37.61	3.10
		宁海	492	44.20	4.53
		象山	309	47.39	2.85
开设远程教育，便于家中学习	居住地	江北	202	33.72	1.86
		江东	62	44.29	0.57
		海曙	130	46.43	1.20
		镇海	357	43.38	3.29
		北仑	362	33.49	3.33
		鄞州	612	39.33	5.64
		慈溪	780	39.35	7.18
		余姚	442	35.76	4.07
		奉化	264	29.46	2.43
		宁海	389	34.95	3.58
		象山	262	40.18	2.41

续表

选项	基本信息		人数/人	占同居住地比例/%	占总人数比例/%
提供学习咨询服务	居住地	江北	199	33.22	1.83
		江东	57	40.71	0.52
		海曙	126	45.00	1.16
		镇海	291	35.36	2.68
		北仑	371	34.32	3.42
		鄞州	550	35.35	5.06
		慈溪	676	34.11	6.22
		余姚	358	28.96	3.30
		奉化	333	37.17	3.07
		宁海	454	40.79	4.18
		象山	241	36.96	2.22
其他	居住地	江北	34	5.68	0.31
		江东	3	2.14	0.03
		海曙	16	5.71	0.15
		镇海	33	4.01	0.30
		北仑	36	3.33	0.33
		鄞州	45	2.89	0.41
		慈溪	103	5.20	0.95
		余姚	122	9.87	1.12
		奉化	53	5.92	0.49
		宁海	46	4.13	0.42
		象山	35	5.37	0.32

　　从开放题的答题情况汇总来看，居民的期盼和要求主要关注以下几个方面：①希望宁波市政府贯彻落实《宁波市终身教育促进条例》(2014)，加大对学习型城市建设的政策扶持力度；②希望强化顶层设计，促进部门联动，完善体制机制，完善考核机制；③希望加强教师自身建设，出台师资培养、培训等相关规则，提升教师素养，加大对社区教育工作者的支持力度；④希望进一步整合教育

资源,各部门协调配合,共同推进学习型城区建设,全市统筹并共享各县(市、区)的网络学习资源,让居民有一个较好的学习平台;⑤希望学习型城市创建的内容能满足不同群体需要。

第三节　宁波市建设学习型城市的现状评析

一、宁波市学习型城市创建工作的新进展

近 10 年来,宁波市积极开展学习型城市建设,取得了显著的进展,呈现出明显的成效。

(一)学校教育整体水平已进入高位发展阶段

1)基础教育均衡发展,全市率先在公办学校实施了义务教育段"零择校"政策,义务教育段入学率和巩固率分别保持在 100% 和 99.90% 以上。

2)职业教育特色鲜明,发展水平位居全国前列,在 2010—2012 年全国中等职业教育技能大赛中,总成绩连续三次名列全国第三。

3)高等教育发展迅速,全市共有 15 所高校,其中全日制本科高校 7 所,高职高专院校 6 所,成人高等学校 2 所。

学校社会开放度越来越高,教育服务对象不断扩大,服务时间和空间不断拓展,给学习者提供了良好的平台,成为学习型城市建设的基地。

(二)学习型组织建设初具规模

学习型组织是学习型城市的"基石"。学习型城市就是由一个个学习型组织组成的,没有一个个学习型组织,也就没有学习型城市。多年来,宁波市注重各类学习型组织创建工作的整体推进。其中学习型党政机关起到了较好的带头作用。学习型市级机关的创建率达 55.40%,县(市、区)机关的创建率达 45.20%,街道(乡镇)机关的创建率为 38.35%。关于学习型社区的创建,宁波市专门出台了关于创建学习型社区的文件,各县(市、区)特别是 7 个全国社区教育示范区和实验区均出台了创建学习型社区的实施意见。据课题组调查统计,2013 年、2014 年,全市创建的学习型社区分别为 277 个、284 个,分别占社区

总数(522 个、541 个)的 53.07％、52.50％。关于学习型企业,2013 年、2014 年,全市创建的学习型企业单位数分别占企业总数的 13.26％、16.56％。学习型家庭的创建在市妇联等部门推动下也取得了进展,2013 年、2014 年,学习型家庭的创建数分别占调查总数的 13.49％、13.52％。

(三)终身教育体系框架和终身学习服务体系已初步形成

终身教育体系和终身学习服务体系是学习型城市的基础性构架。目前,宁波市已建立起较为完整的县(市、区)、街道(镇、乡)、社区(村)四级成人继续教育体系(社区教育体系)。其中,市级社区大学和成人学校各 1 所,县(市、区)级社区学院 11 所,街道(镇、乡)级成人学校 150 所,社区(村)成人学校 2214 所。"十二五"期间,省标准化成人学校达标率达 99％,市高标准成人学校达标率为56％。初步建立起学校、行业、社区组成的终身学习服务体系,以及市级终身学习公共服务网络平台、现代服务业职业培训平台,形成了覆盖城乡、面向市民的终身学习服务圈。

(四)终身学习文化正在逐步深入人心

终身学习文化是学习型城市的"灵魂",是学习型城市形成和发展的内在精神支撑。自 2005 年始,宁波市每年举办终身学习活动周,参与人数日益增多,影响越来越大。据统计,2013 年、2014 年,参加终身学习活动周人数分别有60.05 万人、62.12 万人。同时,宁波市每年举办全民读书月,截至 2016 年,已举办八届。不仅如此,宁波市注重终身学习推进工作相关规章制度的制定,以利于终身学习活动的持续发展,2013 年、2014 年制定的规章制度分别达 89 个、91 个。而且,宁波市重视市民终身学习成果的展示和表彰,仅 2013 年、2014年,成果展示次数就分别达 30 次、33 次,奖励次数分别达 40 次、46 次,有力地调动了市民终身学习的积极性和创造性。终身学习已在全市形成良好的氛围,市民的终身学习意识日益增强。课题组调查结果显示,81.6％的受调查者认为"创建学习型城市与自身有关",74.13％的受调查者认同"终身学习成为一种生活方式"的理念。尤为可喜的是,宁波市在营造终身学习文化进程中,已初步形成了一批创建品牌和示范案例。课题组调查统计,2014 年,全市创建终身学习品牌 66 个,如"道德讲堂""天一讲堂""中华慈孝节"及慈溪市的"学分银行"、海曙区的"海之梦"和"社区市民学习型团队建设"、镇海区的"社区学习圈"等。

可见,宁波市终身学习文化营造正在向深层次发展。

(五)终身教育已进入法制化轨道

多年来,宁波市在创建学习型城市过程中,很注重地方法规的制定,制定了一系列相关法规条例,如《宁波市中等职业教育条例》《宁波市职工教育条例》《宁波市职业教育校企合作促进条例》等。特别是 2014 年 11 月经浙江省第十二届人大第十四次会议审议通过,并自 2015 年 3 月 1 日起实施的《宁波市终身教育促进条例》,为宁波市构建终身教育体系、建设学习型城市提供了法律保障。

(六)"两大促进"成效已得到呈现

近 10 年来,宁波市建设学习型城市取到了惠民利市的成效。其一,学习型城市创建提高了城市以创新为核心的综合竞争力,增强了城市经济社会发展的内在动力,促进了城市的可持续发展。其二,学习型城市创建,不同程度满足了市民的精神文化需求,提高了市民的文明程度,促进了市民的全面发展。宁波市连续两届获得中国公益慈善"七星级城市"称号,连续被评为"全国最具幸福感城市",实现了全国文明城市"四连冠"。

二、宁波市建设学习型城市的特色和创新

(一)城乡一体,推进学习型城市建设

建设学习型社会,最困难、最艰巨的任务在农村。多年来,宁波市采用城乡统筹、以城带乡、城乡一体的均衡发展策略,推进学习型城市建设。

1)统筹规划城乡社区发展。2009 年,宁波市先后出台了《宁波市城市社区布局规划》和《关于加快推进农村社区建设的意见》,对城乡社区的文体设施建设标准、配套服务内容做了规范和统一,学习型社区建设与城市化建设共同推进,为城乡学习型社区建设共同发展打下了基础。

2)促进城乡资源共享。宁波市注重城市资源向农村辐射,利用宁波终身学习公共服务平台的辐射功能,加强数字化乡村建设和乡村社区数字化学习,如网络学习平台链接、数字化资源使用、学习服务管理、人员培训等。

3)组织城乡交流研讨。宁波市定期和不定期召开社区教育、学习型社区建

设的专题研讨和举办论坛,使先进理念、优秀经验和有效做法在城乡得以共同推广。市文化管理部门还经常组织城乡之间的"文化走亲"活动。

4)建立各种"以城带乡"的协作组织。宁波市发动城区的街道与农村的乡镇结对,建立相关的协作制度,合作办学、合作开发、合作研究。

5)城乡联合加强对新型职业农民和新生代农民工的教育培训,以更有效地提高其综合素质和职业技能。

6)建立城乡一体化的终身教育督导评估。城乡统筹,形成终身教育与终身学习的三级督导评估体系,将终身教育工作纳入各级政府部门考核体系中,实行严格的问责制。

(二)学创结合,推进学习型城市建设

多年来,宁波市注重学习与创新创业相结合,推进学习型城市建设,并与创新创业城市建设有机结合起来。

1.反映在思想认识上

宁波市有关部门认识到,创新是学习型城市的基本特征,学习又是创新型城市的基本特征,两者的核心内涵是相互交融的。学习型城市创建是创新创业城市建设的基础和前提,创新创业城市建设又是学习型城市创建的背景、条件和动力,两者统一于宁波市建设总目标之中。

2.反映在顶层设计之中

近年来,宁波市教育改革和发展规划,把创新发展理念作为指导思想,将创新驱动作为终身教育和学习型城市建设的发展战略。《宁波市终身教育"十三五"发展规划》就提出,"以创新为驱动力实现终身教育的可持续发展",并具体提出"扶持100个左右民间'学习+创新'共同体,以此为试点,探索具有我市特色的学习共同体发展模式"。

3.反映在学习型企业建设之中

宁波市将学习型企业创建与实施职工创业创新工程有机结合,有效地促进企业技术革新和转型发展。据统计,仅2011年,全市就有6600余家企业在创建学习型企业,有30多万名职工参与职工技术创新活动,创建20个"职工创新工作室",产生创新成果1.2万项,先进操作法135项,产生经济效益4.8亿元。

4.反映在创业型城市创建工作之中

宁波市被列入"国家级创业型城市"试点城市后,通过培训创业者,培养创

业人才,开展了富有特色、灵活多样的学习活动,出台了一系列创业优惠政策和措施,取得了显著的成效。2012 年,宁波市荣膺首批"全国创业先进城市"称号,据统计,当年宁波市共有创业实体近 50 万家,每万名经济活动人口中的创业者数量达 256 人,创业实体就业贡献率为 51%,创业带动就业指数为 3.6。

(三)产教互通,推进学习型城市建设

为打破教育领域与劳动领域的隔离状态,建设完善的终身教育体系,使教育发展与经济发展相协调,宁波市重视产教合作和互通,采取了一系列举措。

1.立法

宁波市相继出台了地方性法规,如《宁波市职业教育校企合作促进条例》等,为产教合作和互通提供了法律保障。

2.列入发展规划

宁波市将产教合作和互通,列入宁波市经济社会发展规划及其教育、科技子规划。教育规划高等教育发展部分提出"构建产教协同创新体系","探索行业指导办学的新体制",并将产教协同作为高校建设特色院校和品牌专业的主要路径和标志。职业教育规划部分,强调"健全校企合作机制""工学交替"的教学机制和"做中学"的学习机制等。

3.制订并实施行动计划

近几年来,宁波市强有力推进产教合作和互动。如,推动"国家职业教育与产业协同创新试验区建设""特色学院及协同创新园区建设",实施"产教深度融合工程""课程改革深化工程"等。

(四)教文融合,推进学习型城市建设

宁波是著名的历史文化名城,素有"文献名邦"的美誉,是甬城文化的发源地和核心地。在千百年的文化变迁中,形成了开放兼容、崇文厚商、创业创新、诚信务实为主要特征的甬城文化。而这甬城文化的鲜明特征,正是当今宁波建设现代化国际港口城市的根基和灵魂。据此,宁波市在学习型城市建设中高度重视教育与文化相融合,与构建"东亚文化之都"有机结合起来。何况,就大文化而言,教育是其重要组成部分。

1.指导思想取得共识

城市文化,是以城市人为主体的文化,是城市及其市民的精神和灵魂。它

以强大的无形的精神力量,引领着城市及其市民向前发展。传承和发扬城市文化,可有效地促进城市及其市民的可持续发展。这与学习型城市建设的宗旨完全一致。宁波市深化学习型城市建设也不例外,一方面,应以文化引领学习型城市建设;另一方面,应以学习型城市建设作为途经和载体促进文化发展。两者互为推动,共同发展。

2.教育与文化规划相互包含和交叉

从宁波市文化规划来看,其处处渗透着教育思想,包含着教育要素。如,《宁波市"十二五"时期文化发展规划》中提及的"文化创新亮点"就有"全民读书月"活动,在"十一五"期间,"全市累计开展群众性读书活动 1000 余项,吸引了200 多万人次参与,有效地推动了宁波市学习型社会建设"。又如,《宁波市"十二五"时期文化发展规划》中提出的"构建公民道德体系"主要任务中,就提到了要"深化爱国主义教育""加强现代公民意识教育""加强社会公德、职业道德、家庭美德教育"等。同样,宁波市教育规划中的子规划终身教育规划又离不开先进文化引领。终身教育界就将终身学习文化视为学习型城市之魂,因而将推进终身学习文化建设,作为铸造学习型城市之魂,列入《宁波市终身教育"十三五"发展规划》的主要任务,其中将大力培育和践行社会主义核心价值观作为主要任务之首。不仅如此,《宁波市终身教育"十三五"发展规划》还提出,要"挖掘和利用宁波地方特色和历史文化资源",作为增强终身学习文化的宁波元素。

3.文化设施与教育基地共享

近些年来,宁波市加强文化民生建设,实施"公共文化惠民工程",建设和改造了一批公共文化设施。仅市级公共文化设施就有:宁波文化广场、天一阁博物馆、保国寺古建筑博物馆、中国港口博物馆、月湖(西区)历史文化街区,等等。所有县(市)区,每万人拥有公共文化设施面积达到 3000 平方米以上,所有县级及以上文化馆、图书馆全部达到国家一级标准,基层文化宫达到全覆盖。2015年,宁波市各级文保单位(点)达到 1800 处,博物馆、纪念馆、对外开放的文化遗产场所总数达 150 个,村级文化礼堂近 1000 家,已形成全民文化服务体系。博物馆、图书馆、文化馆、美术馆、纪念馆等公益性文化设施向公众免费开放,与市民终身教育基地共享,成为市民的"爱国主义教育基地""历史文化学习基地""甬城文化传承基地"等。不仅如此,各区(县、市)、街(镇、乡)、社区(村)建立的文化馆、文化站、文化室,与社区教育共享。有的区的社区学院与文化馆、街镇的社区学校与文化站、社区教学点与文化室,形成了一套设施两块牌子。

4.打造"文化—教育"一体特色品牌活动

宁波市重视"甬城文化"的传承和发扬,是中华慈孝文化的发源地之一。自2009年开始,宁波市每年举办"中华慈孝节"。该节日以"传承慈孝文化,彰显甬城魅力"为主题,先后开展"慈孝论坛""慈孝文化日""慈孝经典诵""慈孝文化企业之旅"等活动,进一步弘扬了宁波慈孝文化和氛围,慈孝传统深入人心,推进了宁波市学习型城市建设。

(五)虚实并举,推进学习型城市建设

为了完善终身教育体系和终身学习服务体系,提高市民的学习参与率,满足市民个性化学习需求,宁波市在大力建设市民学习实体机构的同时,着力建设市民学习信息网络,与智慧城市建设相结合。正如前述,就实体机构而言,宁波市形成了市、县(区、市)、镇乡(街道)、村(社区)四级终身教育系统;就虚拟网络而言,市级终身学习平台已建成开通,全市普网教育全面开展,学习网络互动平台逐步形成,已研发2000多门本土数字化学习课程。在坐拥宁波市数字图书馆海量资源的基础上,各县(区、市)因地制宜积极打造市民数字化学习平台。如,慈溪的"99学吧"、鄞州区的"数字化学习网"、江东区的"365乐学网"、江北区的"终身学习网"等,其中慈溪的终身学习网"99学吧",成为"全国城乡社区数字化学习示范基地"。未来几年,宁波市将实施终身教育互联网工程,扶持300个左右数字化学习社区,构建全市终身学习地图和终端服务体系,县(市、区)、乡镇(街道)两级终身学习平台分中心覆盖率达90%以上。

三、宁波市建设学习型城市的不足之处及其原因浅析

(一)宁波市建设学习型城市的不足之处

1.学习型城市建设与现代化国际港口城市建设还不相匹配

宁波市还未系统梳理学习型城市建设与现代化国际港口城市建设的内在关系,未深入分析加快现代化国际港口城市建设对学习型城市建设提出的新要求;政府还没有实现统筹协调两者的建设,以至于学习型城市建设的力度、进程、质量与现代化国际港口城市建设不相匹配。

2.市民对学习型城市建设的知晓度、参与度和满意度有待提升

学习型城市建设的最终价值取向在于促进市民的全面发展,因而市民对学

习型城市建设的质量和成效最有体会和发言权,他们是评价学习型城市建设成果的主体。根据国家标准化管理委员会公布的《社区文化、教育、体育服务指南》(中华人民共和国国家标准),应以市民的知晓度、认同度、参与度、满意度("四度")作为衡量学习型城市建设质量和成效的最基本标准。

课题组调查数据显示,宁波市市民对学习型城市建设的"四度"的总体评价和得分不高。就参与度而言,从 11 个县(市、区)的数据统计汇总来看,2013 年和 2014 年,市民参加社区学院(校)学习的人数占常住人口的比例不足 5%,参与"终身学习活动周"活动数占宁波市常住人口的比例还不足 10%。从万份调查问卷统计结果来看,有 50.16% 的受调查者没有参加过学习型城市创建活动的志愿者服务,有 44.02% 的受调查者没有参加过社区团队的学习活动,有 37.84% 的受调查者没有参加过社区学院(校)的学习活动。就满意度而言,问卷调查数据显示,对学习型城市建设不满意者占调查总数的 45.06%,对所在区域提供教育服务未表示"满意""比较满意"的占调查总数的 59.41%。换句话说,调查对象对宁波市学习型城市建设表示满意的比例未超过 60%。至于知晓度、认同度来说,还有近 20% 的受调查者不知道本社区的社区学校(市民学校、村民学校)的具体位置。对于"终身学习成为一种生活方式"理念,22.43% 的受调查者表示"不清楚"或"还没有考虑",表示"不认同"的占 2.37%。

3. 学习型城市"三大关键性要素"建设有待加强和深化

1)学习型组织建设和学习共同体生成方面,一是覆盖面还不广,课题组调查结果表明,2014 年,宁波市创建学习型家庭的比例只有 13.52%,创建学习型企业的比例也只有 16.56%,还有 47.53% 的社区未开展学习型社区创建;二是质量还需提高,团队学习、在线互助学习等学习模式在学习型组织建设中还未充分开展;三是民间学习团队的力量和作用发挥,还未引起足够的重视。

2)终身教育体系和终身学习服务体系构建方面,尽管已初步形成终身教育体系的框架,然而四级社区教育系统的内涵建设有待加强,特别是基层的居(村)教学点建设薄弱。终身教育体系的纵向衔接和横向沟通尚未完全实现,距离高标准建成终身教育体系还有相当大的差距。同时,宁波市学习载体和资源建设、资源共享还需加强。参照北京市关于公益文化设施建设的标准,宁波市还没有达标。课题组调查也表明,55.70% 的受调查者希望政府配置更好的学习场所和设施。除中小学外,其他学习资源面向社会开放不够,近 70% 的受调查者盼望图书馆、体育馆等公共文化场所更好地向市民开放。

3)终身学习文化营造方面,部分政府公务员对以创新和能力发展为核心的新学习文化——终身学习文化,以及其对学习型城市建设价值地位的认知不到位,没有着力加以研究和探索,存在"说起来重要,做起来次要,花钱的可以不要"的现象。终身学习理念在全市还没有达到深入人心的程度,调查统计表明,有17.24%的受调查者认为"创建学习型城市与自身没有关系",还有近1/4的受调查者不认同"终身学习成为生活方式"。

(二)宁波市建设学习型城市存在不足的原因浅析

1)市级统筹协调机构缺位,缺乏顶层设计。造成上述不足之处的主导原因是宁波市迄今尚未正式建立统筹协调全市学习型城市建设的领导机构,如"宁波市学习型城市建设与终身教育促进委员会"。由于市委市政府层面统筹协调机构缺位,造成全市学习型城市建设缺乏顶层设计,推进工作显得乏力,跨部门统筹协调难以解决,资源整合与共享带来明显局限性,建设进程滞后于现代化国际港口城市的建设。

2)《宁波市终身教育促进条例》实施细则未到位,贯彻落实不力。一方面,尽管《宁波市终身教育促进条例》已颁布实施,然而由于该条例具有宏观性和原则性特点,又由于其实施细则还没有制定,因而在具体操作层面往往难以按条例的相关规定加以执行;另一方面,政府及其相关部门有法难依,也造成贯彻落实不力,法治效力还未显示和发挥出来。

3)社会活力激发不充分,民间力量积极性调动不够。《中共中央关于全面深化改革若干重大问题的决定》提出,要"进一步解放思想、解放和发展社会生产力、解放和增强社会活力"。"三个解放"既是全面深化改革的核心,又是全面深化改革的目的,最终在于实现人的全面解放和发展。其中,解放和增强社会活力,是深化学习型城市建设的原动力和核心。对此,宁波市政府有关部门对其丰富内涵及其在学习型城市建设中的深刻意义认识不足,社会民众主体作用仍未充分发挥,社会组织培育及其活力激发重视不够,直接影响到市民对学习型城市建设评价的知晓度、认同度、参与度、满意度。

対策篇

第六章　深化宁波市学习型城市建设的对策

第一节　深化宁波市学习型城市建设的背景和条件

当今世界正处在大变革、大调整时期,城市只有在不断学习中超越自我,才能保持竞争优势。宁波作为一个文化源远流长的城市,作为一个经济繁荣的魅力城市,作为一个社会和谐的幸福城市,在新时期更需要通过深化学习型城市建设工作,来推动经济发展,体现时代精神,传承传统文化。随着宁波经济的发展、物质条件的改善和独特城市文化底蕴的催生,广大市民对精神文化的需要比以往任何一个时期都来得强烈。因此,宁波深化学习型城市建设势在必行。

一、深化宁波市学习型城市建设的客观必然性和必要性

(一)深化学习型城市建设是宁波市建设现代化国际港口城市之要求

"为全面建成现代化国际港口城市打下坚实基础",是"十三五"时期宁波市经济社会发展目标。在此期间,宁波市提出了"四个着力",即着力建设创新型城市、着力打造港口经济圈、着力构建宁波都市区、着力提升国际化水平。课题组认为,要实施这"四个着力",关键在于宁波人和宁波人才的素质(包括创新素质、人文素质、开放素质乃至于国际化素质等),能否适应并促进上述目标的实现。就创新素质而言,就必须激发宁波人和宁波人才的创新意识,提高创新才能,培育创新品格,这就离不开大力推进终身教育和建设学习型城市。何况,相对于传统型城市而言,"创新发展型"是学习型城市基本特征之一。创新型城市

与学习型城市的本质特征是一致的,学习型城市是创新型城市的基础,创新型城市是学习型城市的发展。可见,实施"四个着力"取决于宁波人和人才的素质,学习型城市建设是现代化国际港口城市全面建成的坚实基础。

不仅如此,国外经验教训告诉我们,产业结构变革和经济转型,不仅存在着经济成本问题,而且还要付出较大的社会代价。产业结构体系的转变,会带来社会结构的很大变动,其主要表现为"新二元社会结构"的形成:一方面,是全球化进程中的"参与者",另一方面,是被排斥出这一进程的"局外人"。两者在就业结构、收入结构、社会结构、社会参与等方面产生明显的分化。如何减少"局外人"的数量和规模,提升"局外人"的专业素质和国际化素质,缩小"参与者"与"局外人"的境遇差异,也离不开学习型城市的建设。

(二)深化学习型城市建设是宁波市解决人口老龄化问题之急需

当前,我国的人口老龄化主要有三个特点:一是老年人口基数大;二是人口老龄化的速度快、来势猛;三是呈现"未富先老"的特点。宁波市人口老龄化也面临着严峻的形势,截至 2015 年年底,全市 60 岁及以上户籍老年人口 131.6 万人,占户籍总人口的 22.4 %。其中,80 周岁及以上户籍老年人口 19.9 万,占户籍老年人口总数的 15.1%。在人口老龄化、高龄化速度加快的同时,老年家庭空巢化愈加普遍。据预测,全市 60 岁及以上户籍老年人口,2020 年年底将突破 160 万,占比 1/4;2025 年将突破 200 万,占比 1/3。

面临老龄化的压力,如何科学而有效地减轻压力,乃至于变压力为动力呢?国内外成功实践证明,其中一个战略性的有效途径和举措就是大力发展老年教育。这就对宁波市深化学习型城市建设提出了要求,即学习型城市的建设要与老年教育结合起来。事实上,近 10 年来,我国学习型城市建设有力地推动着老年教育发展。据此,学习型城市建设是应对人口老龄化的急需,是实现"积极老龄化"的有效之策。

(三)深化学习型城市建设是宁波市加快新型城镇化进程之必需

宁波市提出,"十三五"期间要加快提高户籍人口城市化率,成为全国城乡统筹发展示范城市。课题组认为,完整意义上的城市化,应包括物的城市化和人的城市化。前者,即物质形态和物质结构上的城市化;后者,即农民转化为现代文明市民。相对于物的城市化而言,人的城市化是农村城市化的核心。党的十八大报告提出的新型城镇化中"新"的含义,就是将"以人为本"作为新型城镇化的核心所在。换句话说,人的城镇化是新型城镇化的核心。同理,城乡统筹发展,既有物的统筹发展,又有人的统筹发展。宁波市要建设成为城乡统筹发展示范城市,显然应是全面意义上的城乡统筹发展,其核心或者说重点,是促进农民向现代文明市民转化。社区教育、学习型城市建设承担着"化人"的重任,包括人的价值观转变、思维方式转变、社会劳动能力转变和行为方式转变等。据此,深化学习型城市建设是宁波市成为城乡统筹发展示范城市的前提、基础和关键所在,是加快新型城镇化建设进程之必需。

（四）深化学习型城市建设是宁波市实现中长期教育改革和发展规划目标的内在要求

《宁波市中长期教育改革和发展规划（2011—2020 年）》对未来的教育发展确立了目标,要在 2020 年率先形成学习型社会,教育发展主要指标达到发达国家平均水平。具体包括:①形成均衡、协调、可持续发展的事业新布局;②形成促进学生全面发展的育人新模式;③形成适应经济社会发展的服务新格局;④形成伴随市民终身学习的教育新体系;⑤形成政府统筹多方参与的管理新体制。规划中还明确提出一系列主要任务,主要包括:①推进公益普惠的学前教育;②提供高位均衡的义务教育;③做强优质多样的高中教育;④深化服务发展的职业教育;⑤发展内涵提升的高等教育;⑥构建体系完备的终身教育;⑦建成关爱融合的特殊教育;⑧打造特色品牌的民办教育。

为实现发展规划目标,继续深化学习型城市建设势在必行。深化学习型城市建设,一则,可以促进宁波各级各类教育良性发展,有利于建立健全终身教育体制机制,有利于发展城乡社区教育和成人教育,有利于加强重视老年教育,以及各级教育的纵向衔接和各类教育的横向沟通;二则,可完善学习型城市的"构架"——终身教育体系和终身学习服务体系,夯实学习型城市的"基石"——学习型组织和学习共同体,培植学习型城市的"灵魂"——终身学习文化。这样,可有效地实现《宁波市中长期教育改革和发展规划（2011—2020 年）》所提出的目标。

二、宁波市深化学习型城市建设的基本条件

(一)前期的学习型城市建设工作奠定了现实基础

20世纪末以来,我国已有近百个市(地)级以上城市先后提出建设学习型城市的目标并进行了实践探索,提炼了基本特点和规律性,为宁波市深化学习型城市建设提供了应遵循的规律和可参照的经验。2014年8月,教育部等七部门联合印发了《关于推进学习型城市建设的意见》,是当前我国学习型城市建设的行动纲领,指引着我国学习型城市的建设,使我国学习型城市建设进入全面展开又深入发展的新阶段。该文件渗透着改革创新思想,有诸多新突破,对宁波市深化学习型城市建设具有指导性意义。

就宁波市而言,在近10年来学习型城市初步探索实践中,积累了宝贵的经验,取得了可喜的成绩。具体体现在以下诸方面:探索了具有宁波特色的内涵式发展模式;有效扎实地整体推进了各类学习型组织的建设,全市学习型组织初具规模;终身教育体系框架和终身学习服务体系初步形成;终身学习文化营造初见成效,品牌效应不断凸显;终身教育进入法制化轨道;涌现出了一批示范典型。很显然,积累的这些宝贵建设经验和成效,为今后宁波市深化学习型城市建设打下了扎实的基础。

(二)悠久的历史文化和发达的教育事业奠定了深厚的社会文化基础

在文化方面,宁波自古人才辈出,有着"文献名邦"的美誉。宁波是浙东学术文化的发源地,历来都有重学兴教的传统,教育长盛不衰。宁波硕学鸿儒辈出,涌现过心学大师王阳明、一代大儒黄宗羲、中日文化交流使者朱舜水等历史名人,以及著名国画大师潘天寿、"书坛泰斗"沙孟海等近现代大家,宁波籍两院院士达到102位。人文荟萃的宁波形成了海洋文化与陆域文化兼备、古越文化与中原文化共融的独特城市文化底蕴。宁波历来有"书藏古今,港通天下"的美誉,是因为藏书、爱书、读书已成为宁波人的传统习惯和价值追求。独特的历史文化底蕴推动着一个学习型城市的诞生和发展,在宁波深化学习型城市建设的过程中,二者必将互为推力,共同发展。

在教育方面,如前所述,宁波教育事业已经进入高位发展阶段。基础教育得到均衡发展,职业教育特色鲜明,高等教育发展迅速,成人教育、社区教育不

断推进,学习型城市建设已初见成效。这些均为宁波市深化学习型城市建设奠定了良好的教育基础。

(三)港口经济圈的打造建设奠定了雄厚的物质基础

"港口经济圈"是宁波在"一带一路"建设中谋篇布局的重要策略,也是增强城市功能优势和提升城市核心竞争力的总引领、总抓手。打造"港口经济圈",就是要努力打造更高水平的现代化国际港口城市。

坚持港口与产业、港口与城市的联动融合发展,有力推动了宁波经济实力、开放能级、城市品质的快速提升。宁波成为国内为数不多的人均地区生产总值超过 1.6 万美元的城市之一。毫无疑问,经济的迅速发展,一方面,对宁波市深化学习型城市建设提出了新要求,另一方面,也为宁波市深化学习型城市建设奠定了雄厚的物质基础。

第二节 "十三五"时期宁波市深化学习型城市建设的战略构思

在分析时代背景和现实条件的基础上,宁波市深化学习型城市建设必须进行战略构思,描绘出创建学习型城市的蓝图。下面分别阐明宁波市深化学习型城市的指导思想、战略原则、战略目标、战略路径和战略布局等问题。

一、宁波市深化学习型城市建设的指导思想

(一)以"五大新发展理念"为指导

理念,在理论、纲领、规划中居于灵魂地位,具有统摄作用。党的十八届五中全会提出了创新、协调、绿色、开放、共享的"五大新发展理念",这是在总结当今时代国内外发展经验教训的基础上,深刻分析未来一个历史阶段国内外发展大势的科学结晶。创新是引领发展的第一动力,协调是持续健康发展的内在要求,绿色是永续发展的必要条件,开放是不断发展的必由之路,共享是发展目的的最终体现。五者目标一致、前后联系、层层递进、全面发展,是一个相互促进、相互制约、内在紧密关联的理念统一体。"五大新发展理念",是我国全面建成小康社会的决胜纲领的灵魂,引导着我国改革和发展的大局,关系到我国第一

个百年目标的胜利实现,为第二个百年目标夯实根基和开辟道路。作为全面建成小康社会的重要组成部分——"形成全民学习、终身学习的学习型社会,促进人的全面发展"也不例外,也需要以"五大新发展理念"为指导。学习型城市,是学习型社会的空间类型,很显然,要将"五大新发展理念"渗透于学习型城市建设的全过程,全方位加以切实贯彻。

1)以创新发展理念引领学习型城市建设,使学习与创新成为城市发展不可分割的有机综合体,提高学习型城市建设的创新度。

2)以协调发展理论为指导,就是要正确处理好学习型城市建设中的各种关系,以提高学习型城市建设的整体推进度。

3)以绿色发展理念引领学习型城市建设,就是要牢固确立生态观,认识和遵循学习型城市成长和发展的规律,培植城市市民的绿色观念,加强生态文明教育,着力营造风清气正的教育生态,提高学习型城市建设的生态文明度。

4)以开放发展理念引领学习型城市建设,就得教育系统内外相互开放,在信息化背景下积极试行大规模网络开放课程,完成城市信息网络学习工程,培养城市市民的开放素质,学习借鉴国外先进理念和有效举措建设学习型城市,提高学习型城市建设的开放度。

5)在共享发展理念的引领下,就要牢固树立包容性思想,着力推进城市弱势人群公平享受应有的学习权利,进一步推进区域终身学习共同体的发展,进一步探索学校与社区融合的体制机制,加强以政府投入为主的多渠道教育与学习供给,提高学习型城市建设成效的共享度。

(二)以可持续发展理论为指导

可持续发展理论和战略,具有丰富、深广的内涵,是一个"努力寻求一条人口、经济,社会、环境和资源相互协调的,既能满足当代人的需要,又不会对满足后代人需求的能力构成危害的发展战略"。其核心是"可持续性",内部机理是"整体相关性",基本原则是"开发利用和保护增值并重",其发展观为"以人和自然发展为本"。近几年,该理论已广泛运用到学习型城市建设领域。2013 年10 月,首届学习型城市建设大会发布的《北京宣言》的主题,即是"全民终身学习:城市的包容、繁荣与可持续发展",并指出:"学习型城市能够提升个人能力、增强社会凝聚力、促进经济和文化繁荣,为城市可持续发展奠定基础。"2015 年,第二届国际学习型城市建设大会在墨西哥举行,其发表的《墨西哥声明》的主题就是"建设可持续发展的学习型城市"。该声明肯定了学习型城市建设对城市发展的价值导向，并提出了可持续学习型城市建设的十大战略方向。

在我国，教育部等七部门2014年发布的《关于推进学习型城市建设的意见》也把"促进城市的包容、繁荣和可持续发展"作为学习型城市建设的指导思想。据此，宁波市深化学习型城市建设，必须以可持续理论为指导，具体可从下面两方面努力。

1)就学习型城市建设自身而言，应把"建设可持续发展的学习型城市"作为目标。为此，要将城市弱势人群置于学习型城市建设工作的重点，充分发挥城市市民在学习型城市建设中的主体作用，其中特别要注重青年的积极作用，因为青年是学习型城市可持续发展的决定性力量。同时，充分调动社会各方力量，"建立政府、私营部门和社会民间组织之间的伙伴关系"，多力合一，共同建设可持续发展的学习型城市。

2)将学习型城市建设与生态文明城市建设有机结合起来。通过"提供创新、多元和灵活的教育与终身学习机会"，实施终身教育与学习策略，不仅提升城市市民的健康素质，包括对健康问题的认识和理解，提高自身健康的控制能力，提高对他人健康的关心度和支持度，而且提升城市市民的生态文明素质，包括对生态文明的认知，树立"生态文化"观念，培养对待生态文明的正确态度，提高生态环境保护和生态文明建设能力，摒弃掠夺自然的生产方式和生活方式，提倡绿色的生产方式和生活方式。不仅如此，通过实施终身教育和学习的策略，促进政府制定生态文明的相关法律法规和政策制度，保障人与自然的和谐发展。再则，通过教育和培训，建设一支具有生态文明意识与可持续发展能力的高素质、专业化的生态文明建设队伍。

(三)以"以人为本"思想为指导

党的十七大提出"以人为本"是科学发展观的核心，城市发展的最终目的是满足个体日益增长的需要、实现人的全面发展。继而，党的十八大报告高度强调以人为本的思想，将以人为本作为深入贯彻落实科学发展观的"核心立场"，作为"检验党一切执政活动的最高标准"。

学习型城市建设是党的执政活动的重要内容，而宁波本身就是"以人为本"的城市，其在深化学习型城市的建设中应以"以人为本"思想为指导。具体可从以下几点来思考。

1）深化学习型城市建设，要充分体现"人是目的"的思想。这就要进一步明确建设学习型城市是为了使市民享有学习权，"学会认知""学会做事""学会生存""学会共同生活"，其最终价值取向在于促进市民的全面发展，体现社会和城市发展对人的终极关怀。这是深化学习型城市建设的出发点和落足点。

2）深化学习型城市建设，要充分体现"人是主体"的思想。这就要充分体现市民的主体性，把人作为一切发展的中心。一方面，在建设学习型城市全过程中充分发挥市民的主体作用；另一方面，想方设法优化市民终身学习服务体系，满足城市不同群体的学习需求和愿望。市民通过学习实现综合素质的提高，形成优质人力资源，又转化为城市先进的生产力，实现了人与社会的良性互动与可持续发展。这是深化学习型城市建设的根本动力。

3）深化学习型城市建设，要充分体现"人是尺度"的思想。这就要进一步明确市民是学习型城市建设的评价主体，应以他们的知晓度、认同度、参与度、满意度作为衡量学习型城市建设的质量和成效的根本标尺。

4）深化学习型城市建设，要充分体现"人是过程"的思想。这就要进一步明确学习型城市建设不仅为市民人生某个阶段的成长和发展服务，而且要为他们的终身发展服务，使服务贯穿于市民的成长和发展全过程，力求达到阶段性和连续性的统一。这是深化学习型城市建设的进一步要求。

二、宁波市深化学习型城市的战略原则

（一）坚持高标准原则

宁波市经济社会"十三五"发展规划提出，要"高水平全面建成小康社会，为全面建成现代化国际港口城市打下坚实基础"。一方面，一个"高水平"、两个"全面"的宁波市经济社会发展总目标，对学习型城市建设提出了高要求。另一方面，宁波市民对精神文明生活的强烈追求和继续学习的迫切需求，也要求学习型城市建设向高水准发展。更何况，宁波市学习型城市建设已进入深化阶段，前一阶段已为学习型城市建设打下较好的基础，已具备跃上新台阶高起点发展的条件。据此，高标准原则已成为宁波市建设学习型城市深化阶段应遵循的战略原则。

(二)坚持问题导向原则

坚持问题导向是我们党实事求是思想路线的反映,是马克思主义的鲜明特点。问题是学习型城市建设创新的起点和动力源,也是学习型城市建设的深化突破点。解决问题的过程,是学习型城市建设的深化过程,也是不断满足城市市民日益增长的精神文化需求的过程。据此,宁波市深化学习型城市建设,首先要梳理学习型城市建设中存在的问题和矛盾,特别是要找准主要问题和矛盾,主要问题和矛盾解决了,其他问题和矛盾就可以迎刃而解了。

(三)坚持整体相关原则

从系统论视角来看,学习型城市是个系统,建设学习型城市是个系统工程。作为系统工程的学习型城市建设,必然要以系统论的基本原理——整体相关性为原则。所谓整体相关性,是指系统的整体与部分、部分与部分、系统与环境之间的整体联系的统一性。据此,宁波市深化学习型城市建设,既要考虑学习型城市建设工作的整体推进与构成学习型城市的诸要素发展的整体相关,又要考虑学习型城市诸要素发展的整体相关,还要考虑学习型城市系统发展与其外部环境系统发展的整体协调,即"学习宁波"建设与"创新宁波""法治宁波""美丽宁波""平安宁波""健康宁波"等建设之间整体协调,力求做到以学习型城市建设为基础的"多城共建"的整体性推进。

(四)坚持包容性原则

在我国,坚持教育公平、学习机会均等,是进一步推进教育改革发展的一项基本原则,也是促进和谐社会建设的一项基本要求。习近平总书记指出,要努力发展全民教育、终身教育,建设学习型社会,努力让13亿人民享有更好更公平的教育。宁波市深化学习型城市建设,旨在提高宁波居民特别是底层民众的基本素质和生活质量。据前文调查显示,目前需要重点关注进城务工人员、新型职业农民、文化程度低的人群、老年人群、残疾人等弱势群体,作为学习型城市建设的重点服务对象,要不断增强他们的生存能力、发展能力和社会参与能力,不断提高他们的幸福感。

(五)坚持区域差异和特色原则

这是城市建设的基本特性所规定的。由于每个城市的地理位置、自然条件、人文历史、经济发展水平,以及人员结构和职业构成等不尽相同,因而各城市所要解决的社会问题势必有其差异性,反映到学习型城市建设及其内部区域建设上必然有其特殊性。据此,宁波市必须遵循区域差异和特色原则,实施分类指导。引导各区(县、市)结合当地的历史、人文资源和经济发展状况,因地制宜开展教育学习活动,运用特色品牌策略,打造特色品牌、精品项目,以品牌项目深化学习型城市建设。

三、宁波市深化学习型城市建设的战略目标

根据宁波市"十三五"两大发展目标对深化学习型城市建设的总要求、教育部等七部门《关于推进学习型城市建设的意见》,以及国际社会关于建设可持续学习型城市的《墨西哥声明》,从宁波市建设学习型城市的现状出发,宁波市深化学习型城市建设的总目标确定为:到 2020 年,终身教育体系和终身学习服务体系得到完善,学习型组织和学习共同体得以拓展和深化,终身学习文化蔚然成风,市民的学习参与率明显提高,宁波市逐渐成为一个学习、创新、生态交相辉映、充满创造精神和社会活力的、可持续发展的学习型城市。

上述创建目标,具体展开如下。

1)大多数宁波市民能将学习视为一种生活方式。学习成为全市大多数单位和组织的核心理念,全市形成浓厚的终身学习氛围,学习活动成为全市的时尚。

2)全市市民的学习权利得到保障,城市能为每个市民提供学习机会,特别是能保障和满足城市弱势人群的基本学习权利和终身学习需求。

3)全市的教育形式更加多样,学习内容更加丰富。在组织课堂学习的基础上,积极开展多种形式的教育活动,探索团队学习、体验学习、远程学习等模式。广泛应用信息技术,居民能够享有线上线下多种形式的学习支持服务,各地建成方便快捷的居民学习服务圈。广泛开展公民素养、养生保健、运动健身、人文艺术、科学技术、职业技能、生活休闲等教育活动。

4)全市教育资源的整合度、开发度、共享度显著提高。城市各类教育资源得到充分开发和利用:显性的教育文化机构教育资源,完全面向城市社区开放,社区居民能充分共享;隐性的社会非教育机构教育资源,城市社区能积极开发和利用;社区居民中的教育资源,社区居民能了解掌握并作为宝贵资源充分利用;无形的教育资源,城市社区能自觉总结提炼并加以利用。

5)各类学习型组织创建活动基本覆盖全市,学习型机关创建率达100％,学习型社区创建率达70％,学习型企业创建率达50％;各类学习共同体数量有较大幅度的提升;涌现出一大批学习创新型组织和学习创新共同体。

6)纵向衔接、横向沟通、内外协调的终身教育体系初步形成;以现代信息技术为平台的终身学习服务体系得到完善。

7)社会活力得到解放和增强。志愿者队伍数量和质量得到较大幅度增长和提升,市民能在学习型城市建设全过程中发挥主体作用;社会组织活力得到激发,民营企业积极介入,形成政府、社会、企业共同推进学习型城市建设的新格局。

8)形成和健全学习型社会建设的长效机制。市、区两级建立和完善"终身教育和学习型城市建设促进委员会";《宁波市终身教育促进条例》得到贯彻实施,其实施细则得到制定;建立和完善"学分银行"制度、质量保障制度、评价监测制度、激励表彰制度和队伍建设制度等。

9)市民对全民终身学习的知晓度、认知度、参与度和满意度明显提升,物质生活质量和精神生活质量明显改善,全市居民的幸福指数、文明程度和文化品位得到明显提高,城市的和谐程度进一步提升,全市步入生态型、健康型城市。城市的人类发展指数(HDI)明显高于其他同类城市。

10)城市的开放度、国际化进程达到国际化城市的基本要求,多元先进文化融合度领先其他同类城市。

四、宁波市深化学习型城市建设的战略路径

(一)融入式战略路径:把深化学习型城市建设融入现代化国际港口城市总体建设中

宁波是长三角南翼经济中心、我国重要的沿海开放城市,特别是宁波舟山港国际大港地位日益巩固,2016年货物吞吐量和集装箱吞吐量分别达到9.2亿吨和2156万标准箱,居全球港口第1和第4位。长江三角洲城市群发展规划明确提出要打造宁波都市圈,形成长江经济带龙头龙眼和"一带一路"的战略支点。深化学习型城市建设,就要把学习型城市建设融入宁波的经济发展潮流之中,融入宁波国际化港口城市的建设中。从系统论角度来看,宁波市推进现代化国际港口城市建设是母系统,学习型城市建设则是其中的一个子系统。作为

子系统的学习型城市建设,必须融入宁波市现代化国际港口城市总体建设之中,并以此为学习型城市建设的总背景、总动力、总条件。

(二)带动式战略路径:"以城带乡,城乡一体",深化学习型城市建设

2016年正式出台的《教育部等九部门关于进一步推进社区教育发展的意见》中明确指出,要"坚持统筹协调,整合资源"的原则,发挥党委和政府的推动引导作用,把社区教育切实纳入区域经济社会发展总体规划。以城带乡,统筹城乡社区教育协调发展,着力补足农村社区教育短板。整合学校教育资源和其他社会资源,服务社区居民学习。学习型城市建设离不开城乡社区教育的统筹协调发展,只有以城带乡,城乡一体共同发展,人民的学习需求才能得到保障,真正的学习型城市才算建成。当前中国总体上已进入以工促农、以城带乡的发展阶段。党的十八届三中全会将城镇化战略概括为十六个字,即"以工促农、以城带乡、工农互惠、城乡一体"。宁波市在"十三五"规划建议中提出,要完善城乡发展一体化体制机制,增强城市对农村的反哺能力、带动能力。在未来深化学习型城市建设过程中,应进一步健全"以城带乡,城乡一体"的长效机制,充分发挥城市辐射功能、示范功能和服务功能。

(三)联动式战略路径:区域间统筹兼顾,联动深化学习型城市建设

与全国一样,宁波市学习型城市建设不同程度呈现出区域发展不平衡的状况。这种区域不平衡性,一方面,决定着宁波市深化学习型城市建设必须贯彻区域差异原则;另一方面,根据整体相关原则,又必须坚持统筹兼顾、不同类型区域间联动式推进学习型城区建设。为此,宁波市的中心城区、农村地区、沿海岛区、边远山区之间,需建立和健全统筹联动的长效机制。统筹区域内各类学习资源,推进学习资源的社会化。建立有效的协调机制,促进各部门、各系统的学习资源开放共享。进一步发挥公共文化设施的社会教育功能,深入推进公共图书馆、文化馆(站)、博物馆、美术馆、科技馆等各类公共设施面向社会免费开放。鼓励机关、企事业单位、社会团体等向市民开放学习场所和设施。积极利用报纸、杂志、广播、电视和网络媒体等各类传播媒体提供多种形式的学习服务。通过联动式战略路径,切实深化宁波学习型城市建设。

五、宁波市深化学习型城市建设的空间格局

（一）中心城区建设学习型城区的特色

宁波市中心城区是全市社会主义现代化进程最快的地区，经济社会发展处于高水平，也是全市社区教育、学习型城市建设引领示范区，仅全国社区教育示范区、实验区就有七个。"十三五"期间，宁波市中心城区着力构建宁波都市区和创新型城区；实施城市功能提升工程、强化科技创新、国际贸易、航运服务等功能；推进智慧城市建设，推动信息技术和城市发展全面深度融合；加强历史文化名城和街区保护利用，建设具有鲜明特色的文化强市，深化全国文明城市建设；大幅提升城市国际化水平。基于上述背景和条件，宁波市中心城区深化学习型城区建设应具有如下特色：

1）以融入和服务都市区和创新城区建设为特色；

2）高起点、高目标、高标准的"三高"特色；

3）学习与创新交融特色；

4）信息化特色；

5）甬城文化特色；

6）国际化特色。

（二）农村地区建设学习型城区的特色

农村地区是宁波市学习型城市建设的薄弱地区。"十三五"期间，宁波市农村地区处于新型城镇化过程之中：积极推进农业现代化，全面推进国家现代农业示范区建设和农业全产业链建设；推进美丽乡村建设；统筹优化农村布局规划；等等。基于上述背景和条件，宁波市农村地区深化学习型城区建设应具有如下特色：

1）以融入和服务美丽乡村建设为特色；

2）以促进"人的城市化"为特色；

3）农村成人继续教育、社区教育的转型期特色；

4）生态文明特色。

（三）沿海岛区建设学习型城区的特色

沿海岛区人口分布广而分散，最大的资源是港口和海洋资源，最大优势在于开放。"十三五"期间，宁波市沿海岛区着力打造具有国际影响力的港口经济区；构建"一带一路"的战略支点，建立国际港口联盟；加快海洋经济核心示范区建设，成为海洋经济发展新增长极；实现海港、海湾、海岛的"三海联动"；发展更高层次的开放型经济，全面提升国际化水平。基于上述背景和条件，宁波沿海岛区深化学习型城区建设应具有如下特色：

1）以融入和服务港口经济区建设为特色；

2）开放外向化、国际化特色；

3）"三海联动"特色；

4）港口和海洋文化特色。

（四）边远山区建设学习型城区的特色

边远山区是宁波市学习型城市建设滞后地区。"十三五"期间，宁波市边远山区要加强生态环境保护、生态经济发展和生态文明制度建设，建设四明山绿色生态涵养区，实施四明山生态经济区建设提升工程，加快四明山区域发展步伐。基于上述背景和条件，宁波市边远山区深化学习型城市建设应具有如下特色：

1）以融入和服务山区绿色生态区建设为特色；

2）以促进"人的城市化"为特色；

3）生态文化特色。

第三节　宁波市深化学习型城市建设的战略对策

根据宁波市深化学习型城市建设的战略构思，以及调查报告反映出的宁波学习型城市建设过程存在的现状和突出问题，宁波市深化学习型城市建设课题组提出以下战略对策。

一、继续改革学习型城市建设模式,完善治理体系

建设模式与治理体系是学习型城市之"要件",转变建设模式和完善治理体系是宁波深化学习型城市建设的关键。中共十八届三中全会通过的《关于全面深化改革若干重大问题的决定》,以"社会治理"取代"社会管理",一字之差体现了向主体多元、协同治理的转变,这种转型趋势引导宁波在深化学习型城市建设中就建设模式和治理体系做出相应的调整。前文调查数据显示,宁波市 11个县(市、区)中,有 10 个成立了学习型社会建设领导小组或社区教育领导小组等相关领导机构,占比 90.9%;受调查的 45 个街道(乡、镇)中,有 44 个成立了学习型社会建设领导小组或社区教育领导小组等相关领导机构,反映了各级政府部门的重视,同时也反映出宁波学习型城市建设模式和治理体系须进一步完善。

(一)转变宁波学习型城市建设模式

根据党和国家政治体制改革和社会管理的目标、社会民众的内在意愿,以及国际社会城市管理创新方向,从目前宁波学习型城市建设的实际出发,过去由政府统包式的单建模式应转为由党政主导的"多力合一"的共建模式,实现党政主导力、市场调节力、社会参与力、教育支撑力、基层组织自治力和社会民众主体力的协调互动、优势互补。

1)党政主导力在构建学习型城市中起着宏观调控作用,具有编制规划、立法和制定政策、统筹协调、经费保障、督促检查等职能,由微观的直接组织学习活动转向宏观的调控和保障,并调动和整合各方力量参与建设活动。

2)市场调节力在构建学习型城市中起着调节作用。通过市场的内在机制,调节学习型城市构建中供方与需方的关系,调节学习型城市建设与其他城市建设的协调发展。

3)社会参与力在学习型城市建设中起着助推作用和中介作用。社会力量发动组织起来后,可激发社会创造活力,利用自身的资源优势参与学习型城市建设项目和教育培训项目,同时社会组织还可在政府治理与基层群众自治之间起中介作用。

4)教育支撑力在建设学习型城市中起着教育基地和专业支撑作用。学校的教育资源向社会开放,让社会民众共享,学校主动与社区沟通,乃至于"学社融合",支撑学习型社区构建。高校积极主动与行业企业合作,协助制定岗位规范和培训标准,协助开展专业的课程认定和证书认可工作。

5)基层组织自治力在建设学习型城市中起着基层社区和单位的自治作用。在创建学习型社区和单位中,基层社区和单位在基层党组织领导下充分发挥自我组织、自我教育、自我管理、自我监督、自我服务等作用,为学习型城市建设奠定基础。

6)社会民众主体力在构建学习型城市中起着不可替代的主体作用。创建学习型城市的最终价值在于促进社会民众的全面发展,其建设必须依靠广大社会民众,在参与建设全过程(包括设计、实施、监督、评估等)中,社会民众作为主体,充分发挥着创造力。

(二)完善宁波学习型城市治理体系

管理科学和管理实践告诉我们,要形成一个充满活力、高效率的治理体系,就要遵循系统性原则和封闭性原则,宁波深化学习型城市建设也是如此。完整的学习型城市治理体系应由多个子系统构成一个彼此独立、相互联系、有机整合的管理网络。

1)决策系统是学习型城市治理体系中的核心,决策正确与否,直接关系到治理活动的方向和成败,正确的决策是正确管理控制的首要条件。为此,当务之急,宁波市要建立市、县(区、市)、乡镇(街道)三级终身教育与学习型社会促进委员会,在本行政区域内实施决策职能。

2)执行系统是学习型城市治理体系中的执行机构部分,它的任务是执行决策中心的各项决定。执行系统在纵向和横向关系上均应职责分明,各司其职,在职责范围内有序地开展工作。为此,宁波市学习型社会和终身教育促进委员会拟设立办公室,执行该委员会的各项决策,负责学习型城市建设的日常工作。该办公室设在市教育行政部门,由该部门负责人担任主任。

3)参谋咨询系统是学习型城市治理体系中的参谋部分,为决策系统提供决策咨询。该系统的机构由该方面的专家、学者组成,实际是一个智力优化的专家群体。为此,建议成立宁波市学习型城市建设专家顾问团,由终身教育专家、城市管理专家、社会学专家及相关知名人士组成。

4)监督系统是学习型城市治理体系中的履行监督职能部分,以保证决策的科学性、执行的有效性,并符合目的性。其主要职责是,通过事前监督,防止决策机构做出不科学的决策;通过事中监督,防止执行机构及其人员在执行决策过程中出现偏差;通过事后监督,查明执行效果,若有问题,分析原因,找出责任者,并分析决策本身的可靠程度。为此,建议全市建立人大常委会牵头的、政府教育督导机构为骨干的、发挥市民主体作用的、多渠道多形式内外上下结合的学习型城市建设的监督网络体系。

5)反馈系统是学习型城市治理体系中的信息反馈部分,这里主要是指控制信息反馈的组织系统,即信息机构。该系统的机构是反映决策的执行情况和执行过程中需要解决问题的机构,其主要职能是信息反馈,为决策机构、执行机构进行控制和调节活动提供依据。为此,建议充分发挥各级政府及其教育行政部门,以及教育研究机构的信息反馈作用,在基层社区可设置信息员,形成一个上下沟通畅达的信息网络系统。

二、高标准构建终身教育体系和终身学习服务体系

终身教育体系和终身学习服务体系是学习型城市之"架构"。尽管宁波市已形成终身教育体系框架和终身学习平台,然而离高标准建设终身教育体系和终身学习服务体系的要求还有相当大的距离。高标准建设上述体系仍是宁波市深化学习型城市建设的重点工作之一。在终身教育体系内部一体化方面,要着力构建纵向衔接、横向沟通、纵横整合的一体化教育体系;在终身教育体系与外部环境的协调发展方面,要着力使所构建的一体化教育体系与外部经济、社会、生态环境的发展相协调;在优化终身学习服务体系方面,要着力延伸和完善终身学习平台。

(一)推进教育体系内部的沟通和衔接

建立教育沟通制度,使教育系统内部的各种教育类型、各个层次、各种形式的教育互相沟通和衔接,特别要建立和完善高中后各类教育沟通和衔接制度。

1.制定"高中后各类教育沟通和衔接"的法规政策

该法规可作为《宁波市终身教育促进条例》的实施细则,其中包括普通高等教育、高等职业教育、高等成人教育各自内部之间的沟通衔接细则,以及三者之间的沟通衔接细则,以利于教育行政部门依法行政,各类高校依法办学。

2.推广合作办学模式

国际社会和宁波市的成功实践表明,合作办学模式是高中后各类教育沟通

的载体和桥梁。据此,要积极引导宁波地区的成人高校、职业大学主动与普通大学建立合作办学关系;成人高校与职业大学之间也应建立办学联合体,或办学主体联合型等。

3.建立高中后各类教育沟通专家组

由专家组对宁波市各项教育沟通方案进行可行性分析,制定实施细则,并组织试点实施,提交试点实施报告,协助宁波市教育行政部门开展相关工作。另外,可成立各类协作组织,如成人高校协作组,专门协调各类成人高等教育间的沟通问题。

(二)推进教育领域与社会生活进一步沟通

完善社区教育制度,使教育和社会(社区)密切互动,冲破教育领域与社会生活之间的藩篱,需要研究和探索市民学习成果的认定和互认制度。前文调查数据显示,宁波市 2013 年、2014 年面向社会"物理开放"的中、小学校分别有478 所、484 所,分别占所有中小学(缺象山统计数据)的 89.2%、90.0%;2013年、2014 年面向社会开放的职业教育机构分别有 159 个、170 个(缺余姚统计数据)。宁波市教育机构向社会开放的水平达到一个新高度,但在开放的深度和社会效益上还需做出进一步探索。

1.进一步达成思想共识

学校教育工作者,特别是高等教育工作者要增强"社区意识",不能成为所在地区的"文化孤岛";社区工作者要增强"教育意识",确立教育在社区建设发展中的核心地位、基础地位。社区建设和发展的目标之一是形成学习型社区,只有"学校更多地参与社会活动"和"社会更多地参与学校教育",使"教育与其环境相依为命发展",完整意义上的学校和社区的沟通才有共同的思想基础。

2.加速"沟通"的法规落实

围绕《宁波市终身教育促进条例》中的相关条款,制定实施细则。建议在宁波现有的社区教育工作通知、实施意见等政策文件基础上,加以修改和充实,上升为宁波市社区教育法规,作为《宁波市终身教育促进条例》的下属章程规定。这样,学校与社区在沟通过程中均有章可循,有法可依,确保社区教育的健康发展。

3.进一步推进"学社融合"的实践研究

围绕该主题,从教育观念、教育资源、教育实体、教育队伍、教育管理体制和运行机制等方面设立实验研究项目,以此推进"学社融合"。

4.组织专门力量,调查总结专项经验

根据宁波社区教育的实际,建议以市教育行政部门为主,联合市文明办、市民政部门对教育与社区沟通方面开展专项调查,挖掘成功案例,总结先进经验,进行推广示范。同时,在调查总结的基础上,制定、修改、补充原有的政策文件。

(三)推进教育领域和劳动领域进一步沟通

探索回归教育制度,使教育领域和劳动领域相互沟通,打破隔绝教育领域和劳动领域之间的壁垒,特别要进一步实施弹性学制和学分制。

1.各系统各单位要强化学习宣传,达成对回归教育的共识

针对不同对象加强回归教育的学习宣传。就企事业单位领导而言,要组织他们学习人力资本理论、回归教育制度,在提高认识的基础上,增强企事业领导者实施回归教育的内在动力;对高等院校领导而言,要引导他们学习回归教育基本理论和国外成功举措,破除传统的教育质量观,提高制定和实施高校门户开放制度的自觉性。然后再推向全体从业人员和高校的教职员工,增强他们参与回归教育的内在意愿。

2.尽快制定相关法规及实施细则

建议宁波市人大常委会尽快制定相关的政策规章,就回归教育的内涵、性质、目的、对象、方式、时间、经费等基本问题做出法规性规定。在此基础上,由宁波市政府制定其实施细则。对各系统原先制定的有关回归教育的制度和规定进行整理,以此来建立和完善宁波市回归教育法规和制度。

3.机关、企事业单位要制定中长期回归教育规划和近期执行计划

根据本单位发展规划,各单位应制定回归教育的中长期规划和近期执行计划,确保各类从业人员拥有法定的教育培训时间,有条件的单位可试行带薪教育假制,以便总结经验加以推广。相关部门和研究机构应组织力量,及时总结试点单位的有关经验和做法,试点中产生的新情况和新问题要专项深入分析,以求找出解决问题的办法,推进试点工作。

4.高等学校要进一步扩大开放

从宁波高校的校情出发,在原有开放的基础上,进一步扩大开放,实施回归教育。继续试行并及时总结推广弹性学制,实行课程学分制,并相应试行"自由出入制"和"学分累计制"。坚持并发展多样化的学员学习研修方式,实施函授

式、自学式、网络式、影视式、科研指导式等教学,采用综合考评的方法,采取作业式、实习式、实验式、工作成就取代式等方式考查学员,以替代"课程终结性考试"。

(四)积极推进老年教育事业

老年教育是终身教育体系的终端部分。没有发达的老年教育,就谈不上终身教育体系的完善。根据《国家中长期教育改革和发展规划纲要(2010—2020年)》、国务院办公厅印发的《老年教育发展规划(2016—2020年)》的要求,参照国际社会老年教育的新理念、有效实践和发展趋势,从宁波老年教育事业的现实出发,应当持续推进下列工作。①拓展老年教育的广度。从区域而言,老年教育逐渐由中心城区向农村、渔村扩展;从人群而言,老年教育由文化层次高的向文化层次低的,由低龄期的向高龄期的,由经济条件好的向经济条件不好的老年人群扩展。通过拓展老年教育的广度,扩大和提高宁波市老年教育的区域与人群的覆盖率,提高老年人群对老年教育的知晓度、认同度、参与度和满意度。②增加老年教育发展的深度。深度开发、整合、盘活和共享老年教育资源,包括物质资源、信息资源、人力资源、文化资源等;深化老年人数字化学习,不仅要完善和提升数字化学习的硬件设备,更要加强数字化学习的软件建设;深化老年教育机构内涵建设,包括课程体系、教学模式的创新,专职管理人员与教学人员的专业化等。③提升老年教育的高度。提升认知水平,老年教育的发展是增强社会凝聚力及和谐度的社会基础;提升发展目标,确立形成具有时代特征、宁波特色、老年教育特征的现代化老年教育体系的目标;提升评价标准,现代教育评价强调发展目标与评价标准的一致性;提升理论发展水平,以更好地指导和服务老年教育的深入发展。④加大老年教育工作的力度,制定老年教育的相关法规及其实施细则。

(五)优化和完善终身学习服务平台

1.优化终身学习实体服务平台

在初步建构起市、县(区、市)、乡镇(街道)、村(社区)四个层级和由学校、行业、社区、网络四大系统组成的终身学习服务体系的基础上,应当继续在下列两方面努力。

一是面上延伸拓展。在深化学习型城市建设过程中应当坚持重心向下、面向基层的原则,不断将终身学习的网络铺设到市民家门口,通过发展实体的庭院课堂、睦邻点、家庭学习点、社区读书读报组等载体,使居民就近方便地接触学习活动。

二是质上内涵发展。首先,密切各层级间的联系,树立教育服务意识。明确各层级的职责与使命,实现各层级间的有效衔接与相互沟通,优化整个体系的运作效果。其次,全力保障终身学习质量,提升市民素质。从细微处着手,扎实开展市民学习需求调研,做好优质课程开发,组织优秀师资实施教学,建立学习质量监测体系,切实保证终身教育质量。最后,激发内部更新意识,推进组织创新转型。各层级单位应当适应社会变迁和居民学习需求多元发展的趋势,增强自我更新意识和自我建设能力。

2.完善终身学习在线服务平台

吸纳云计算、大数据、慕课等新技术和"互联网＋"的新理念,搭建终身学习在线服务平台,满足并引导居民的学习需求。通过建设现代远程教育网络和资源库,发展网络教育,包括网上课堂、网上学校、计算机支撑的合作学习服务系统,推进数字化学习,开展在线学习、移动学习,建设数字化学习型社区,使居民足不出户就能享受到优质的网络学习资源。

三、积极拓展和深化各类学习型组织建设

学习型组织是学习型城市的"基石"。尽管宁波市学习型组织创建初具规模,然而距离建成学习型城市的基本要求还相差较远。拓展和深化各类学习型组织的创建,夯实学习型城市的组织基石,是宁波市深化学习型城市建设的又一重点。

(一)科学比较各类学习型组织,分类指导各类学习型组织建设

就学习型组织的性质和作用而言,学习型家庭是亲缘关系性质的学习型组织,是学习型城市的"细胞";学习型企业是经济实体性质的学习型组织,是学习型城市的"要件";学习型社区是地缘关系性质的学习型组织,是学习型城市的"基础";学习型机关属行政实体性质的学习型组织,是学习型城市的"首脑"。

就学习型组织建设目的而言,学习型家庭建设在于提高家庭成员素质和生活质量,形成新型的和谐幸福家庭;学习型企业建设在于保障和促进员工发展,以及企业可持续发展;学习型社区建设在于促进社区成员终身发展和社区科学

发展;学习型机关建设在于促进机关及成员行政素质和效率的提升,形成社会民众满意的服务机关。

就学习型组织的形成基础而言,学习型家庭以家庭成员终身学习为基础;学习型企业以员工组织学习体系和团队学习为基础;学习型社区以社区终身教育网络和学习型家庭、楼组和小区为基础;学习型机关主要以互动共享的组织学习系统为基础。

就学习型组织特征而言,学习型家庭以成员共学互动,形成家庭学习文化为基本特征;学习型企业以生产工作与学习整体性推进,形成企业先进文化为基本特征;学习型社区以社区民间组织积极参与,形成社区学习文化为基本特征;学习型机关以实现工作与学习一体化,形成"民本位服务文化"为基本特征。

(二)把握各类学习型组织建设要点,科学有效地建设各类学习型组织

1.学习型家庭建设应把握的要点

1)坚持"四项原则":主体性原则、渐进性原则、差异性原则、示范性原则。

2)正确处理"四个关系":硬件与软件的关系、单体学与共同学的关系、共性与个性的关系、数量与质量的关系。

2.学习型社区建设应把握要点

1)大力推进社区教育和社区数字化学习,拓展广度,增加深度,提高社区民众的知晓度、认同度、参与度、满意度。

2)着力推进社区内各类学习型组织的建设和学习团队的生成。其中,特别要抓好学习型小区建设。其既是学习型社区的缩影,又可为学习型家庭、学习型楼组的创建提供良好的氛围,起到带动作用。

3.学习型企业建设应把握要点

1)牢牢抓住"学习—变革—创新—发展"的建设主线。

2)下功夫推进生产工作与学习的整体性发展。

3)把建设企业先进文化贯穿于学习型企业建设的始终。

4.学习型党政机关建设应把握要点

继续清除"官本位文化",建设"民本位服务文化",增强为民服务意识和"四个尊重"的意识;加速党政机关信息化步伐,加快电子党政机关建设的进程。

(三)以创新理念引领学习型组织的建设,打造升级版学习型组织

具体来说,在组织成员中开展"创意、创新、创业"的"三创"教育和实践活

动,让创新成为学习型组织及其活动的价值取向、重点内容和评价尺度,使学习与创新有机融为一体,打造学习创新型组织。这对于学习型企业的创建来说尤为重要,通过营造学习创新型组织,形成企业"学习—变革—创新—发展"主轴线,从而提升企业核心竞争力——自主创新能力,促进企业及其员工可持续发展。

四、继续深入营造终身学习文化

终身学习文化是学习型城市之"灵魂"。2013 年,在首届国际学习型城市大会上,来自联合国教科文组织 102 个成员方的 500 多名代表发表《建设学习型城市北京宣言》,宣言中指出:学习型城市六大建设任务的最后一项是"培育终身学习文化",与其他五项任务相比,"培育终身学习文化"涉及城市发展、市民生活的方方面面,从而更具整体性和综合性。尽管宁波市在营造终身教育文化方面已取得明显成效,然而从学习型城市形成的基本要求来说,还有相当差距。从宁波市的实际出发,拓展和深化营造终身学习文化,也是深化学习型城市建设的重点。从文化结构学视角,可从物质文化、制度文化、精神文化三个层次,立体式深入营造终身学习文化。

(一)终身学习物质文化的营造

终身学习物质文化是指终身学习文化外在的物化形态,包括终身学习的建筑、景观、设施、资源、文物、产品、环境等。尽管它是终身学习文化的浅表层面,然而仍是终身学习文化构成的重要成分。综合国内外,以及宁波市的成功经验,营造终身学习物质文化可采取如下举措:①终身学习的实体、设施和资源的建设;②各类学习文化的实体、载体、地域空间的建设;③终身学习物质产品的设置和展示等。

在宁波市第十三次党代会上,时任浙江省委常委、宁波市委书记的唐一军指出,今后五年乃至更长一段时间内,宁波将着力打造一流的城市品质,大力发展宁波都市圈。落实长三角城市群发展规划,完善甬台舟协同发展机制,主动接轨上海大都市圈,加强与其他都市圈的战略合作。推动"东集聚、南融合、西开发、北提质"战略,增强中心城区极核功能。推进余姚、慈溪和杭州湾新区"北翼"协同发展,打造都市区北部副中心。加快宁海、象山"南翼"统筹发展,打造海洋生态文明示范区。加快推进"三江六岸"品质大提升,谋划建设沿甬江、姚江、奉化江产业"大走廊"。这个宁波城市发展宏图的制定,将为宁波学习型城市物质文化的营造提供良好的社会基础。

(二)终身学习制度文化的营造

终身学习制度文化是指终身学习文化以制度规范形式所表现的文化形态,包括终身学习的规章、制度、公约、宪章、会议纪要等。它是由行之有效的终身学习活动积累上升所形成的长效机制,是终身学习文化的中间层面,是终身学习文化不可缺少的重要内涵。综合国内外及宁波市成功经验,营造终身学习制度文化宜采取举措可归纳为下列几方面:①建立和完善终身学习活动制度;②建立和完善终身学习保障条件制度;③建立和完善终身学习检查评价和表彰奖惩制度等。

宁波在推进学习型城市建设过程中,一直非常注重终身学习制度文化的培育,努力让文化惠及更多民众,将终身学习风尚融入城市文化的主流。在宣传和普及终身学习理念方面,宁波充分运用各种宣传载体和活动,吸引广大市民参与终身学习,不断提高对终身学习的知晓度和参与率。尤其是自 2005 年以来,宁波已经成功举办了 11 届"全民终身学习活动周",营造了较好终身学习氛围。宁波各县市区每年还积极开展各具特色的读书节、读书周、读书月等活动,打造了一批有影响力的终身学习品牌。另外,宁波还不断创新终身学习制度文化,积极开展终身教育立法工作,于 2015 年 3 月 1 日正式实施了《宁波市终身教育促进条例》。

在深化营造终身学习文化过程中,要发扬宁波市教育与文化融合的特色,发扬宁波市"书藏古今,港通天才"的优秀传统,发扬"开放兼容、崇文厚商、创业创新、诚言务实"为主要特征的甬城文化,并将之与宁波市构建"东方文明之都"有机结合起来。

(三)终身学习精神文化的营造

终身学习精神文化是终身学习物质文化、制度文化在人脑中理念层面的升华,是深层次的终身学习文化。具体包括认知成分、情感成分、价值成分、理想成分等,主要是指终身学习的认知度、热爱感、价值观和信念。综合国内外和宁波市的有效做法,要持之以恒地营造终身学习的文化氛围,并将其全面渗透到人们的日常生活和工作中,渗透到社会的各个角落,日积月累,潜移默化,逐渐形成终身学习精神文化。具体途径和举措除举办全市性的全民终身学习活动周、组织全市性的全民读书活动、建立全市性的终身学习网站外,可着力在愿景建设、成果认可、体验学习、实践陶冶、活动渗透、研讨交流、示范引导、开展研究等方面下功夫,培植终身学习精神文化。

建设国际港口名城,打造东方文明之都,是今后五年乃至更长时期宁波发展的奋斗目标。营造终身学习精神文化要与宁波建设"东方文明之都"的目标结合起来。今后五年及以后的一段时间内,宁波打造"东方文明之都",在文化建设方面将从以下几方面着眼:深入开展习近平总书记治国理政新理念新思想新战略等重大主题宣传;推动媒体融合发展,实施"最美和声"工程;开展王阳明思想等传统文化的研究传承;以争创新一轮全国文明城市为载体,构建精神文明建设新格局;推动文化事业大发展,建设书香之城、音乐之城、影视之城;繁荣发展文艺事业,壮大"文艺甬军"实力;加强历史文化名城名镇名村建设和非物质文化遗产保护,扩大雪窦山"中国五大佛教名山"影响力;拓展对外文化交流,办好索菲亚中国文化交流中心。宁波文化之城的建设,将为宁波终身学习精神文化的营造提供良好的精神支持。

五、解放和增强学习型城市建设的社会活力

城市社会活力是学习型城市建设的"原动力"。学习型城市建设是基础性的城市社会建设,是城市发展史上的创举,是一项广泛、深刻、复杂的教育和社会变革,涉及城市内各方面和各类人群。宁波正处于社会变革时期,一部分人口处于流动和无组织状态,要实现全民学习、终身学习,仅靠党政力量是远远不够的,必须解放和增强社会活力,依靠社会力量共同推进。前文调查数据显示,对于市民应在学习型城市建设中承担何种角色这一问题,75.4%的受调查者选择"参与者",69.7%选择"学习者",21.3%认为是"评估者";20.7%认为是"策划者",14.8%认为是"管理者",说明市民的参与意识、学习意识已经得到很好的激发,但其他方面的主体性有待增强。

(一)重在进一步解放思想

人类社会发展史表明,实践发展永无止境,认识真理永无止境,解放思想永无止境。现有的实践经验告诉我们,宁波深化学习型城市建设,必须进一步解放思想。解放思想是总开关,思想解放了,开关打开了,深化建设的思路就有

了。深化学习型城市建设的过程,也是思想不断解放的过程。可以说,没有思想解放,就没有学习型城市建设的深化。

我们要认真学习、深刻领会解放和增强社会活力的基本内涵和战略意义,在思想解放基点上,反思和分析为什么在学习型城市建设中参与力量较为单一,社会成员参与率不高,为什么社会活力解放和增强还明显不够,其原因是什么,有无思想疑虑和阻力,有无体制机制障碍,等等。要针对性地提出在学习型城市建设过程中解放和增强社会活力的思路和举措。其中,尤为重要的是正确处理政府与社会、政府与市场的关系。

(二)重在充分发挥社会成员的主体性

要解放和增强社会活力,就要解放和增强构成社会的个体的活力,发挥每个社会成员的主体性。"人是主体"是以人为本思想的重要内容和体现,要贯彻落实以人为本思想,就要发挥社会成员的主体性。何况,学习型城市建设的根本宗旨在于促进城市及个人的发展,社会成员主体性的发挥,是学习型城市建设的"天职",也是学习型城市建设的根本保证。

1. 要提高社会民众参与度,包括参与的广度、深度和高度

具体来说,由社会成员作为主体,以多种形式参与学习型城市建设的全过程及其基本环节(包括策划、实施、监督、评估、激励等),发挥其主体作用。应以社会民众的参与度作为衡量学习型城市建设成效的最基本指标之一。

2. 要巩固和发展志愿者队伍

社会志愿者是公民自主性人格的体现,是社会成员主体性的充分反映,是学习型城市建设最具生气和活力的象征。为此,一要营造社会舆论,强化社会志愿服务意识。二要以系统工程原理建立和完善志愿者队伍建设制度体系,包括建立招募制度、培训制度、服务制度、评估制度、激励制度、退出制度等。三要创设多样化志愿者服务平台,在服务中锻炼志愿者队伍。四要建立多元投入机制,使志愿者服务得到财力保障。

3. 要优化对社会成员终身学习的服务

人的需求是社会发展的第一推动力,也是学习型城市建设和发展的原动力。为此,要了解和掌握社会不同人群的学习需求及其变化规律性,以他们的学习需求为导向,优化终身学习服务,分享学习型城市建设的成果,提高社会成员的满足度。从源头上激发社会成员参与的内源性动力,从而从本源上推动学

习型城市建设的深入发展。

(三)重在进一步培育社会性

由于历史原因,我国社会领域曾长期依靠行政力量发挥作用,社会生活的运作也依赖于行政系统,这就造成社会的自组织能力很弱,甚至社会本身的存在空间也被行政力量挤压得十分狭小。这种行为惯性在宁波学习型城市建设过程中得到不同程度的反映,一方面,党和政府强有力地推进;另一方面,社会性缺乏在不同地区不同程度地存在。在宁波深化学习型城市建设中解放和增强社会活力,就要重点培育社会性。

1.强化"社会性"这个基本的核心概念

现代社会基本结构就是由国家体系、市场体系、社会体系三部分构成,我们应承认社会的自治逻辑,承认社会建设的自身规律,作为一种基础性的城市社会建设——学习型城市建设,应牢固树立"社会性"这个基本理念,并渗透于建设的全过程和各方面。

2.激发社会组织活力

《中共中央关于全面深化改革若干重大问题的决定》对社会组织问题多次强调,且专门指出,要"激发社会组织活力""推进社会组织明确权责、依法自治、发挥作用"。为此,第一,思想上要取得共识。现代社会的基本结构规定着社会组织是推进现代社会建设和发展不可或缺的重要推动力,承担着学习型城市建设的历史重任。第二,建立和完善激发社会组织活力的长效机制。政府应在制定社会组织参与政策、购买社会组织服务、激发社会组织先进性等方面建立和完善相关制度。第三,建立和完善社会组织孵化基地,形成市、区、街镇三级孵化培育基地系统,尤其是提高社会组织领导人的思想觉悟和指导能力。第四,在学习型城市建设过程中激发社会组织活力。政府可制定并出台发挥社会组织作用的指导意见,社会组织应积极参与,探索创新,有效服务,发挥作用,依法自治,发展自己。

3.促进学习共同体的生成

学习型城市的基石,不仅有各类学习型组织,还应有各类学习共同体。据此,宁波在深化学习型城市建设过程中,除要继续加强创建社区各类学习型组织外,还要加大对学习共同体(学习团队、学习联盟等)的培育力度。学习共同体是指以学习为核心理念和主要实践活动,以自主、协商、共享为基本特征,为实现共同目标而生成的一种充满活力、富有成效的非传统、自组织的社会群体。学习共同体与学习型组织两者的性质不同,学习型组织属于传统的正式组织,有明显的组织边界;而学习共同体是一种非正式组织,是自组织,没有明确的组织边界。另外,两者的载体和参与者身份建构不同,两者的追求目标不同,两者的运作机制也不同。因此,要建成学习型城市,仅仅创建学习型组织是不够的,还要培育和生成大量的学习共同体。

六、进一步加强学习型城市建设的法制队伍建设、理论保障

(一)及早制定《宁波市终身教育促进条例》实施细则

正如前述,要切实贯彻落实《宁波市终身教育促进条例》,必须及早制定相关的实施细则。如,制定"高中后各类教育沟通和衔接"实施细则、"老年教育"实施细则、"终身教育专职教师职称评审"实施细则,建立和完善"终身教育学分转换制度""终身教育监督管理制度和评估制度""带薪学习制度"和"学习奖励制度",等等,从法制上保障深化学习型城市建设。

(二)加强学习型城市的队伍建设

除加强相关的社会工作者队伍建设外,要制定"终身教育人才培养和培训规划",形成一支素质优良、结构合理、相对稳定的,以专职人员为骨干、兼职人员和志愿者为数量主体的终身教育队伍。同时,组建一支水平高、责任心强的咨询专家队伍。建立和健全专职教学和管理人员的岗位培训和继续教育制度、专业职务评聘制度,其在薪酬待遇、业务进展、专业职务评聘等方面享有同类学校人员的权利和待遇,从队伍上保障深化学习型城市建设。

(三)加强学习型城市建设的科学研究

习近平总书记在庆祝中国共产党成立95周年大会上的讲话中指出:"理论上清醒,政治上才能坚定。"学习型城市建设同样如此,理论上不清醒,工作上就会左右摇摆。要深化学习型城市建设,必须加强科学研究,包括基础理论研究、政策研究、应用研究、国际比较研究。要积极开展社会学习指数的研究和探索,跟踪和掌握宁波市建设学习型城市的动态变化。加强终身教育学科(包括社区教育学、老年教育学)和研究机构建设,必须整合宁波本土研究力量,搭建研究

平台,组建协同创新团队,为宁波市深化学习型城市建设出思想、出理论、出政策、出举措,成为宁波市终身教育和学习型城市建设的智库,从理论上保障宁波市深化学习型城市建设。

七、及时编制发展规划,激发学习型城市建设发展活力

为有目标、有计划、科学而有效地深化学习型城市建设,必须加强顶层设计,在绘制"十三五"期间宁波市建设学习型城市的发展蓝图基础上,将其纳入宁波市经济社会发展规划之中,作为全面建成小康社会的主要考评指标之一,作为现代化国际港口城市建设的基础性工程,建立以创建学习型城市为基础的"多城共建"的内在机制和发展格局。具体而言,发扬城乡一体、学创结合、产教互通、教文融合、虚实并举等建设特色,以学习型城市建设为基础,与"'一带一路'支点城市""全国创业先进城市""全国最具幸福感城市"等多城建设进一步融合,加以整体性研究、整体性规划、整体性督查评估。

在知识经济浪潮下,文化产业作为社会经济发展的驱动力和城市发展的"软实力",在现代城市发展中作用进一步凸显,"宜居之城""学习之城""文化之城"将是宁波可持续发展的必然选择。因此,在宁波转型提升的关键时期,应及时打通文化领域与经济领域的隔离层,使学习型城市建设与创新创业有机结合,激发学习型城市建设的发展活力。另外,应加大对终身学习的实体、设施和资源建设的投资力度,打造宁波学习品牌,满足市民学习需求,并带动相关产业升级。

参考文献

[1] Huckle J,Sterling S. 可持续发展教育[M]. 北京：中国轻工业出版社,2002.

[2] Hutchins R M. The conflict in education in a democratic society[M]. New York：Harper & Row,Publishers,1953.

[3] Hutchins R M. The higher learning in America[M]. New Haven：Yale University Press,1936.

[4] Hutchins R. The learning society[M]. London：Pall Mall,1968.

[5] Jarvis P. An international dictionary of adult and continuing education [M]. London：Routledge, 2002.

[6] 保罗·朗格朗. 终身教育引论[M]. 北京：中国对外翻译出版公司,1985.

[7] 彼得·圣吉. 第五项修炼：学习型组织的艺术与实务[M]. 上海：上海三联书店, 1998.

[8] 陈德仁,张尧学. 数字化学习港：构建面向终身学习的学习型社会[M]. 杭州：浙江大学出版社,2009.

[9] 陈乃林. 建设区域性学习型社会的实证研究报告：以江苏为个案[M]. 北京：高等教育出版社,2010.

[10] 顾登妹. 学习型城区建设"三区联动"模式研究[M]. 上海：上海教育出版社,2012.

[11] 顾明远,石中英. 学无止境：构建学习型社会研究[M]. 北京：北京师范大学出版社,2010.

[12] 郭一红. 建设中国特色学习型社会[M]. 长沙：湖南大学出版社,2008.

[13] 郝克明. 跨进学习社会：建设终身学习体系和学习型社会的研究[M]. 北京：高等教育出版社,2006.

[14] 郝克明.跨进学习型社会的重要支柱:中国继续教育的发展[M].北京:高等教育出版社,2011.

[15] 贺宏志,胡晓松,田汉族.学习型社会建设的理论与策略研究[M].北京:首都师范大学出版社,2012.

[16] 马仲良,吴晓川.建设学习型城市[M].北京:北京工业大学出版社,2008.

[17] 诺曼·朗沃斯.学习型城市学习型地区学习型社区[M].欧阳忠明,马颂歌,陈晓燕,译.北京:中国人民大学出版社,2016.

[18] 沈光辉.转型发展中的社区教育问题研究[M].北京:中央广播电视大学出版社,2016.

[19] 王洪才.终身教育体系的建构:全面小康社会的呼唤与回应[M].厦门:厦门大学出版社,2008.

[20] 翁卫军.全球学习型城市:杭州样本[M].杭州:杭州出版社,2016.

[21] 叶忠海.创建学习型城市的理论与实践[M].上海:上海三联书店,2005.

[22] 叶忠海.学习型城市建设研究[M].上海:同济大学出版社,2011.

[23] 叶忠海.学习型社会建设研究与探索[M].上海:同济大学出版社,2013.

[24] 余善云.终身学习研究与实践[M].北京:光明日报出版社,2014.

[25] 张建国.大城市中心区学习型城区建设:北京市西城区的实践与思考[M].北京:中国人民大学出版社,2013.

[26] 张丽丽.上海学习型家庭创建:理论与实践[M].上海:上海社科院出版社,2011.

[27] 朱永新.学习让城市更精彩:苏州创建学习型城市纪实[M].北京:人民出版社,2011.

[28] Byun J, Ryu K. Changes in regional communities:the case of the Republic of Korea's lifelong learning city project [J]. Advances in Developing Human Resources,2012,14(14):279-290.

[29] Wynne A. A learning city[J]. Adults Learning,1999(11):18-20.

[30] 蔡利妮.日本终身教育的发展特点及其启示:以公民馆为例[J].山西青年,2016(17):32-33.

[31] 陈曙,王志强,张如敏.以终身学习公共服务平台促进学习型城市建设的策略:基于宁波例证的分析[J].宁波广播电视电视大学学报,2015,13(1):79-83.

[32] 陈曙,叶忠海.深化学习型城市建设的目标、路径和对策:以宁波市为例分析[J].职教论坛,2016(36):50-55.

[33] 姜大仲,王新秀,崔善珠.发展终身学习型城市网络的战略:以首尔市冠岳区案例为中心[J].高等函授学报(哲学社会科学版),2011,24(5):3-6.

[34] 蒋亦璐.学习型城市建设:理之源与行之路的探索[D].上海:华东师范大学,2016.

[35] 刘楚佳,孟源北.广州学习型城市建设的实践探索及推进策略[J].教育导刊,2010(4):26-29.

[36] 刘建同.建设有中国特色的学习型城市:进展与任务[J]中国职业技术教育,2015(34):57-59.

[37] 娄亚明.日本的终身教育体制及评价制度[J]继续教育,2007,21(7):57-58.

[38] 马丽华.日本公民馆财政补助分析[J].河北大学成人教育学院学报,2008,10(3):51-52.

[39] 年智英,陈丽,谢浩.世界学习型城市发展趋势:理念、标准与策略[J].比较教育研究,2014(11):36-42.

[40] 王志强.文化软实力的结构要素、作用图式及其中国取向[J].社会科学家,2014(11):137-141.

[41] 王志强.依托国家开放大学整合农村社区教育资源论析:基于远程教育环境下的策略考察[J].湖北函授大学学报,2013,26(11):4-5.

[42] 王志强.以社会主义核心价值观引领浙江"精神富有"建设全过程:基于契合与路径的两维视角[J].观察与思考,2014(10):73-77.

[43] 熊月林.构建福州学习型城市的探索[D].福州:福建农林大学,2011.

[44] 徐小洲,孟莹,张敏.学习型城市建设:国际组织的理念与行动反思[J].教育研究,2014(11):131-138.

[45] 叶忠海.广州市学习型城市建设特色和创新的研究报告[J].当代继续教育,2014(3):4-12.

[46] 叶忠海.以五大发展新理念引领深化学习型城市建设[J].职教论坛,2016(6):46-49.

[47] 叶忠海,张永,马丽华.中国学习型城市建设十年:历程、特点和规律性[J].开放教育研究,2013(4):26-31.

[48] 张创伟.欧洲学习型城市质量保证框架述评[J].远程教育杂志,2016,34
(4):85-92.

[49] 张敏.杭州学习型城市发展评价:基于 UNESCO 的框架分析[J].浙江社
会科学,2015(9):91-97.

[50] 张英.英国学习型城市建设研究[D].上海:上海师范大学,2006.

[51] 周素萍,全世海.学习型城市评价指标体系的建立及应用研究[J].开放教
育研究,2014(4):111-120.

附录 A 宁波学习型城市建设调查问卷(居民卷)

尊敬的市民朋友:

您好! 为了解您在宁波学习型城市建设中的参与情况和您对建设学习型城市的一些看法、建议,我们特开展了此次调查,希望能得到您的配合。本问卷仅用于课题研究,您的信息我们将予以保密,请放心真实地填写! 请在您选中的项目编码上打"√",选择题中,多项选择题都已注明,无特殊说明的是单选题。

感谢您的参与和合作! 您居住在_____县(市、区)_____街道(乡、镇)_____

一、个人基本情况

1.您的性别:

①男　　②女

2.您的年龄:

①18 岁以下　②19～35 岁　③36～50 岁　④51～60 岁　⑤60 岁以上

3.您的文化程度:

①小学及以下　②初中　③高中(中专)　④大专　⑤本科及以上

4.您目前或退休前的职业:

①机关事业单位工作人员　②在校学生　　③企业职工　　　④农民

⑤社会团体工作人员　　　⑥自由职业者　⑦待业失业人员　⑧其他

5.您的月收入:

①2000 元以下　②2000～5000 元　③5001～8000 元　④8001～11000 元

⑤11000 元以上

6.您的居住情况：

①城镇常住居民　②城镇临时居民　③农村常住居民　④农村临时居民

二、参与情况及评价

7.您知道本社区(村)的社区学校(或居民学校、村民学校)在哪里吗？

①知道　②不知道

8.您觉得创建学习型城市和您的关系如何？

①有关系　②没关系

9.您是否认同"终身学习成为一种生活方式"的理念？

①认同　②不清楚　③还没考虑　④不认同

10.您每天有多少时间是用于学习的？

①少于0.5小时　②0.5小时~1小时　③1~2小时

④2~3小时　⑤3小时以上

11.您是否参加过社区学院(校)的学习活动？

①参加过　②没参加

12. 您是否参加过社区团队的学习活动？

①参加过　②没参加

13.您是否通过网络进行学习？

①是　②不是

14.您最主要的学习目的是哪些？

①自我完善　②丰富业余生活　③增加知识、提升技能

④交友或社交需求　⑤其他

15.您目前主要的学习途径是哪些？（可多选）

①专项培训　②学校教育　③各类讲座

④通过报纸、书籍、电视自学

⑤网络学习　⑥通过学习团队学习　⑦其他

16.近年来您关注的学习内容是什么？（可多选）

①保健养生　②专业知识和技能　③文化修养　④生活休闲

⑤时政新闻　⑥金融投资　⑦其他

17.下列宁波市的"空中课堂"中,您关注过或点击学习过的有哪些？（可多选）

① 宁波数字图书馆　②中国宁波网　③宁波市终身学习网

④慈溪 99 学吧　⑤宁波江北终身学习网　⑥江东 365 乐学网

⑦鄞州终身学习网

18.在学习型城市创建活动中,您是否参加过志愿者活动?

①有　　②没有

19.您是否拥有以下学习条件? (可多选)

①能方便地借阅到自己需要的图书

②周边有较多供选择的学习场所和设施

③政府、学校、社区等安排有丰富的学习活动

④有条件利用电脑和网络进行学习

20.您认为您周围可供利用的教育和学习资源充足吗?

①充足　②比较充足　③一般　④比较少　⑤少

21.宁波学习型城市创建中形成的品牌:

①全民终身学习活动周　②全民读书月　③天一讲堂　④中华慈孝节

⑤道德讲堂　⑥社科讲堂　⑦宁波社区教育讲师团"百课下基层送社区"

⑧81890 求助服务中心

a.您听说过的有? _____(可多选)

b.您参加过或使用过的有? _____(可多选)

c.您对其中哪几个比较满意? _____(可多选)

22.您对自己所在区域提供的教育服务满意吗?

①满意　②比较满意　③一般　④不太满意　⑤不满意

三、期望和要求

23.您认为居民在学习型城市中应该承担什么角色? (可多选)

①参与者　②学习者　③策划者　④决策者

⑤管理者　⑥评估者　⑦其他

24.您认为如何保障居民参与学习型城市建设的主体性?

①法律保障　②实施居民听证、评估制度　③保障居民具有知情权和参与权

④提高居民本身的参与意识和能力　⑤其他

25.为满足每位居民的学习需要,您希望政府做些什么? (可多选)

①图书馆、体育馆等公共文化场所更好地向居民开放

②配备更好的学习场所和设施

③引导组织各种民间社团、学习团队

④向居民开放各级各类学校的教育资源

⑤开设远程教育,便于家中学习

⑥提供学习咨询服务

⑦其他(　　　)

26.您对本市学习型城市建设还有什么建议和要求?

附录 B　宁波学习型城市建设
基本情况调查问卷(教育行政机关卷)^①

　　感谢您在百忙之中抽空完成本问卷调查。本问卷调查是匿名调查,您填写的相关调查信息只用于"宁波市深化学习型城市建设研究"课题的相关研究之中。课题组严正承诺为您填写的信息做好保密工作,绝不会做其他用途。本问卷调查为选择题、填空题和开放题,多项选择题都已标注(可多选)。您对问卷调查的回答是否真实,将影响课题结论的科学性。谢谢您的帮助!

　　县(区、市):_____　街道(乡、镇):_____

一、选择题(请在你选中的选项上打"√")

　　1.您所在区域是否成立了学习型社会建设领导小组或社区教育领导小组等相关领导机构?
　　①成立了　　②没有成立
　　2.您所在区域公共教育经费是否充裕?
　　①充裕　②比较充裕　③勉强够用　④经费不够　⑤经费缺口大
　　3.您认为您所在区域的学习资源能够满足市民的基本学习需求吗?
　　①完全满足　②能够满足　③基本能够满足　④不太能满足
　　⑤不能满足
　　4.对于深入构建学习型城市,您认为本区域最要紧的是做哪些方面改革?
(可多选)
　　①充分发挥市民的主体性作用　　　　②引入市场机制,发挥市场力量

---

　　①　该问卷的调查对象有两类:县(市、区)教育行政部门和街道(乡、镇)教育部门。

③转变发展的推进模式　　　　④发挥社会组织力量

⑤加强顶层设计,稳步推进

5.您对本区域在建设学习型社会过程中所取得的成绩满意吗?

①满意　②比较满意　③基本满意　④不太满意　⑤不满意

二、填空题(请按照有记载的资料或调查资料填写)

调查项目 类型	调查项目	2013 年	2014 年
（一）本区域相关 的基本情况	6.居民总人数		
	7.家庭数		
	8.社区总数		
	9.中小学数		
	10.职业教育机构数(指职业高中、中专、职业培训机构)		
	11.其他(除 9、10 外)公共教育资源总数		
	12.地域内所在单位总数(党、政机关和具有独立法人的企事业单位)		
	13.机关总数(指党、政机关)		
	14.企事业单位总数		
	15.社会组织总数		
	16.学习团队总数(主要指社会团体、基金会、非营利企业)		
	17.本区社区教育志愿者服务组织数		
（二）公共教育 资源向社会 开放的程度	18.面向社会开放的中、小学校数(主要面向社区教育、终身教育开放)		
	19.面向社会开放的职业教育机构数		
	20.其他(除 18、19 外)面向社会开放的公共教育资源数		
（三）社会组织 参与教育和学习 活动的状况	21.参与学习团队的人数		
	22.参与社区教育志愿者服务组织的人数		
	23.参与或支持社区教育的所有单位数(除了活动参与,还包括人、财、物支持社区教育方面的参与)		
	24.参与或支持社区教育的社会组织数		

续表

调查项目 类型	调查项目	2013 年	2014 年
(四)学习型组织 的创建状况	25.创建学习型机关数		
	26.创建学习型企事业单位数		
	27.创建学习型社区数		
	28.创建学习型家庭数		
	29.创建学习型团队数		
(五)社区居民 学习活动的 参与状况	30.一年内组织学习活动的次数(指区域性的活动, 如终身学习活动周、读书节、科技节等)		
	31.一年内学习活动参与人数(特指终身学习活动 周的参与人数)		
	32.一年内社区学院(校)开设的班级数		
	33.一年内参与社区学院(校)学习的人数		
(六)终身学习 文化营造状况	34.终身学习成果展示次数		
	35.创建终身学习品牌数		
	36.终身学习推进规章制度数		
	37.终身学习奖励次数		
(七)社区学习 平台建设状况	38.开通终身学习网络的居委会数(提供网上学习 资源和网上学习服务的居委会数)		
	39.终身学习网注册人数		
(八)社区学习 机构和载体状况	40.各级各类培训机构数		
	41.各级各类培训机构的学生数		
	42.图书馆数		
	43.博物馆数		
	44.文化馆数		
	45.科技馆数		
	46.体育场数		
	47.一年内图书馆参观人数		
	48.一年内博物馆参观人数		

续表

调查项目类型	调查项目	2013 年	2014 年
(八)社区学习机构和载体状况	49. 一年内文化馆参观人数		
	50. 一年内科技馆参观人数		
	51. 一年内体育场活动人数		

三、开放问答题

52. 您所在区域在学习型城区建设中的特色和创新是什么？当前深入推进学习型城区建设遇到的瓶颈和难点是什么？"十三五"期间有何打算？对宁波市政府有何建议和要求？

后　记

在《深化宁波学习型城市建设研究》收笔之际,感慨颇多。

作为宁波市终身教育的实践者和参与者,笔者有幸亲历了《宁波市终身教育促进条例》的起草和调研,见证了终身教育法规正式颁布实施的历史性时刻,宁波市成为继福建省、河北省、上海市、太原市之后全国第五个终身教育立法的地方,在一定程度上折射了宁波市学习型城市建设的成就,同时,终身教育法规又为宁波市的学习型城市建设指明了方向。宁波广播电视大学作为宁波市学习型城市建设的实践者、参与者和引领者,是宁波市学习型城市建设的重镇,笔者亲历了宁波广播电视大学终身教育发展研究中心的成立和宁波市终身教育研究基地的立项挂牌,并见证了宁波广播电视大学向终身教育转型的"双轮驱动,转型提升"整个论证过程。宁波广播电视大学在"建设成为宁波终身教育基地和高地"这一奋斗目标的指引下,掀起了一股积极参与终身教育实践和理论研究的"热潮"。本书也是顺应学校发展需要而做出的努力,研究过程得到了学校的大力支持,在出版中获得了宁波市社科院学术著作重点资助,获得浙江大学出版社吴伟伟、丁沛岚大力支持,在此一并表示感谢。

在本书的写作过程中,还得到了叶忠海教授的指导和帮助,引用了叶忠海、马丽华等专家学者的观点与有关内容,同时选用了海曙、原江东、慈溪、镇海、江北等地的优秀实践案例,在此表示衷心的感谢和敬意。

本书理论篇由冯国红执笔;实践篇、前言、后记由王志强执笔;调研篇由张雪燕执笔;对策篇由陈曙执笔;王志强负责全书的策划和统稿工作。

鉴于学习型城市建设是一种新兴的社会发展形式,也是一个新兴的交叉领域,尤其是宁波的学习型城市建设还在转型发展中,有许多问题需要进一步探索和研究,加上笔者的才识和能力有限,本书中难免存在遗漏和不足,敬请同行与专家指教、匡正。